내 마음은 답을 알고 있다

Mindfuck

내 마음은 답을 알고 있다

Mindfuck

페트라 복 지음 | 김세나 옮김

프롬북스
frombooks

나는 20년이 넘는 세월 동안 사람들이 자신의 인생에서 원하는 것, 그것을 달성하도록 내면의 잠재력을 이끌어내는 코칭 일을 해왔다. 내가 이 일을 하면서 깨닫게 된 진실은 어떤 일이 이루어지 않는 원인은 우리가 처한 상황 때문이 아니라 우리 자신에게 있을 때가 더 많다는 것이다. 내 고객들 대부분은 자신이 무엇을 원하는지 분명 알고 있지만, 자신도 이해하기 힘든 이유 때문에 목표에 도달하는 길을 스스로 가로막고 있었다.

그들은 처음엔 "난 내가 뭘 원하는지 모르겠어,""내가 그 일을 하면 실패하게 될 거야""나는 능력도 없고 쓸모없는 존재야" 이렇게 부정적인 말을 하지만, 내가 정곡을 찌른 질문을 던져보면, 그들의 마음은 뭘 원하는지 답을 알고 있었다.

코치로서 내 역할은 이런 내적인 경계선을 허물고 자신에게 중요한 것이 무엇인지 깨닫게 하는 일이다. 난 이 내적인 경계가 어떻게 이루어졌으며, 이 경계를 허물어뜨리기 힘들다면 막을 수 있는 방법은 없는지 알고 싶었다. 그래서 오래 전부터 정신적인 자기 방해 현상에 대해 연구해오면서 내가 만난 나의 고객들에게 '마인드 퍽mind fuck' 현상이 있음을 발견했다.

마인드 퍽 현상이란 우리 스스로가 성장과 발전을 거부하며 현재에 머무르고자 하는 심리다. 즉, 우리가 정신적으로 자신을 거부하면서 끊임없이 스스로 다리를 걸어 넘어뜨리게 하여 자동차 핸드브레이크가 당겨진 상태로 운전하도록 만드는 것을 말한다. 마인드 퍽에 머리와 마음이 감염된 사람들은 자신의 한계에 빠져 안 되는 이유만을 찾는다.

나는 이 책을 통해 누구나 알고 있는 이 마인드 퍽 현상을 새롭게 파악해보는 계기를 제공하고자 한다. 이 주제가 왜 머릿속에 떠올랐는지, 내가 왜 이것에 대해 자신 있게 말할 수 있는지는 1장을 읽어보면 알게 될 것이다.

2장에서는 자신을 괴롭히는 것이 어떻게 자신을 만드는지에 대해 체계적인 설명을 들려줄 것이다. 이 괴롭힘에 대해서 잘 알고 있어야 하는 이유는 우리가 이러한 현상이 계속되지 않도록 하기 위해 필요한 1차적인 과정이기 때문이다. 4장에서도 살펴보게 되겠지만, 3장에서는 어떻게 하면 정신적인 자기 괴롭힘에서 벗어날 수 있는지, 그래서 잠재력에 따라 인생을 어떻게 하면 제대로 펼칠 수 있는지에 관한 실용적인 조언들을 제시할 것이다.

만약 빙빙 두르지 않고 문제에서 바로 해결책으로 뛰어넘기를 원한다면, 2장에서 바로 4장으로 넘어가도 좋다. 하지만 이 문제에 대해 좀 더 깊이 살펴보고, 지금까지 당신의 생각을 무의식중에 각인시키고 있던 것이 무엇인지 자세히 알고자 한다면, 3장도 읽어보라고 권하고 싶다. 분명히 지금까지 당신의 삶과 사고 습관을 새로운 시각으로 바라보게 되고, 동시에 존재에 대해 다양한 차원에서 접근하는 시간을 갖게 될 것이다.

나에게는 정신적으로 자기 방해에 대한 설명과 더불어 해결책을 찾는 것도 중요하지만, 왜 스스로를 그렇게 못살게 구는지 이해하는 것 역시 중요하다. 이에 대해서는 3장에서 다루고 있다. 나는 '왜'에 대한 답을 구할 때만이, 그 원인을 이해하고 지속적으로 성공적인 해결책을 얻을 수 있다고 확신한다. 자기계발과 심리학을 비롯해 뇌 연구를 거쳐 역사학, 현상학 분석, 미래 연구에 이르기까지 다양한 관련 학문 분야를 코칭에 연계시키고 있다. 정신적인 시발점이었던 곳을 향해 이제부터 흥미진진한 여행을 함께 떠나보도록 하자. 이 책을 어떻게 이용하든 탐험 여행에 기쁨이 가득하길 바란다.

페트라 복

내 마음은 답을 알고 있다
| 차례 |

MINDFUCK

1장

무엇이
나의 능력을
방해하는가

MINDFUCK

문제는 내 마음이다

어렸을 때 나는 학교 갈 준비를 다 하고 나면 아침마다 라디오를 즐겨 들었다. 특히 내가 좋아하는 방송이 있었는데, 늘 "긍정적으로 하루를 시작하세요."라는 말로 시작됐다. 이것이 바로 오늘날 자기관리라고 표현되는 것들 중에 내가 접한 최초의 문장이었다. 이 방송의 여성 DJ는 청취자에게 마치 경고라도 하는 듯 말을 했고, 나는 매번 이 메시지에 사로잡혔다. 하루를 긍정적으로 시작하라는 말과 경고 투의 목소리는 어딘가 서로 맞지 않는 듯 여겨졌다. 하루를 부정적으로 시작하는 것이 어떤 건지도 몰랐기 때문에, 그건 놀랄 일도 아니었다. 나는 수많은 어른의 내면세계가 실제로 어떤지 전혀 모르는 상태였다.

보통은 아침마다 눈을 떠서 그날 일어날 일을 기대했다. 날마다 내게는 새로운 모험이었다. 나의 유년기는 다른 사람들과 비슷했다. 모든 것이 언제나 완벽하고 좋진 않았지만, 새롭게 경험하고 발견해야 할 것들이 날마다 많았다. 맛있는 먹을거리, 흥미로운 이야기, 신선한 공기, 우리 집 앞 길거리에서 나와 함께 노는 친구들 등 내게는 너무나도 많은 것이 있었다. 그런 내게 잠을 자러 가야하는 시간은 정말로 고역이었다. 어른들은 어떻게 선반에 감자칩과 땅콩, 그리고 다른 맛있는 것들을 잔뜩 얹어놓고는 우리에게 잠자리에 들라고 하는 것일까? 밤엔 TV에서 재미있는 영화를 방영해주고 재미있는 일이 가득한데 어떻게 잠을 자러 갈 수 있을까? 내게는 침대에 누워서 두 눈을 감기에는 아쉬운 것들이 많았다.

긍정적인 사고를 하라고 '경고'했던 그 선구자가 무슨 뜻으로 그 말을 했던 것인지, 30여 년이 지난 지금 난 이해가 된다. 그동안 나는 근심과 두려움, 회의를 경험했고, 어른들의 내면세계가 어떤지 매일같이 체험하고 있다. 근심, 두려움, 회의감과 같은 여러 부정적인 생각들, 오늘날 내가 '마인드 픽'이라고 부르는 이런 생각들이 많은 사람의 앞을 가로막고 있다. 그래서 일하러 가는 것이 괴롭게 느껴지고, 아침에 눈을 뜨면서부터 이런저런 걱정을 하게 되며, 쳇바퀴를 도는 다람쥐처럼 무언가에 사로잡혔다는 느낌을 자주 받고, 어떤 때에는 오후 내내 지겨워 죽겠다는 생각을 하기도 한다. 어떤 사람들은 겉으로는 크게 성공을 했지만, 속으로는 자기가 가진 것에 행복감을 느끼지 못하고 있다. 많은 사람이 바라는 삶과 일상의 현실 사이에는 어마어마한 간극이 존재하고 있을 뿐이다. 결코 아름다운 상황이라 할 수 없지만, 유감스럽게도 너무나 많은 사람이 이를 '정상'으로 생각하고 있다.

난 오래 전부터 정신적인 자기 방해 현상에 대해 연구해오고 있다. 경영 컨설턴트로 활동하고 있는 내 일에서 두각을 나타내는 것만이 아니라 인격적인 성숙을 원하는 사람들을 위해 코칭을 하고 있다. 코칭은 사람들 개개인을 위한 상담 규율이며, 원래 스포츠에서 나온 개념이 비즈니스 분야로 확장된 것이다. 나는 정신적으로 건강한 사람들과 일을 하면서, 어떻게 하면 이들이 목표에 도달할 수 있을지, 또는 어떻게 하면 이들이 더 큰 성공을 거두고 좀 더 품격 있는 삶을 영위할 수 있을지 고민한다. 하버드 의대 심리학자이자 코치인 한 여성은 다음과 같은 멋진 표현을 했다. "심리 치료를 할 때 사람들은 눈물의 길을 걸어가고, 코칭을 할 때 사람들은 꿈의 길을 걸어간다."라고 말이다.

그러니까 사람들이 각자의 꿈을 발견하고, 이 꿈을 목표로 전환시킨 후 가능한 잘 달성하도록 도와주는 것이 내 일이다. 이 일을 하면서 나는 사람들이 수년간, 아니 수십년간 어떻게 해서 목표를 달성하지 못하는지도 알고 있다. 자신의 성공을 스스로 가로막는 습관은 널리 확산되어 있는 사고의 일부다. 그리고 이러한 생각의 습관은 사람들이 뭔가 달성하고자 하는 모든 분야에 만연되어 있다.

일상 업무 과정에서 나는 수직적으로는 모든 세대, 수평적으로는 모든 직업군의 사람과 접하고 있다. 상담 시간에는 각계각층의 사람들이 찾아온다. 삶의 새로운 방향을 찾고자 하는 저명인사들도 있고, 뭔가 획기적인 것을 달성하고 싶어 하는 정치인들도 있다. 아니면 단번에 임원급으로 도약하고자 하는 경영진들도 있다. 나는 고객들에게 차별을 두지 않고 똑같이 대하고 있다. 지금까지 내 고객 중에서 가장 어린 사람은 18세였고, 가장 많은 사람은 83세였다. 의사에서부터 관상용 분재 전문가에 이르기까지 부지기수의 다양한 직업군의 사람들이 나를 찾아왔다. 그래서 나는 고양이 미용 사업이 돈벌이가 매우 좋다는 것을, 항공기 기술자의 가장 중요한 능력이 어떠한 상황에서든 사소한 실수라도 찾아내는 것이라는 점을 알고 있다. 자신의 업무가 지겨워 죽으려고 하던 시청 직원을 코칭해준 적이 있는데, 그는 지금 성실하고 열정적인 기자가 되어서 활발하게 활동하고 있다. 또한 나의 코칭을 받은 세무 공무원은 태국에서 잠수 학교를 세우기도 했다. 지극히 평범한 일상이지만, 나는 아침마다 군부대의 장교 한 사람을 만나고, 점심 때에는 가구 장인을 저녁에는 스위스 출신의 한 부유한 상속녀를 만나고 있다.

이들은 특정한 분야에서 좀 더 두각을 드러내거나, 아니면 지금까지 자신들의 인생과 성공 전략에 대해 이야기를 나누면서 새롭게 방향 설정을 해줄 수 있는 전문적인 파트너를 찾고자 한다. 어떤 사람들에게는 삶의 의미를 찾는 것이 중요하고, 또 다른 사람들에게는 돈을 더 많이 버는 것이 중요하다. 뭔가 특별한 것을 달성하기를 원하는 사람들이 있는가 하면, 또 어떤 이들은 과중한 업무는 피하고 싶어 한다.

자신을 방해하는 내면의 목소리

몇 년간 이렇게 수많은 사람과 함께 다양한 직업과 인생에 대해 이야기하다 보면, 모든 사람에게서 거의 동일한 '전형'이 발견된다. 부유하든 외모가 출중하든, 아니면 지극히 평범한 사람이든 우리 모두에게 있는 이 하나의 공통점은 바로 우리 머릿속에 '복층 세계'가 존재한다는 것. 이 세계는 우리 자신과 삶에 대해 전형적으로 생각해야 할 것들을 알려준다. 그리고 이러한 속삭임을 통해 우리가 정말로 원하는 삶을 영위하지 못하게 된다. 우리의 생각 속에는 일종의 장벽이 있어서, 내적인 한계로 작용한다. 우리는 뭔가 더 많은 것이 가능하다고 상상은 하면서도, 정작 이것을 실제로 이루고자 할 때는 무언가가 우리를 방해하고 있다. 이러한 한계는 자신에게 제동을 걸고, 뭔가를 더 달성하지 못하도록 방해하는 생각과 부정적인 확신이 마치 하나로 작용한다. 사람들은 대부분 자신이 진정으로 행복하게 되는 것을 허락하지 않고 있다. 어떤 사람들은 분명한 목표가 있고 이를 위해 의욕적으로 행동하지만, 얼마 지나지 않아 모든 것이 가로막혀 자신의 계획을 포기하거나, 애초에 잘못된 것이었다고 여긴다. 또한 스스로도 납득하지 못하는 이유 때문에 목표 달성에 실패하게 된다. 이러한 일은 직장에서나 가정에서도 일어날 수 있다. 또한 눈 깜짝할 사이에 이러한 생각이나 감정, 그리고 이미지가 하나씩 혹은 동시에 형성되면서 스스로를 파괴하고 방해한다.

이러한 생각들을 우리는 내면의 목소리처럼 받아들인다. 내가 강의 중에 이것에 대해 이야기를 하면, 그때마다 청중들 사이에서 술렁임이 인다. 마치 내가 이들이 몇 년 전부터 골머리를 앓아온 오래된 지인에 대해 이야기라도 하는 것처럼 말이다. 기사가 딸린 멋진 자가용을 타고 최고급 책상이 있는 사무실로 출근하는 사람이든, 혹은 슈퍼마켓 계산대에 앉아 있는 사람이든 우리는 모두 자신에 대해서 매우 비겁해질 수 있다. 우리는 뭔가를 시작하기도 전에 이미 해내지 못할 것이라고 스스로에게 속삭이는 작고 불쾌한 목소리를 잘 알고 있다. 그 목소리는 우리가 새로운 것을 시도하려고 할 때, 훨씬 더 큰 목소리로 똑똑하게 충고한다. "비현실적이야!" "너무 위험해!" "너 도대체 뭘 상상하고 있는 거니?" 라고 말이다.

성공을 가로막는 심리

이러한 목소리는 뭔가 일이 잘못되고 있을 때 딱 맞춰서 비열하게 속삭이는 경우가 많다. 몇 년 전 나는 프로젝트 진행으로 투자자들에게 지원을 받고자 했던 한 여성 기업가를 코칭한 적이 있었다. 투자자들과의 첫 만남에서 그녀는 썩 좋은 반응을 얻지 못했다. 그녀는 다음 프레젠테이션을 앞두고 나를 찾아왔다. 난 일단 그녀의 프레젠테이션을 경청하면서 깊은 인상을 받았다. 그녀의 계획이 뭐가 잘못됐는지 짚어낼 수 없었다. 그래서 나는 그녀에게 투자자들 앞에 설 때 무슨 생각을 하는지 물어봤다. 그것도 아주 자세하게 들려달라고 했다. 그녀가 사람들 앞에 서서 이야기를 꺼내기 시작하는 그 몇 초 동안에 그녀의 머릿속에 스쳐 지나가는 생각이 무엇인지 정말로 궁금했다. 그녀의 대답은 이랬다. "저는 그동안 돈을 별로 못 벌었다고 생각해요. 그리고 나이가 많아서 앞으로 돈 벌기가 점점 어렵고, 다른 사람들도 모두들 그렇게 생각하겠죠." 분명한 자의식과 명쾌한 두뇌로 승부해야 하는 바로 그 순간에 그녀는 이런 비건설적이고 스스로를 폄하하는 생각을 떠올리며 스스로를 방해하고 있는 것이었다. 그런 그녀가 남들에게 자신감 없는 사람으로 보이고 투자자들에게 충분한 신뢰감을 주지 못한 것도 당연한 일이었다. 우리는 바로 여기에서부터 문제 해결을 해나가기 시작했고, 두 번째 프레젠테이션을 통해 그녀는 투자를 받게 되었다.

그런데 우리의 머릿속에는 피해를 부추기는 이러한 방해 수법만 있는 것이 아니다. 성공 방해 심리는 자신과는 전혀 어울리지도 않는 삶으로 빠지게 만들 수도 있다.

잘못된 삶에 틀어박혀 지낸 남자

베를린에서 런던으로 가는 비행기 안에서 나는 한 사업가와 대화를 나누게 되었다. 40대 정도 되어 보인 그 남자는 내 직업이 코치라는 것을 알게 되자, 자신의 현재 삶을 앞으로 20년 이상은 더 끌고 갈 수 없을 것 같다고 이야기했다. 그는 현재 마치 미친 사람처럼 일하고 있다고 했다. 원래는 전혀 원하지도 않았던 일에 종사하면서, 더 이상은 못 견딜 것 같은 사람들과 함께 지내면서, 자기가 좋아하지도 않은 일을 하고 있다는 것이었다.

그렇다면 완전히 자유롭게 결정을 다시 할 수 있다면 무엇을 하겠느냐는 질문에, 남자는 기다렸다는 듯 이렇게 대답했다. "전부 갖다 버리고 싶습니다. 아내도, 애들도 모두 다 싸서 내다버리고 그토록 꿈꾸던 세계 일주를 하고 싶어요." 남자는 자신의 생각에 빠져들었다. 처음에 남자는 초조해하고, 힘없이 축 늘어져 있었으며, 약하게 보였다. 이제 그의 눈동자는 반짝반짝 빛나고 있었고, 허리를 곧추 세우고 앉아 있는 그의 몸과 동작에서는 생동감이 넘쳐흘렀다. 오랜 세월동안 그는 자신의 꿈을 잊어버리지 않고 있었다. 하지만 분명 무언가가 이러한 꿈을 이루어가고 정말로 의미 있는 일을 행하는 것을 막고 있었다.

나는 그에게 도대체 언제 자신의 꿈을 향해 길을 떠날 것인지 물었다. 그 질문에 그는 주춤하더니 다시 시트에 몸을 푹 파묻었다. 곧바로 다른 표정을 하고서 울림 좋은 목소리와 지극히 상투적인 어투로 말했다. 뭔가가 압박하는 것처럼 자신을 절제하면서 말이다. "선생님, 도대체 무슨 생각을 하시는 겁니까? 애들은 아직 학교에 다니고 있고, 아내와 저는 어느 정도 살 만합니다. 전 제 자식들에게 최고의 교육을 받게 해줄 겁니다. 그런 제가 다른 걸 생각한다는 건 있을 수 없죠. 반드시 몇 년은 더 참아내야 합니다. 그거 아십니까? 제 친구들은 55세에 정년퇴직 한다네요. 저도 이런 식으로 계속한다면 그렇게 할 수 있을 거예요. 그러고 나면 세계 여행이니 하는 잡다한 것들을 할 시간이 충분히 있겠죠." 남자의 눈빛은 이미 사라진 뒤였다. 그는 잠깐 실례한다고 말하고는 자리를 비운 다음 다시 돌아와서는 경제신문을 펼쳐 읽기 시작해 착륙 직전까지 독서에 몰두했다. 비행기가 완전히 착륙하자, 그는 이렇게 말했다. "선생님께선 제가 희망이 없다고 생각하실 게 분명합니다. 하지만 전 그렇지 않습니다. 전 그냥 현실주의자일 뿐입니다. 제게 다른 대안은 없어요."

이렇게 말한 남자는 내게 명함을 달라고 요청했다. 그리고 2년 후 남자의 전화를 받았다. 그는 자신의 삶을 새로 생각해보고자 한다며 도움을 청했다. 55세에 정년퇴직을 하려고 했던 친구들 가운데 한 명이 45세에 떠난 휴가 도중에 심근경색으로 사망했던 것이다.

이 사업가에게는 '해야 할 것과 하지 말아야 할 것'에 대해 자신이 정립해놓은 엄격한 생각에 완벽하게 굴복해서 이성적인 삶을 살고 있었다. 이것은 다시 말해서 남들과 똑같은 삶을, 그리고 속으로 어떻게 느끼든 간에 겉으로 성공한 것처럼 보이는 삶을 살아야 한다는 것을 의미했다. 이것은 진정한 만족과는 한참 거리가 멀었으며 근심과 걱정, 회의, 양면성으로 가득한 삶을 의미했다. 또한 내면적으로 잘못된 방향을 가리키고 있는 나침반을 따라 살고 있는 것을 의미했다.

　우리 대부분은 스스로 속 깊은 내적 대화를 나눈 적이 없다. 우리는 날아갈 듯 기쁜 소식을 접할 때 "너무 일찍 기뻐하지 말자, 일이 잘못 될 수도 있어."라고 생각한다. 강연을 들으면서는 "모두 다 고리타분한 이야기"라고 생각하고, 2등을 하면 "1등을 할 수도 있었는데…"라고 생각한다. 충분한 만족감을 누리지 못하게 되면 정신적으로 심각한 위기에 빠지게 된다. "그걸 해내기에는 내 능력이 부족해. 난 돈도 못 벌었고, 정말로 사랑받지도 못하며, 나와 내 일에 대해 기대를 하는 사람은 아무도 없어." "내가 정말로 제대로 해내지 못하면, 뭔가 끔찍한 일이 일어날 거야."라는 부정적인 생각이 꼬리를 문다.

마인드 퍽이란 무엇인가

어떤 일에서 좋은 성과를 내든, 자신의 삶을 위한 올바른 결정을
내리든, 자신의 일에 대한 도전이나 아니면 개인적인 주제를 이야
기하든 관계없이, 우리는 자신의 사고방식 때문에 스스로를 괴롭
히고 있다. 나는 우리 머릿속에 존재하는 이러한 생각을 일컬어
'마인드 퍽'이라 부른다.

예를 하나 들어보겠다. 극장이나 TV에서 무서운 영화를 본 뒤
어둠 속에서 두려움을 느껴 본 적 있을 것이다. 이는 우리의 정신
이 꾸며낸 이야기 때문에 생긴 기억에서 아직 벗어나지 못해, 그로
부터 생겨난 생각과 감정이 현실로 넘어온 것이다. 이런 때에는 창
가의 그림자만 봐도 혹시 도둑일지 모른다는 생각이 들어, 잠에서

깨어나 숨을 멈추고 두려움에 떨게 된다. 하지만 그 그림자가 집 앞 가로등의 기둥이라는 것을 깨닫곤 한다. 현실이 환상에 의해 왜곡되고, 이유 없이 기분 나쁜 경험을 하게 되는 경우다. 정신이 자신을 괴롭힐 때, 즉 마인드 퍽의 희생양이 될 때도 바로 이와 똑같은 일이 벌어진다. 우리는 현실을 왜곡된 모습으로 인지하거나 잘못 해석한다. 혹은 존재하지도 않는 무언가를 사실로서 받아들이기도 한다. 일부 영화 제작사들은 의도적으로 관객들이 허구와 실제를 오가도록 하는 기술을 사용해, 나중에는 어느 것이 허구이고 실제인지 구분할 수 없도록 만들기도 한다. 그래서 위키피디아에서 마인드 퍽이라는 단어를 찾아보면 '영화팬이나 TV광들'을 지칭하는 뜻으로 쓰이기도 한다.

마인드 퍽에는 또 다른 의미도 있다. 영어권에서는 마인드 퍽이 구어체로 쓰일 경우 'To fuck with somebody's mind', 즉 '제멋대로 누군가의 마음을 조종하다' 내지는 '괴롭히다'는 뜻을 지닌다. 사실 다른 누군가만이 나를 괴롭히는 것은 아니며, 스스로가 자신을 괴롭힐 수도 있다. 모든 사람은 자신만의 지극히 개인적인 생각과 내면의 영상들을 갖고 있으며, 이것으로 자신을 조작한다. 마인드 퍽은 때로는 긍정적인 느낌을 안겨주기도 한다. 광적인 희열과 과격함이 더해져 갑자기 모든 것을 마음대로 제어하고 이 세계를 상상하는 대로 만들 수 있다는 느낌을 갖게 되는 경우다. 대부분 마인드 퍽은 감정의 기복을 심하게 만들고, 목표를 달성하지 못하게 하며, 꿈과 소망은 영원히 환상으로만 남게 만든다. 그리고 우리의 타고난 재능이 제대로 발휘되지 못하도록 하고, 인간관계를 무너뜨리기도 한다. 이것 말고도 더 많은 부정적인 역할을 하는 것이 바로 마인드 퍽이다.

다행히 우리는 이에 반하여 뭔가 대응할 수 있다. 코치로서의 경험에 비추어 볼 때, 우리가 지극히 개인적인 마인드 퍽의 방식을 인식한다면, 삶을 훨씬 더 나은 방향으로 선회시킬 수 있다. 파괴적이고 자기 방해적인 사고방식으로부터 자유로워진다면, 우리는 감히 상상조차 못했던 커다란 의연함과 개방성, 그리고 창의성을 삶에서 체험하게 될 것이다. 지금까지 의혹과 침체가 있었던 곳에는 창의성과 풍부한 상상력이 자리잡게 되고, 생기와 활기가 넘쳐날 것이다. 독자적으로 자신의 삶을 손아귀에 거머쥐고, 당신에게 중요한 의미가 있는 계획을 세우며, 결정을 내리고, 이를 실행하는 것은 바로 우리가 가져야 할 능력이다. 자기 확신과 이에 따른 고품격 삶은 새로운 차원의 세상이 우리에게 펼쳐지도록 할 것이다.

마인드 퍽 현상에 대한 실마리

우리가 정신적으로 자신을 자주 괴롭힌다는 사실은 이미 일찌감치 다양한 학계의 전문가들에 의해 밝혀진 바 있다. 심리학자이자 커뮤니케이션의 대가인 파울 바츨라비크Paul Watzlawick, 현대 코칭의 아버지 가운데 한 사람으로 꼽히는 티모시 갤웨이Timothy Gallwey가 이미 마인드 퍽과 유사한 현상에 대해 다룬 적이 있었다. 바츨라비크는 30여 년 전 자신의 베스트셀러『불행해지기 위한 안내서』를 통해 우리의 잘못된 생각 때문에 삶 자체를 얼마나 어렵게 만들고 있는지에 대해 설명했다. 티모시 갤웨이는 1970년대에 경기 도중 정신적으로 스스로를 가로막는 운동선수들의 습관을 발견해냈다. 그리고 테니스 선수의 가장 큰 적은 네트 반대편에 있는 것이 아니라 바로 자신의 머릿속에 있다는 당황스러운 결론을 내리기에 이르렀다. 현대 심리연구에서도 우리가 종종 모순되거나 우유부단하게 행동하고 있다는 불일치의 상황을 인정하고 있다. 가령 사과 하나를 먹고 싶은데도 파이 한 조각을 먹거나, 아니면 그 반대로 행동하는 것도 바로 이러한 모순 때문이라는 것이다. 내적으로 상반되는 동기들이 존재할 경우, 우리의 심리 체계는 언제나 하나의 해결책을 찾아내려고 한다. 그리고 이는 난이도 높은 '균형잡기'이며 심리적 에너지 소비가 매우 많기 때문에, 우리의 동기와 행위가 서로 일치할 때보다 성취도가 훨씬 더 떨어진다는 것이다.

삶에서 뭔가를 이뤄내거나 변화시키고 혹은 뭔가 새로운 것을 배우고자 한다면, 자신을 방해하지 않는 것이 꼭 필요하다. 마찬가지로 우리의 동기, 감정, 그리고 이성이 서로 조화를 이뤄 일을 하도록 해야지, 서로 충돌하도록 해서는 안 된다. 또한 내면에서부터 스스로 긴장을 풀며, 마음을 열고, 편안하게 느낄 수 있는 분위기가 형성되도록 해야 한다. 그렇게 되면 우리는 호기심과 흥미가 생기고, 또 깨어있을 수 있다. 이러한 상태에서 우리의 영혼은 태산도 옮길 수 있게 되며, 진정 원하는 곳으로 자신을 이동시킬 수 있다.

'마인드 퍽' 현상에 대한 실마리를 찾으려는 나의 계획은 심리학이나 뇌 연구학 또는 고전적인 코칭 방식 등과 같은 다양한 학계의 자료들을 우선적으로 참고하는 것부터 시작됐다. 나는 매일 반복되는 성공 방해 심리가 정확하게 어떻게 작용하는지에 대해 거의 아는 것이 없었다. 우리가 스스로를 가로막는다면, 그건 어떻게 해서 되는 것일까? 정확히 그 일이 어떻게 진행되는 것일까? 서로 아무런 상관도 없는 단편적인 생각과 확신들만이 문제인 것일까? 아니면 거기에 어떠한 통합 구조가 있는 것일까? 성공 방해 심리의 원인은 무엇일까? 마인드 퍽이라는 쉬지 않는 폭포수를 발생시키는 유발인자가 존재하는 것일까? 만약 그렇다고 한다면, 도대체 누가 누구를 방해하는가? 이러한 모든 일에는 어떤 의미가 있을까? 무엇보다 생각의 쓰레기통을 어떻게 다시 비울 수 있을까?

동료들과의 일상적인 경험뿐 아니라, 학자이자 기업 컨설턴트로서의 오랜 경력도 이러한 질문들에 대한 대답을 찾는 데에 도움을 주었다. 나는 오랫동안 대학에서 사회의 변화 과정이 어떻게 이루어지는지에 관해 연구를 진행했다. 그러면서 독재에서 민주주의로, 혹은 그 반대로 민주주의에서 독재로 전환되는 과정에서 사람들이 어떻게 행동하는지에 대해 살펴볼 수 있었다. 그 이후 나는 금융계로 자리를 옮겨, 일명 '변화 경영Change Management'을 위한 컨설턴트로서 일을 하면서, 변화를 체험하는 사람들을 움직이는 동기가 무엇인지 피부로 느낄 수 있었다. 변화를 체험하는 사람들에게 어떻게 번뜩이는 순간이 찾아오고, 그 순간에 이들의 머릿속에서 어떤 일이 벌어지는지 관찰했다. 그리고 이들이 자신을 변화시켜 적응하거나 포기하고, 아니면 적극적으로 변하여 자신의 삶을 주도적으로 살고 자신의 일을 손아귀에 거머쥐도록 하는 것이 무엇인지도 살펴보았다. 이러한 여러 경험들이 오늘날 나의 연구에 반영되고 있으며, 마인드 퍽 현상을 심도 있게 이해하고 성공 방해 심리를 차단할 수 있는 효과적인 출발점을 찾아내는 데 큰 도움을 주었다. 이렇게 습득한 지식 가운데 특히 다음과 같은 두 가지를 강조하고 싶다.

우리 머릿속의 복층 세계

단편적인 생각들에 빠져 있으면서 해당 사안이 그것으로 다 해결되기를 기대한다면, 유감스럽게도 실망만 하게 될 것이다. 과거 몇 년간의 관찰 결과, 난 스스로를 가로막는 개별적인 생각들 뒤에는 자신만의 논리를 따르고 있고 새로운 성공 방해 심리를 불러일으키며 옳지 못한 확신을 갖게 하는 거대한 '설득의 전형'이라 불리는 세계가 존재한다는 것을 알게 되었다. 이 세계에서 만들어내는 파괴적이고 자극적인 생각들은 생각의 '구조'를 이루고, 계속해서 반복되는 사고의 '틀'을 만들어내며, 반복 재생되는 '전형’을 형성한다. 2장에서 더 자세히 살펴보겠지만, 우리 머릿속에 공존하고 있는 이 복층 세계는 자기만의 내적 언어, 자체 논리와 공식, 그리고 확고한 믿음으로 이루어져 있다. 이 세계는 우리가 무의식 상태에서 자신과 세상, 그리고 인생에 대해 정말로 어떻게 생각하고 있는지 보여준다. 안타깝게도 우리는 이 복층 세계의 시스템을 원하는 만큼 마음대로 조정하지 못하고 있다. 설령 우리가 한동안 다른 인생이나 새로운 목표를 위해 의욕이 충만해 있다고 해도, 좀 더 나은 것을 위해 지속적으로 변한다는 것이 얼마나 어려운지 잘 알고 있을 것이다. 그 이유는 우리 머릿속에 존재하고 있는 복층 세계를 인식하지 못하고, 잘못된 방향을 가리키고 있는 내면의 나침반을 조종하지 않을 경우, 복층 세계의 체제에 이끌려 가기 때문이다.

마인드 퍽의 기원

정신적인 자기 괴롭힘의 기원은 시간을 한참 거슬러 올라가야 한다. 그렇기 때문에 그만큼 매우 집요할 수밖에 없다. 여기에서 오래됐다고 하는 데에는 두 가지 의미가 있다. 마인드 퍽은 한편으로는 인생의 초기 성장 과정에서 겪게 되는 경험에서 비롯된 과민 반응이고, 다른 한편으로는 구세대들의 사고방식과 확신에 의해 각인되어 진다. 우리가 오늘날 생각하는 모든 것은 버리고 싶은 쓰레기까지도 전부, 처음엔 나름의 의미를 갖고 있었던 것이다. 아주 어렸을 때 우리 자신을 위한 의미였을 수도 있고, 아니면 우리 이전에 살았고 지금 우리 세대를 포함한 후손들에게 자신들의 사고방식을 전해준 조상들을 위한 의미였을 수도 있다. 이 작고 불쾌한 목소리가 과거 한때에는 좋은 의미였을 수도 있다는 뜻이다. 다만 오늘날에 와서 그 의미가 상실되었고 우리를 조금 더 방해하는 쓸데없는 것이 되었다. 어떻게 이런 일이 벌어졌고 그것이 우리에게 어떤 의미가 있는지는 3장에서 살펴볼 것이다. 어쨌든 우리는 오늘날 흥분되는 새로운 시대에서 살고 있다. 우리는 성장해서 어른이 되었고, 21세기를 살아가고 있다. 우리가 스스로에게 방향 설정을 적당하게 해주고, 계속 발전해나가면서 행복하게 되기를 원한다면, 새롭고도 역동적인 시대에 적절한 사고를 자기 것으로 만드는 일이 매우 중요하다. 이는 오래된 흑백 TV를 선명한 3D 영상이 나오는 컬러 TV로 교체하는 것과 비슷한 효과가 있다. 이러한 효과는 4장에서 살펴보기로 하자.

마인드 퍽을 극복하기 위한 모험

마인드 퍽을 극복하는 과정은 힘들까? 아니면 흥미로울까? 정답은 힘들면서 동시에 재미있다는 것이다. 장애물을 인식하고 이를 넘어서는 것은 분명 모험이다. 우리 머릿속의 사고 모델은 지극히 개인적이면서 인식조차 할 수 없고, 마치 스스로를 통제하는 프로그램처럼 작용한다. 이러한 모델을 판독하는 과정은 자극적이고 어떤 경우에는 혼란스럽기도 할 테지만, 해방감을 가져다줄 것임에 분명하다. 어쩌면 우리는 가끔 머리를 쥐어뜯으며 어떻게 그런 말도 안 되는 일을 하게 됐는지 자문해볼 수도 있다. 그리고 이러한 과정을 통해 일찍이 경험해보지 못했던 모험을 하게 되고, 자기 자신에 대해 좀 더 잘 알 수 있을 것이다.

우리가 지닌 잠재력을 찾아가는 여행

이제부터 우리는 비밀스러운 생각으로 빠져드는 흥미진진한 여행을 하게 될 것이다. 이를 통해 불필요한 전략과 자기 방해적인 사고방식의 어두운 터널에 밝은 빛을 비출 수 있게 된다. 그리고 지금의 생활과 당연히 누려야 하는 가능성들 사이에 존재하는 것이 정확히 무엇인지 알게 될 것이다. 또한 자신을 가로막는 이유와 마인드 퍽을 멈출 수 있는 방법도 배울 수 있다. 어떻게 하면 좀 더 안전하면서도 독립적인 인생의 방향을 설정해주는 내면의 나침반을 확보할 수 있는지도 알게 된다.

장애물을 해체시키고 우리의 생각을 자유롭고 당당하게 펼쳐보자. 유년시절의 호기심과 집중력을 성인으로서 자기실현 의지와 결부시켜 보자. 우리의 마음이 활짝 열리게 되고, 스스로를 가로막지 않게 된다면, 열정으로 가득한 삶을 체험할 수 있다. 또한 기쁨을 선물 받게 되며, 긴장을 풀고 편안하게 꿈과 목표를 실현시켜 나갈 수 있을 것이다. 위대한 사랑, 기업가적인 야망, 부자가 되는 것, 다이어트를 하는 것, 의미 있고 행복한 활동을 찾아내는 것 등 무엇이든 상관없다. 우리가 더 이상 스스로를 가로막지만 않는다면, 우리의 학습과 성장 능력은 실로 어마어마할 것이다. 도전을 받아들이자. 그리고 모든 잠재력을 펼칠 수 있는 기회를 가져보자. 인생에서 체험하고 달성하고자 하는 것과, 우리가 실제로 갖고 있는 사이의 간극을 마침내 없앨 수 있다. 안개가 걷히고 앞이 환해질 것이다. 우리의 머릿속에서 모험이 시작되어, 몸 전체로 편안하게 퍼지게 되면, 어느 날 갑자기 언제나 그토록 원했던 삶이 시작될 수 있다.

2장

스스로를 괴롭히는 마인드 퍽의 7가지 유형

MINDFUCK

내적 경계선의 발견

내가 코치로 일하면서 깨닫게 된 한 가지 진실은 바로 어떤 일이 이루어지지 않는 원인은 우리가 처한 상황 때문이라기보다는 우리 자신에게 있을 때가 더 많다는 것이다. 예를 들어 내 고객 가운데 상당수는 자신이 뭘 원하는지는 알고 있지만 자신도 이해할 수 없는 이유 때문에 자신의 목표에 도달하는 길을 스스로 막고 있다. 또 다른 이들은 자신의 비전이나 아이디어 개발에 관한 이야기만 나오면 마치 뭔가가 이들을 차단하기라도 한 것처럼 "난 내가 뭘 원하는지 모르겠어."라고 말한다. 하지만 내가 좀 더 정확히 파고 들어 물어보면, 그들은 모두 자기 스스로가 뭘 원하는지 아주 잘 알고 있다.

코치로서 내 임무는 그들이 이러한 내적인 경계선을 허물고 즉 자신에게 중요한 것이 무엇인지 인식하도록 하는 일이다. 나는 이 일을 해오는 동안 이러한 내적인 경계선을 집중적으로 연구하며 이것이 금지, 제안, 경고로 구성된다는 사실을 발견했다. 그래서 고객들에게 코칭 기법에서는 보통 잘 사용되지 않는 질문들을 던짐으로써 그 경계선에 직접적으로 접근하려는 시도를 해왔다.

이런 질문들을 통해 문제에 좀 더 깊이 파고들 수 있다. 이런 식의 질문법은 일반적이지 않다고 여겨지고 있는데, 이는 원래 코칭이라는 것이 고객들을 위한 해결책과 발전을 지향하고 있고, 질문을 하면서 문제를 파고드는 것은 일반적으로 내적인 갈등에서 벗어나기보다는 이를 부추기기 때문이다. 하지만 나는 이러한 내적 경계선이 인격 계발을 지속적으로 하는 데 매우 심각한 장애물이 되고 있다고 추측했다. 스스로가 긋는 이 내적 경계는 자신의 목표를 세워서 성공적으로 실천하는 것을 방해한다. 그렇기 때문에 이를 그냥 무시해버리는 것은 아무런 득이 되지 않는다. 난 이 내적인 경계가 어떠한 '소재'로 되어 있는지, 이 경계를 만약에 허물어뜨릴 수 없다면 최소한 통제할 수 있는 방법은 없는지 알고 싶어졌다.

이러한 내적 경계를 그냥 지나치지 않고 이것을 없앨 수 있도록 고객들을 도와줄 경우, 코칭의 긍정적인 결과도 훨씬 오랫동안 유지될 수 있다. 이 경계란 고객들이 새로운 도전이나 목표에 접근하고자 할 때 계속해서 다시 생겨나는 일종의 반항이었다. 그리고 이 것은 고객들이 중요하면서도 긍정적인 변화를 시도하고자 할 때에 필요한, 삶의 이상적인 속도인 '순간'들을 구축하는 것을 방해했다.

나는 내 고객들을 위해 정신적인 장애물에서 스스로 벗어나게 해주는 스위치를 찾고 싶었다. 고객들은 언제든 독립적으로 자신들이 원하는 것과 전략적인 능력에 접근할 수 있어야 하기 때문이다.

그런데 그 전에 몇 가지 수수께끼를 풀어야만 했다. 나는 미지의 대륙을 발견하려는 탐험가와도 같은 일을 하기로 결심했다. 이를 위해 그동안 내가 갖고 있던 나만의 가정들을 모두 버리고, 열린 눈과 호기심 많은 시선을 다시 가져야만 했다. 오로지 해결책만을 지향하는 방법보다는 이것이 내 고객들에게 좀 더 효과적일 것이라고 확신했다. 해결책을 지향하는 것으로도 물론 훌륭한 결과를 얻을 수 있지만, 문제 뒤에 숨어 있는 '구조'라는 본질을 인식하고 이를 변화시키지 않을 경우, 언제든 다시 새로운 문제들이 생겨날 수 있다.

미지의 대륙을 찾는 탐험가

삶의 비전을 개발하는 데 어려움을 겪고 있는 한 고객이 있었다. 상담 중에 두 눈을 빛내며 목표를 언급하다가 곧바로 다시 처음의 슬픔 속으로 빠져들어 멍하니 허공을 응시하고 있었다. 난 의식적으로 그 순간을 포착해 이런 질문을 던졌다. "지금 당신 머릿속에 어떤 생각이 지나가고 있나요? 목표에 대해 계속 이야기하는 걸 방해하는 것이 뭐죠?"

이럴 경우 흔히 돌아오는 대답은 "그래봤자 모두 다 비현실적이니까요."라는 것이었다. 이에 대해 가령 "당신이 생각할 때 왜 그게 비현실적이죠?"라고 계속해서 물으면, 이들은 마치 인생이 어떻게 돌아가는지 전혀 이해하지 못하는 어린아이와도 같이, 자신의 인생에 대해 너무나도 엄격하게 바라보며 말한다. 외부인들의 입장에서는 겸손해보이는 목표들조차 이들은 "그건 저를 위한 건 아닌가 봐요."라든가 "그걸 제가 꼭 가져야 할 필요는 없어요." 혹은 "그건 내가 할 수 없는 일이예요."라는 말로 스스로를 평가한다. "그건 내가 할 수 없는 일이예요."라는 말이 마치 내적으로는 스스로에게 다른 지시를 내리는 것처럼 들린다. 이 메시지는 그것을 할 수 없다가 아니라, 그것을 해서는 안 된다는 것이다. 이들은 이러한 목표를 갖고 실천하는 것을 스스로에게 금지시키고 있다.

이런 방법으로 사람들이 어떠한 핑계로 스스로를 차단하고 있는지에 대해 많은 정보를 얻을 수 있었다. 좀 더 깊숙한 문제를 꼬집어내는 질문들을 통해 사람들이 자신의 삶을 끊임없이 개선시켜 나가는 것을 그동안 가로막아 온 머릿속 장벽에 대해 더 정확하게 파악했다.

사람들의 생각 속에는 너무 높은 기대치, '비현실적인' 상상, 또는 내적으로 확실하게 선이 그어져 있는 특정한 허용 구역으로 '완

벽하게 진입해 들어가는 것'에 대해 스스로를 보호하려는 부분이
있는 것 같았다.

나만의 '행복 지대'가 존재하는가

그렇다면 자신의 행복 지대로 들어가지 못하도록 감시하는 일종의
내부 보초가 있다는 것일까? 모든 사람에게는 절대로 들어가서는
안 되는 자신만의 특정한 행복 지대가 있는 것일까? 우리는 스스
로를 너무 높이 날아오르지 못하도록 하는 무언가를 무의식중에
작동시키는 것일까? 우리가 절대로 '너무 행복해서는' 안 되도록
스스로를 통제하고 있는 것일까?

그렇다. 적어도 내 생각에는 그렇다. 우리는 매우 다양한 내적
인 전략으로 스스로를 계속해서 압박하고 있다. 유명한 테니스 선
수 출신으로서 코칭계의 전설이 된 티모시 갤웨이가 '머릿속의 적
은 네트 반대편의 적보다도 더 강하다.'라고 했던 말은 스포츠에만
적용되는 것이 아니라, 삶의 모든 분야에도 들어맞는다. 스스로를
자유롭게 펼치는 것을 막는 내부의 목소리가 우리 모두의 머릿속
에 존재한다. 그렇기 때문에 이러한 한계와 자신에게 숨어 있는 행
복 지대, 그리고 우리의 작은 감옥을 떠나지 않고 있는 '보초'에
대해 다루어보기에 지금이 가장 좋은 때다.

Mindfuck

02

마인드 퍽은 행동 습관이다

나는 꼭 코칭 업무 때가 아니더라도, 정신적인 자기 방해에 대해 다른 사람들과 자유롭게 대화를 나누어보기 시작했다. 난 사람들이 여기에 대해서 알고 있는지 궁금했다. 왜냐하면 혹시 마인드 퍽이 단순히 업무에 관련된 일이나 개인적인 위기의 결과이다 보니 상담 중에 이 주제가 그렇게 자주 등장하는 것이 아닐까 하는 생각이 들었기 때문이다. 그런데 나와 이야기한 사람들은 하나같이 이 주제에 빠져들어, 자신들이 겪은 정신적인 자기 방해에 대해 아주 실감 나게 이야기를 해주었다. 나의 어머니도 이런 말씀을 하셨다. "정신적인 자기 방해라고? 그거라면 나도 잘 알지. 네게 조언도 해줄 수 있어!"

마인드 퍽이라는 나의 가설은 이렇게 먹고, 마시고, 싸우고, 서로 사랑하는 것과 같은, 일종의 인간적인 생각과 행동 습관과도 같은 것임에 틀림없었다. 모두가 먹고, 마시고, 사랑하고 싸운다, 자신만의 방식으로. 어쨌든 우리 모두가 이것을 하고 있다. 그리고 우리는 모두 각자의 방식으로 스스로를 가로막고 있다.

이 모든 일은 어떤 의미를 지니는가

한 가지 의문이 나를 놓아주지 않았다. 코칭을 할 때에는, 사람들의 모든 행동이 언젠가 어떠한 의미를 가지고 있었다는 전제에서 이야기를 한다. 그러니까 각자 이러한 내부의 불쾌한 목소리를 인식하게 된다면, 그건 여기에도 어떠한 의미가 있었다는 이야기가 된다. 우리보다 수천 년을 앞서 살았던 철학자 아리스토텔레스는 내적인 갈등과, 동시대의 많은 사람이 스스로 갈기갈기 찢겨진 듯한 삶을 살고 있는 것에 대해 이야기 한 바 있다. 많은 사람이 스스로를 친구 대하듯 하지 않고, 자기 자신에 반反하여 적대적으로 행동하고 있다는 것이다. 그런데 스스로를 일단 자신 곁에 두어야만 자신과 친구가 될 수 있다고 아리스토텔레스는 말했다. 바로 그 내부의 보초가 이러한 것을 막고 있다.

그렇다면 적과도 같은 이 내부의 목소리가 우리 머릿속에서 울려 퍼진다는 것은 어떤 의미가 있을까? 우리의 내적 보초는 어떠한 의미가 있는가? 이 보초는 우리의 생각을 통해 어떠한 역할을 수행하고 있을까? 이 목소리가 뭔가를 감시하는 보초와 같은 역할을 한다면, 이 목소리는 과연 무엇으로부터 우리를 보호하려는 것일까? 혹시 이러한 과제는 정말로 뭔가 혁명적인 것은 아닐까? 이 목소리는 경고와 금지, 제안을 통해 혹시 우리의 생존을 보장해주려는 것일까?

하지만 그렇다고 해도 뭔가 앞뒤가 잘 맞지 않는 부분이 있다. 이 목소리, 즉 이 보초는 우리에게 가능성을 열어주기보다는 우리를 끊임없이 불필요하게 제한하고 있기 때문이다. 이러한 점에서, 앞의 질문들에 대한 해답을 구하고자 하는 나의 여행은 더욱 더 흥미진진해졌다.

상황 의존적인 마인드 퍽

관찰 결과, 우리가 언제나 지속적으로 마인드 퍽에 내몰리는 것이 아니라, 특정한 상황에 처하거나 특정한 사람들이 관련되어 있을 때에만 그렇다는 것을 알게 되었다. 즉, 우리의 내부 보초에게 다시 계획을 세우도록 하는 뭔가가 있는 것처럼 보인다는 것이다. 다양한 트리거, 그러니까 머릿속에서 빨간 버튼을 누르도록 해서 자신을 안개 속에 감추도록 하는 유발 원인이 존재하는 것이 분명하다. 이는 우리가 혼자 있으면서 자신이나 인생에 대해 깊이 생각해보거나 특정한 사람들과의 관계를 생각해볼 때든, 우리 자신이나 주변 세계, 혹은 타인과의 관계와 관련이 있는 어떠한 상황에서 작동한다. 우리 마음속에서 마인드 퍽을 생겨나게 하고 우리에게 불필요한 '경련'을 일으키는 사람은 친척이나 직장 상사, 고객, 혹은 배우자인 경우가 적지 않다. 예를 들어 한 유명한 여성 바이올리니스트는 관객 중에 백발이 섞인 남성들이 앉아 있는 것을 보면 더 이상 연주를 하지 못한다고 이야기 했다. 이런 남성들을 보면 그녀는 곧바로 '난 아무것도 할 수 없어. 내가 그저 허울뿐인 연주자라는 걸 이제 모두가 알게 될 거야.' 라는 생각을 떠올리게 된다는 것이었다.

어떤 사람들은 마인드 퍽으로 내몰리는 특정한 주제가 있다고 말한다. 예컨대 돈이나 경력에 관한 이야기가 나오면 이들은 정신적으로 뭔가가 자신들을 가로막는 것처럼 느낀다. 그러면서 내면 깊숙한 곳에서 들려오는 '난 제대로 된 성공을 해보지 못했어.' 라는 목소리에 확신하게 된다는 것이다.

나는 우리의 내적 '경계 구역'이 존재하고 있는 곳의 지형을 철저하게 파악하고 싶었다. 그리고 그곳의 구조와 스스로를 가로막을 때 사용하는 언어를 이해하고자 했다. 또한 "그렇게 해서는 안 돼" "그건 불가능해" "그건 비현실적이야" 등과 같은 생각으로 통하는 경계선의 위치를 파악해, 그곳으로 통하는 문을 폐쇄할 것이다.

차단벽 뒤에 펼쳐진 생각의 세계

우리 스스로에게 한계를 긋는 단편적인 믿음들은 빙산의 일각일 뿐이라는 사실이 분명해졌다. 빙산의 아래에는 커다란 '생각의 시스템'이 숨어 있다. 예를 들어 성공과 만족이라는 것을 절대로 이루지 못했다고 내적으로 깊이 확신하고 있는 경우, 여기에도 여러 가지 가정들이 이미 존재하고 있는 것이다. 그중 특히 성공과 만족이라는 것을 반드시 이루어야 한다는 가정이 대표적이다. 하지만 이것이 바로 행복이라고 생각하는 사람들도 있지만, 그렇지 않은 사람들도 있다. 그러니까 성공과 행복에 대한 특정한 기준들이 무엇인지부터 우리 스스로가 파악해야 할 것이다.

이때 어떠한 기준들을 중요하게 생각하는지는 우리가 살고 있는 시대와 문화에 크게 좌우된다. 몇백 년 전만 해도 사람들은 우리가 성공하고 행복하게 되는 것과 그렇지 않은 것은 모두 신이 결정한다고 믿었다. 요즘엔 이것이 그저 우연이나 '관계의 문제'라고 생각하는 사람들이 있는가 하면, 성공은 원래 범죄와 범람하는 이기심의 상징으로서 이 세계에서 성공을 거두려면 악인이 되어야 한다고 믿는 사람들도 있다. 우리 문화권에서는 쉬지 않고 일을 해서 지속적으로 완벽한 성과물을 내야만 성공과 만족을 가질 '권리'가 주어진다고 생각한다. 이렇게 수많은 확신과 기본 가정들이 원칙적인 믿음 뒤에 숨어 있으면서 그 상상의 나래를 펼치게끔 하는 것이다. 그리고 그 가정들이 어떤 것이 될지는 무엇보다 우리가 어떠한 시대와 문화를 살고 있느냐에 따라 달라진다.

문제의 본질을 파악하다

스스로를 제한하는 믿음의 원칙 뒤에 자리 잡고 있는 생각의 세계는 미세한 잔가지가 나 있는 나무뿌리와도 같다. 이 뿌리는 우리의 과거 깊숙이 뻗어 있고, 우리 인격의 층층마다 모두 닿아 있다. 우리가 겉으로 공공연히 말하는 것은 흔히 생각하는 것보다 훨씬 완화된 표현일 때가 많다. 거추장스러운 가지를 잘라내듯이 그렇게 단 하나의 믿음의 원칙을 잘라내더라도, 전체 뿌리에는 아무런 영향도 없다. 우리가 의식적이든 아니면 무의식적이든 우리의 내적 확신과 외부 세계를 계속해서 비교해본다면, 우리에게 '확신'을 주고 있는 것이 무엇인지 찾아내게 될 것이다. 뇌 전문가인 게랄트 휘터 박사가 말한 것처럼, 우리에게는 끊임없이 작동하는 일종의 '레이더'가 있다. 이것은 실제 주변 모습과 우리의 세계상과의 일치성 혹은 차이점을 찾아내기 위해 쉬지 않고 스캐닝을 하고 있다. 이렇게 해서 우리가 마음 깊숙이 믿고 있는 것을 어떤 식으로든 외부에서 다시 찾아낼 수 있다. 이와 동시에 우리를 가로막는 새로운 믿음이라는 또 하나의 거추장스러운 가지가 생겨나게 된다.

극단적인 생각

코치로서 일하면서 사람들이 마인드 퍽 상태가 되면 언어와 어조가 달라진다는 사실을 깨닫게 되었다. 마인드 퍽 상태일 때는 과장이 심하다. 이는 극단적인 생각을 말하는 것으로, 이를 통해 우리가 겉으로 내뱉는 말과 현실 사이의 균형감각을 상실하게 된다. 이렇게 해서 직장 생활의 사소한 문제들은 '파국'이 되고, 위기는 '재앙'이 된다. 마인드 퍽은 절대로 균형을 이룰 수 없다. 마인드 퍽은 그 자체로 극단적인 상태에 빠지게 만든다. 우리 스스로가 체험해보지도 못한 다른 사람들의 단편적인 경험을 통해 삶의 규칙을 이끌어내고 이를 잣대로 자신을 구속시킨다. 이때 우리는 '너'라는 형태로서 스스로를 압박하는 경우가 많다. 이와 더불어 '해야 한다' '언제나' '절대로' 등과 같은 단어들도 절대적인 척도가 된다. "넌 반드시 그렇게 해야 해. 넌 절대로 그렇게 해서는 안 돼. 넌 언제나 그렇게 해야 해." 등이 바로 그것이다.

오늘날 스스로를 '깨어있는 현대인'이라고 하면서도 우리의 생각 속에서는 상대와 비교하게 되고 가끔은 쓰디 쓴 내적 독재로 이루어진 영역이 버젓이 존재하고 있다.

Mindfuck

03

우울한 목소리와
공격적인 목소리

나는 내부 보초와 이 보초가 하는 말에 대한 '징후들'을 계속해서 수집했다. 그 결과, 고객들이 반복적으로 사용하는 대표적인 표현들, 그리고 그에 관련된 분위기와 감정들이 확보되었다. 이것들은 크게 두 가지 방향으로 정리된다. 하나는 우울하고, 비참하고, 자기 자신과 모든 가능성을 비하하는 목소리다. 다른 하나는 공격적이고, 선동적이며, 비판적이거나 지나치게 의욕적인 목소리다. 후자의 경우에는 '뒷문으로 통하는 길'을 제시한다. 가능성으로 통하는 문을 지키고 있는 보초는 우울하거나 공격적인 이 두 가지 분위기를 잘 알고 있다. 이것은 우리를 약하게 만들고 잠재력이 온전히 발휘되는 것을 막는다는 공통점이 있다. 우리가 스스로를 채찍질하든 아니면 내팽개쳐놓든, 두 경우 모두 스스로 통제하지 못하고, 무 엇보다 좋은 결과를 계속 낼 수 없다. 채찍의 힘 역시 단기간밖에 지속되지 못하고 장기적으로는 득보다 더 많은 실을 가져오기 때문이다.

불안감, 수치심, 죄책감, 그리고 희열

스스로를 가로막는 사고방식은 특별한 분위기를 만들어낸다. 습 관적으로 생기는 마인드 퍽은 우리의 삶에 대한 감정을 어떤 식 으로든 조장한다. 마인드 퍽은 우리의 내부 세계에서 불안감과 수치심, 죄책감, 혹은 희열이나 심지어 광기 같은 감정들을 생기 게 만든다. 마인드 퍽은 우리의 인생에서 잘못된 우월감이나 열 등감을 자아낸다. 육체는 움츠려들고, 우리는 한없이 작아진다. 우리는 스스로를 비하하거나 아니면 공격적으로 다가가게 된다. 이것 모두 우리가 원래 갖고 있는 잠재력으로부터 자신을 멀리 내몰아내는 태도들이다. 그 결과 스포츠와 마찬가지로 자신의 자 리에서 밀려나기 전에 먼저 포기하거나 아니면 반칙을 하게 되는 것이다.

제어력 상실에 대한 불안

내가 고객들에게 스스로를 가로막는 생각들을 진지하게 받아들이지 않으면 어떻겠냐고 물어보면, 대부분은 "전 평상심을 상실합니다." "전 제 삶이나 직업에 대한 통제력을 잃게 되겠죠."라는 식의 대답을 한다. 자신의 맑은 오성보다 마인드 퍽을 더 믿게 되는 것은 안전성이나 통제력 상실에 대한 불안감 때문인 경우가 많았다.

스트레스를 유발하는 마인드 퍽

나는 이러한 메커니즘을 좀 더 자세하게 관찰할 수 있었다. 내 고객들은 마인드 퍽 상태로 전환되면 감정적인 상태뿐 아니라 말하는 방식까지도 달라졌다. 호흡이 가빠지고, 말하는 어조가 눈에 띄게 높아지거나 낮아졌다. 동작 역시 바뀌었다. 방어적인 자세가 되거나, 공격적인 태도를 취하는 사람도 있었다. 혹은 스스로에게 완전히 침잠해버리는 사람도 있었다. 이들의 에너지 상태는 평상시의 편안한 선을 넘어서 두드러지게 하강하거나 상승했다. 이렇게 관찰한 양상들은 스트레스에 대한 육체적인 징후들이다. 그리고 스트레스는 사람들을 도주나 공격, 자살 충동이나 무방비의 허탈 상태, 혹은 도움을 요청하게 만든다.

코칭을 하면서, 내적인 한계에 대해 오래 관여할수록 고객들의 스트레스가 더 커진다는 사실을 알게 되었다. 그리고 내가 질문하는 것을 중단하거나 주제를 바꾸거나, 아니면 마인드 퍽을 '이성적인 의견'으로 인정해줄 경우에는 이들의 스트레스 수치가 낮아지는 것을 확인했다. 다른 상황에 있는 내 고객들도 이와 동일한 양상을 보였다. 내부 보초가 활발히 활동하는 자기 방해적 생각이 찾아오면, 사람들은 여기에 굴복하고 자신만의 마인드 퍽 지침에 따르고 나서야 다시 안정을 찾았다. 그리고 우리가 내적 한계를 더 이상 신경쓰지 않을 때야 비로소 이 내부 보초는 조용히 물러갔다.

첫 번째 결론은 바로 마인드 퍽은 스트레스를 일으키는 원인과 같으며 잠재력만 차단하는 것이 아니라 삶의 질과 건강까지도 끊임없이 손상시킬 수 있다는 것이다. 특히 스스로를 가로막는 생각들이 습관이 되는 경우에는 삶 자체를 변화시킬 수 있다.

우리 스스로를 조절하는 방법

이렇게 정신적인 자기 방해는 자기 조절과 유사한 작용을 한다. 조절이라는 현상은 동물 행태 연구를 통해 잘 알려져 있다. 유리상자 안에서 사는 벼룩들은 어느 정도 시간이 지나면 유리 뚜껑 높이밖에는 뛰어오르지 못한다. 주어진 환경에 적응해버렸기 때문에 이

벼룩들은 나중에 뚜껑을 다시 열어줘도 상자 밖으로 나가지 못한다. 실험실의 이 벼룩들과 마찬가지로 우리도 고통이나 두려움, 수치심, 자책감 등에 대해 스스로를 조절하게 된다. 불쾌한 감정을 동반하는 어떠한 한계가 존재하게 되면 우리는 어쩔 수 없이 이를 피하는 법을 습득하게 된다. 보초를 상자 안에 꼭 가둬놓을 필요는 없다. 우리가 미리 복종해버리는 익숙한 습관을 버리는 것만으로도 충분하다. 그렇지 않고 굳이 한계를 넘어서려는 모험을 한다면, 스트레스를 받게 되고 결국 미리 정해놓은 규칙에 따라 스스로를 제한하면서 움츠려드는 기능이 재작동하게 될 것이다.

이 말은 무슨 뜻일까? 우리가 진정 자신을 변화시키고 스스로 그어놓은 한계를 넘어서려고 한다면 언제나 마인드 퍽과 접촉할 수밖에 없게 된다는 의미다. 그러니까 나쁜 느낌이나 생각은 우리가 잘못된 방향으로 가고 있다는 신호가 아니라 오히려 그 반대다. 이런 것들은 이제 정말로 변화를 진지하게 받아들이고 있다는 신호다.

바로 이 지점에서 일부 중요한 정보들을 수집하였다. 머릿속에 공존하고 있는 세상은 정해진 규칙을 따르고 있다. 이에 대해 다시 한 번 살펴보자.

- 마인드 퍽은 누구나 다 알고 있다. 마인드 퍽은 우리의 본질적인 사고의 일부로서 어떤 의미를 갖고 있다.
- 마인드 퍽으로 보호되는 내적인 경계 구역이 있는 것처럼 보인다.
- 이 경계 구역을 보호하는 내부의 목소리, 일종의 보초가 존재한다.

- 이 보초는 이를 위해 금지와 제안, 경고를 수단으로 이용한다.
- 마인드 퍽에는 그 생명을 유지하는 자체 언어와 논리가 있다. 그리고 이는 우울하고 공격적인 목소리로 나뉜다.
- 마인드 퍽을 따르지 않을 경우, 극단적으로 위험한 일을 하고 있다고 우리에게 암시한다.
- 우리가 마인드 퍽의 제안을 따르지 않을 경우 스트레스가 생긴다. 이로써 자신의 한계를 유지하려고 스스로를 조절하게 된다.
- 개별적인 믿음의 원칙들은 가시적인 빙산의 일각일 뿐이며, 이것은 마인드 퍽으로 이루어져 있다. 그 아래에는 커다란 설득의 세계가 존재한다. 우리가 원칙적인 믿음을 없애더라도 그 아래의 세계는 얽히고설켜 있는 나무 뿌리와도 같이 건재를 과시하며 계속 새로운 충동을 일으킨다.

자신을 방해하는 7가지 유형

자기 방해적인 사고의 전형에는 7가지는 기본 유형이 있다. 이 각각의 유형이 자체적인 반박의 세계를 형성하여 우리를 파괴하고 방해한다. 내 나름대로 분류해본 이런 마인드 퍽은 우리 자신과 다른 사람들, 그리고 삶에 영향을 미치는 설득의 유형들이다. 우리는 고통이나 두려움을 회피하기 위해 이러한 마인드 퍽을 향해 방향을 튼다. 이 내부의 목소리는 다음과 같은 7가지 다양한 방식을 통해 다른 생각을 하지 못하도록 우리에게 속삭인다.

- **대참사형 마인드 퍽** : 스스로에게 두려움을 조성한다.
- **자기기만형 마인드 퍽** : 자신의 삶에 대해 다른 사람들의 생각을 우선시

여기며, 모든 사람에게 다 좋아야 한다고 생각한다.

- **압박형 마인드 퍽** : 자기와 다른 사람들에게 압력을 행사한다.
- **평가형 마인드 퍽** : 자기와 다른 사람들을 평가한다. 완벽주의자, 뭐든 남보다 더 잘 아는 사람, 습관적으로 한탄하는 사람이 이 부류에 속한다.
- **규칙형 마인드 퍽** : 엄격하고 자의적이거나, 혹은 낡은 규칙에 구속된다.
- **불신형 마인드 퍽** : 자기와 다른 사람들을 만성적으로 불신한다.
- **의욕 과잉형 마인드 퍽** : 무조건 밀어붙이고, 극단적으로 도취감에 빠지며, 습관적으로 지나친 의욕을 보인다.

이러한 7가지 자기 반박 유형들은 언뜻 우리에게 다양한 영향을 주는 것처럼 보이지만, 사실은 모두 한 가지 역할을 한다. 이들이 구사하는 언어는 동일하다. 우리는 앞으로 이 7가지 유형이 사실은 하나의 독자적인 사고의 세계를 형성하고 있음을, 그리고 자기 방해의 원인을 제시하고 있음을 알게 될 것이다. 이것을 이해한다면, 마인드 퍽에 대항할 수 있다.

마인드 퍽은 매우 강력한 것처럼 보인다. 그러나 사실 이 마인드 퍽은 우리의 머릿속에 존재하는 다 썩은 난간과도 같아서 우리 내부에서 이것을 무너뜨리는 데에는 툭 치기만 하는 것으로도 충분하다. 그리고 나면 다시 신선한 공기가 우리의 정신세계로 유입되어 새롭게 시작할 수 있다.

1. 대참사형 마인드 퍽
스스로에게 두려움을 조성한다

대참사형 마인드 퍽은 미래에 뭔가 불쾌하거나 심지어 끔찍한 일이 일어날 수 있다고 전제하는 사고의 전형이다. 대참사형 마인드 퍽은 현실에 대한 모든 이성적인 상관성과 모순된다. 모기는 코끼리가 되고, 무고한 변화는 엄청난 대재앙에 대한 예고탄으로 받아들여진다. 대참사형 마인드 퍽에 사로잡힌 사람들은 자신들의 존재가 위협받고 있으며 언제든 불행히 급습할 수 있다는 전제에서 모든 것을 바라본다.

코치로 일하면서 나는 고객들이 현재의 상황에 만족하지 못한 채 방향 설정을 새롭게 하고자 할 때에 이러한 생각에 사로잡히는 경우를 자주 보게 되었다. 상당수는 몇 년 동안이나 이 유형의 마인드 퍽에 사로잡혀 불안감에 빠지고 결국 자신을 마비시켜 버렸다. 높은 교육 수준을 자랑하는 기업 경영진들조차 흔히 "이 일을 이제 포기하면, 아마도 저는 다시는 다른 직장을 구하지 못할 겁니다. 그리고 제가 직장을 구하지 못하면, 모든 게 끝이죠."라고 고백하곤 했다. 직업상 새롭게 방향 설정을 해야 하는 도전에 직면해, 대참사형 마인드 퍽은 개인적인 몰락의 시나리오를 만들어낸다. 이런 식의 자기 방해형 사고가 어떠한 태도로 이어질지는 분명하다. 우리는 겁을 집어먹고, 위축되어 스스로를 한없이 작게 만들어 버린다.

대참사형 마인드 퍽은 사생활 곳곳에서 발견된다. 40대에 접어든 한 여성 고객은 자신이 오랫동안 불행하게 여겨온 결혼 생활을 이제 접게 되면, "분명히 늙어서 외롭게 죽어갈 것"이라고 믿고 있었다. 자녀들은 이혼한 자신을 절대로 용서하지 않을 것이고, 그러면 다시는 행복을 꿈꾸지 못할 것이라는 생각이었다.

밤잠을 설치게 만드는 이러한 대참사형 마인드 퍽을 많은 사람이 잘 알고 있다. 만약 모든 일이 완전히 잘못된다면, 회사의 프로젝트가 실패한다면, 인간관계가 엉망이 된다면, 누군가가 죽는다면, 혹시 내가 죽을병에 걸리면 어떻게 될까 하는 생각으로 골머리를 앓는다. 작은 상처를 중병의 신호로 바라보는 우울증, 혹은 그러한 경향도 마찬가지로 이러한 전형에 속한다.

이런 것들은 일상의 숱한 사례 가운데 일부일 뿐이며, 따라서 이러한 사고방식에 대해서 너무나도 잘 알고 있다. 다만 사람마다 그 양상이 얼마나 극단적이냐 그렇지 않냐의 차이가 있을 뿐이다. 좀 심한 양상을 보이는 사람은 바로 이 대참사형 마인드 퍽을 가진 것으로 분류할 수 있다. 이들은 남들이 과거에 겪었던 충격적인 일이나 불행이 자신의 삶에도 일어날 것이라고 생각한다. 그리고 남들의 고통이 이미 자신에게도 일어난 것처럼, 혹은 조만간 일어날 것이라고 여긴다.

실제로 이러한 사고 습관이 사람들의 삶에 커다란 영향을 주고 있다. 대참사형 마인드 퍽은 신뢰와 용기, 적극성이 요구되는 순간에 그 자리를 밀치고 들어와, 우리의 마음 속에 두려움이 가득 자리잡게 되면 사고가 마비되고 수동적이 되도록 만든다. 또한 대참사형 마인드 퍽은 결국 삶을 제한하며, 무엇보다 삶을 적극적으로 설계하는 것이 아니라 상황에 대처하는 데 급급하게 만든다.

대참사의 나쁜 기억

대참사형 마인드 퍽이 만들어내는 무시무시한 시나리오와 관련해, 과거 전쟁 때문에 심하게 고통을 받은 사람들을 지켜볼 수 있었다. 난민들, 폭탄의 피해자들, 또는 나치의 민족사회주의 속에서 박해받은 가족들의 자녀나 손자들은 그렇지 않은 사람들에 비해 아주 작은 위험의 징후에도 과민하게 반응하는 경우가 많다. 이들은 공포와 두려움, 불신을 안고 살고 있다. 제2차 세계대전이 끝난 후 20~30년이 지나서 태어났는데도 전쟁이나 경제위기가 찾아올 경우를 대비해 꼭 농장을 경영해야 한다고 확고하게 믿고 있는 사람들도 만나 봤다. 또 가능한 한 빨리 미국 비자를 준비해두는 것이 가장 시급한 일이라고 생각하는 사람들도 있었다. 독일의 법제도가 다시 무너질 경우에 미국으로 재빨리 망명하기 위해서였다. 어떤 사람들은 자녀들에게 지나친 근검절약을 강조하기도 했다. 자신들이 가난하게 될 경우를 대비한다는 게 이러한 양육 방식의 이유였다. 전쟁과 궁핍은 이미 오래 전에 지나갔음에도 불구하고, 지금 이 시대를 살아가고 있는 이들의 정신은 아직도 지난 세기에 일어난 대참사의 망령에서 벗어나지 못하고 있는 것이다. 그 결과 이들은 아무런 까닭 없는 두려움에 떨며 '만일의 세상' 속에서 지내고 있다.

대참사형 마인드 퍽은 아마도 전쟁 같은 역사적인 사건을 양분으로 하여 자라날 것이다. 하지만 이로 인해 우리가 인생에서 겁쟁이로 전락하고 있다면, 언제나 최악의 일을 염두에 두는 이러한 사고 습관을 버리는 것이 중요하다. 그렇지 않을 경우 우리는 자신에 대해 신뢰를 하기 힘들고, 삶을 영위하는 대신 삶에 대해 조심하는데에만 정신을 쏟게 될 것이다. 결국 새로운 경험을 수집하고, 배우며 성장하는 것과는 거리가 멀어지게 된다. 그리고 우리에게 주어진 기회를 놓치게 될 것이다. 두려움 없는 삶은 이보다 훨씬 아름답다. 이 새로운 삶은 다시 용기를 주고, 당면한 도전들을 받아들여 의식적으로 이를 헤쳐 나갈 수 있는 능력을 선사할 것이다.

2. 자기기만형 마인드 퍽
다른 사람들의 생각을 우선시 여긴다

자신의 능동적인 삶의 욕구와 관심사를 다른 사람보다는 등한시해야만 한다는 생각을 할 경우에, 자신을 억제하는 자기 기만형 마인드 퍽에 걸려든 것으로 볼 수 있다. 이 유형이 갖는 믿음의 원칙은 바로 '다른 사람들에게 좋아야만 내게도 좋다.' 라는 것이다. 이 메커니즘은 특히 매우 가치 지향적으로 사는 사람들의 경우, 지나치게 자기 방해적인 과잉 행동을 유도할 수 있다.

내가 만난 고객 가운데 제일 먼저 자녀들을 생각하고, 그 다음으로 남편, 부모님과 시부모님, 그 다음엔 회사를 생각하고, 결국 마지막에 가서야 자신의 욕구를 생각하는 것이 맞다고 여기는 사람들이 있었다. 오랜 세월 울며 겨자 먹기로 다니던 직장을 그만두거나 파괴적인 인간관계에서 이제 그만 헤어나오려고 하는 사람들에게도 충성심에 대해 잘못 이해하고 있는 경우를 종종 보았다. 이들이 생각하는 충성심은 자기기만형 마인드 퍽, 예를 들어 "나로 인해 상사나 배우자가 피해를 입어서는 절대 안 돼!"와 같은 생각을 자양분으로 삼는 것이었다.

얼마 전 가장 심한 자기기만 증상을 보이는 사람을 상담한 적 있었다. 아프리카의 어린이들이 굶주림으로 죽어가고 있고 지구 온난화가 계속되는 한, 자신은 행복한 삶을 누릴 자격이 없다고 생각하고 있는 남성이었다. 나와 상담을 시작할 때부터 이런 생각을 하고 있던 이 남성은 자신의 자원 소비를 최소한으로 제한하고 자연과 환경에 자신의 어떤 흔적도 남겨서는 안 된다는 생각에 사로잡힌 채 자신에게 필요한 것을 극단적으로 외면하고 있었다. 나는 이러한 생각을 이제 그만 끝내보자고 그에게 제안했다. 그리고 이 세상에서 가능한 한 아무런 흔적도 없이 존재한다는 그 최상의 결과를 도대체 어떻게 하면 달성할 수 있을지 물어보았다. 그는 잠시 깊은 생각에 잠기더니 마침내 크게 웃었다. 어느 정도는 홀가분해진 것처럼 보이기도 했다. "그렇게 하려면 아예 제가 존재하지 않아야겠죠. 그리고 그건 당연히 말도 안 되는 헛소리이고

요." 자기기만형 마인드 퍽을 갖게 되는 심리적인 이유는 개인에 따라 천차만별이다.

모두에게 좋기를 바란다

특히 여성들 사이에서 매우 광범위하게 확산돼 있는 자기기만형 마인드 퍽은 바로 "모두에게 좋았으면…" 하는 바람을 담고 있다. 뭔가에 화가 나더라도 입을 꾹 다물고 있는 경우가 바로 여기에 해당된다. 아니면 사실은 휴식을 취해야 하거나 도움을 받아야 하는데도 오히려 남들을 위해 뭔가를 해주고 있는 것도 바로 이런 경우다. 여성들은 대부분 자신만을 위한 삶을 살기를 주저하고 있다. 나는 이런 경우에 처한 사람들을 가만히 내버려두지 않고, 그들을 대상으로 가장 먼저 자신을 생각한다면 무엇을 하겠는지 물어보았다. 이 질문을 받은 사람들은 신중하게 답을 생각해보는 과정에서 크게 흔들렸다. 상당수는 처음에 일단 대답 자체를 거부하다가 자기기만형 마인드 퍽의 세계에서 비롯된 전형적인 문장 하나로 대답을 했다. "모두가 자신을 가장 먼저 생각한다면 우리 사회는 도대체 어떻게 되겠습니까?"라고 말이다. 대답은 간단하다. 각자가 자신을 먼저 생각하면, 우리 자신뿐 아니라 타인에게도 모두 좋을 것이다. 우리 자신을 잊어버리고 끊임없이 가로막는 대신에 말이다.

자기기만 상태에서는 자신을 희생하지 않으면 자신이나 다른 사람에게 뭔가 나쁜 일이 일어날까 봐 우려하게 된다. 누군가와 충돌하거나 적이 생기고, 역풍을 맞을 수도 있으며 이러한 상황을 견뎌내지 못할 것이라고 겁을 집어먹는다. 이렇게 해서 자기기만형 마인드 퍽이 대참사형 마인드 퍽과 연결되는 경우가 적지 않다. "네가 지금 네 솔직한 의견을 말하면 크게 후회하게 될 거야."라고 말이다. 불쾌한 감정에 대한 두려움이나 누군가와 다투는 것에 대한 두려움에서 비롯된 갈등 회피는 유감스럽게도 우리를 단지 화를 피하기 위해 어른들에게 순종하는 어린이로 만든다. 그 결과, 원하는 것을 얻지 못하거나, 아니면 원치 않는 것을 얻게 된다. 이런 일이 어떻게 해서 일어나는지, 이제부터 한 가지 사례를 통해 좀 더 자세히 살펴보기로 하자.

그 누구의 기분도 상하게 하고 싶지 않은 여자

비르기트 K는 노련한 여성 언론인이다. 그런데 몇 년 전부터 그녀는 자신의 커리어를 계속 쌓는 데 있어 앞이 꽉 막힌 듯한 막막한 기분을 느끼고 있었다. 예전에 특종 기사도 자주 내고 여러 주제에 걸쳐 다양한 아이디어들도 쏟아 내던 것과는 달라졌다. 이 문제에 대한 고민을 들은 그녀의 절친한 동료는 날마다 열리는 아이템 회의 시간에 멋지게 의사를 표현해보라고 조언했다. "네 자신을 좀 더 멋지게 포장해서 팔 줄 알아야 해."라고 동료는 말했다. "너는 회의 시간에 아무 말도 하지 않잖아. 그러니까 네가 어떤 아이디어를 갖고 있는지 아는 사람이 아무도 없지!" 그래서 그녀는 다음 번 회의 시간에는 가만히 앉아 있는 대신, 모두에게 그녀가 무엇을 할 수 있는지, 그녀의 머릿속에서 결코 아이디어가 마르지 않았다는 것을 보여주기로 결심했다. 다음 번 회의가 시작되자 그녀는 지난 몇 년간 늘 참석해왔던 회의임에도 불구하고 흥분했다. '오늘 나한테 뭔가 좋은 생각이 떠올라야 해.' 그녀의 입은 바짝바짝 타들어갔다. '내가 얼마나 긴장했는지 아무도 눈치 못 채야 할 텐데.' 그녀는 편집부장이 말하는 내용을 주의 깊게 경청했다. 실제로 그녀에게 좋은 아이디어가 떠올랐다. 맥박이 요동쳤다. 이제야말로 직접 뭔가 이야기할 수 있는 기회가 온 것이다. 그러나 조금 물러나 자신이 말할 내용이 정말로 좋은지에 대해 다시 한 번 깊게 생각했다. 그녀는 자신의 제안에 대한 반박거리를 나름대로 정리했다. '내가 생각해낸 모든 것이 너무 단순한 건 아닐까? 그렇지 않고 내가 생각한 것과는 완전히 다를 수도 있겠지? 그래, 당연해. 완전히 다를 수도 있다. 역시 다시 생각해보길 잘했어. 잘못했더라면 크게 욕먹을 수도 있었겠는 걸.' 그래서 그녀는 아무 말도 하지 않았다. 그 아이템에 대해 다른 동료가 의견을 제시했다. 비르기트 K는 이미 '회의 중 열기'를 충분히 흡수하여 회의 내내 두 뺨이 빨갛게 상기되어 있었다. '내가 얼마나 흥분했는지 혹시 누군가 알면 어떡하지? 그러면 너무 창피할 것 같은데…' 시간이 흐르고 이제 새로운 아이템이 거론되기 시작했다. 비르기트 K는 곧바로 좋은 아이디어를 떠올렸다. '이제 정말 뭔가를 말해야만 해.' 그녀는 이 아이템을 절대로 놓치고 싶지 않았다. 그녀가 이 문제에 대해 얼마나 깊이 알고 있는지 아는 사람은 아무도 없었다. 하지만 이번에도 그녀는 망설였다. '이 제안을 해서 혹시 내가 누군가를 짓밟게 되는 건 아닐까? 맞아, 제인은 이 아이템을 담당하고 싶어할 거야. 아마 빼앗기면 난리를 칠 걸. 비꼬는 것도 대단하고. 그녀와 괜히 얽히기 싫어.' 그리고 정말로 제인이 손을 들어 이 아이템을 자기가 기사화 해보겠다고 말했다. 그래서 이번에도 비르기트 K는 아무 말도 하지 않았다. 남은 회의 시간 동안 그녀는 자신이 좋은 기삿거리를 받지 못한 것에 대해 화가 나 있었다. '그게 정확히 내 아이템이 아니었던 것일까? 왜 나는 아무 말도 안 했지? 이번에도 또 멍청히 입을 닫고 있었잖아!' 그녀가 이런 생각에 빠져 있는 동안 남은 15분이 모두 흘러갔다. 편집부장이 마지막 주제를 그녀에게 던졌다. "K씨, 지금까지 얘기한 내용이 다 괜찮은가요?" 부장이 나가면서 이렇게 물었던 것이다. "모든 게 다 좋습니다." 비르기트 K는 미소를 지으며 대답했다. 그리고 어깨를 추켜 올린 채 그녀는 자신의 사무실로 힘없이 발걸음을 옮겼다. '그래, 정말로 다 잘된 거야.' 그녀는 속으로 생각하며 구석으로 가서 커피를 마시면서 혼잣말로 중얼거렸다. "오늘은 어차피 뭐가 안 되는 날이었어."

올바르게 서는 법을 배운다

앞의 사례에서 우리는 인생이라는 모험은 우리가 비바람을 무릅쓰고 서 있는 곳에서 시작된다는 것을 알 수 있다. 우리의 인생에서 갈등을, 아니 어쩌면 패배를 견뎌내고 올바르게 서는 능력과 자신을 위해 이용할 줄 아는 능력을 배우는 것이 성공의 관건인 경우가 적지 않다. 그리고 우리가 살고 있는 오늘의 시대에는 사실 이게 전부다. 다른 생각은 필요가 없다. 자기기만의 마인드 퍽을 배제한다면 우리에게 펼쳐질 가능성은 무궁무진하다.

3. 압박형 마인드 퍽
자신과 상대에게 압력을 행사한다

압박형 마인드 퍽은 정신적인 자기 방해 가운데 최악의 유형에 속한다. 이 마인드 퍽은 음험한 것을 넘어서 잔인하기까지 하며, 협박범이나 노예 상인과도 같이 작용한다. 우리의 내부 보초가 이 마인드 퍽을 불러오는 경우, 대부분 '만약-그러면'의 공식이 작용하게 된다. "만약 지금 네가 제대로 일하지 않으면 넌 패배자가 될 거야. 만약 네가 그 일을 제대로 처리하지 못하면, 짐 챙겨서 집에 가야 할 걸. 만약 네가 그걸 하지 않으면, 너 때문에 다른 사람이 힘들어 할 거야. 만약 네가 이 기회를 놓치면, 이제 다시는 그 기회가 오지 않을 거야."

이러한 압력 행사는 유감스럽게도 일상적인 독백에 속한다. 이러한 혼잣말은 내가 상담했던 사람들만 하는 것이 아니다. 압박형 마인드 퍽은 부정적인 정신적 습관으로서, 우리 시대에 만연해 있는 현상, 즉 번 아웃 증후군의 본질적인 일부라는 것이 내 견해다.

기업 컨설턴트로 일하던 당시, 나의 모든 한계를 넘어 일을 하면서 날마다 말도 안 되는 압력을 스스로에게 행사했다. 내 능력은 이미 소진되었음에도 말이다. 나는 압박형 마인드 펙에 복종하여, 힘에 부치는데도 계속 자신을 위협하면서 압박했고, 결국 건강이 악화되어 몇 달 간 전혀 일도 하지 못하는 상태가 되었다. 이런 경험 덕분에 압박형 마인드 펙으로 내 사무실을 찾아오는 사람들의 머릿속에서 무슨 일이 벌어지고 있는지 그 누구보다도 잘 알고 있다. 그런데 슬픈 사실은, 우리가 도대체 왜 그러는지 이유도 정확하게 모르면서 이런 압력을 받도록 내모는 경우가 많다는 것이다.

나는 코치로서 각종 심리 문제가 생기지 않도록 예방하는 차원에서 일을 하기도 하지만, 번 아웃 증후군을 가진 사람들을 치료하는 일도 같이 하고 있다. 누군가 내 사무실에 전화를 걸어서 "마침내 내 일을 대신해줄 사람을 구한 덕분에 상담 받을 시간을 갖게 되었다."는 말을 하는 순간 나는 이러한 증상의 조기 징후를 알아차리곤 한다. 이러한 말은 벌써 전화를 건 사람들의 내부 보초가 일을 제대로 하고 있다는 증거다. 이들의 목소리는 엄격하게 들리고, 호흡은 짧다. 그리고 마치 자신의 '게으름'과 '무능력'에 대해 화가 나 있는 것처럼 보인다. 나를 찾아온 사람들의 상당수는 자신들이 몇 년째 내면의 '부정적인 존재'와 싸우고 있다고 말한다.

난 자신에게 공격적인 고객들의 진짜 문제에 대해 곰곰이 생각해보았다. '그들이 정말로 싸우는 대상이 그 내면의 부정적 존재일까 아니면 어떤 다른 부분일까?' 우리에게 정말로 해를 끼치는 것이 어떠한 생각과 태도인지 아는 것이 무작정 싸움을 벌이는 것보다 더 중요하다.

내면의 그 존재와의 싸움에 대해 좀 더 이야기를 해보면, 이 싸움에도 다양한 종류가 있다. 그리고 이 싸움은 대부분 압박형 마인드 퍽의 공격에 대한 응답일 뿐이다. 결혼을 얼마 앞두지 않은 한 여성이 체중을 10kg 감량하려는 목표를 세우고 있다고 가정해보자. 이 경우 그녀의 내면에 있는 압박형 마인드 퍽은 아마 이렇게 외치고 있을 것이다. "결혼식 사진에 뚱뚱하게 나오면 넌 네 자신을 절대 용서하지 못할 거야." 이렇게 되면 그 다음에는 정확히 어떤 일이 일어날까? 이 여성은 체중 감량이라는 목표를 중요한 일로 생각하게 되면서, 이 목표를 달성하여 성공적으로 감량하기 위해 더 많은 압력을 행사하게 될 것이다. 심지어 이 여성은 이렇게 하는 것이 목표 달성을 더 쉽고 빠르게 해줄 것이라고 믿을지도 모른다. 틀려도 크게 틀렸다. 우리 자신을 가로막는 습관은 흔히 우리에게 부족하거나 과한 다른 무언가에 대한 보상인 경우가 많다. 그러니까 우리를 방해하는 것은 지나친 압력이나 부족한 무언가에 대한 반응인 것이다.

앞에서 말한 이 예비 신부가 결혼식 전에 이러한 메커니즘에 얽매여 스스로에 대한 압력 수위를 계속 높인다면, 그녀는 끓어서 폭발 직전인데도 계속 열을 가하고 있는 냄비처럼 될 것이다. 그러면서도 그녀는 균형과 조정을 원하고 있기 때문에, 몸에 더 좋은 음식을 먹으면서 양을 줄이는 대신 몸에 나쁜 음식을 더 많이 먹게 될 것이다. 자기가 자초한 압력으로 인한 압박감에서 벗어나고자 말이다. 이렇게 해서 그녀는 이른바 내면의 존재와 싸우는 것이 아니라, 사실은 그 존재를 살찌우게 된다.

스스로에게 더 이상 압력을 행사하는 것을 중단하고, 이러한 압력을 의식적으로 줄여나가거나 삶의 기쁨을 추구하는 노력을 강화해나간다면, 우리는 비통함이나 두려움 없는 성인으로서 우리의 진정한 목표에 한 걸음 가까이 다가갈 수 있을 것이다. 의사들과 식품영양학자들도 기쁨, 의식적인 향유, 그리고 사교적인 모임 등 긍정적인 체험들이 체중 감량에 더 도움이 된다고 입을 모으고 있다.

이제 또 다른 결론 하나를 내려보자. 우리가 스스로에게 공격적으로 압력을 행사하거나 맹목적으로 그 어떠한 것을 추구한다면, 행복 지대의 보초가 그야말로 온갖 수단을 다 동원한다. 따라서 보초의 활동에 대한 민감도를 높이고, 필요하다면 4장에서 설명하게 될 '응급약'을 이용하는 것도 크게 도움이 된다. 압박형 마인드 퍽을 막기 위해서는 이것을 인지하는 것만으로도 충분하다. 이 마인드 퍽은 장기적으로 우리를 잘못된 행동 지상주의나 혹은 무기력증으로 이끌어서 삶을 위해 옳은 결정을 내리는 것을 방해한다.

4. 평가형 마인드 퍽
자기와 다른 사람들을 평가한다

이 유형의 자기 방해도 사람들에게 친숙하다. 무엇이든 남보다 더 많이 안다고 생각하는 것, 그리고 습관적으로 한탄하는 것은 바로 이 평가형 마인드 퍽이 작용하기 때문이다.

내부 보초는 우리에게 세상이 어떻게 이루어져 있는지, 그리고 그 속에서 우리가 제대로 된 자리를 차지하기 위해서는 어떻게 행동해야 하는지 설명한다.

그 결과, 스스로 만들어내고 사회적으로 전달된 '이상'에 대한 생각과 현실을 두고 끊임없는 비교를 하게 된다. 또한 이상만이 아니라 사람들끼리의 비교도 한다. 평가형 마인드 퍽은 우리 자신과 타인 혹은 상황을 옳은가 틀린가, 좋은가 나쁜가, 전문적인가 비전문적인가 등으로 분류하려는 경향을 보인다. 이를 통해 우리는 기뻐할 만한 결론에 도달하기도 하지만, 대부분은 그 반대의 결론에 도달한다. 이러한 치명적인 사고의 전형에 사로잡힌다는 것은 커다란 고통일 수 있으며, 삶의 기쁨도 현저하게 줄어든다.

원칙적으로 이것은 우리가 정신적으로 있는 그대로 존재하는 것이 아니라, 있어야 하는 어떠한 기준 상태로 존재해야 함을 의미한다. 이 경우 우리는 이러한 '평가 여행'에서 절대로 목적지에 도달할 수 없으며, 다음에 이어질 평가형 마인드 퍽을 떠나기 전에 간신히 중간 지점에만 도달할 수 있을 뿐이다. 이렇게 자신이 만들어낸 스트레스 속에서 우리는 쳇바퀴 도는 다람쥐 신세로 전락하고 만다.

게다가 이러한 평가는 있는 그대로의 현실과는 아무런 관계가 없다. 그런데도 사람들은 끝없이 자신을 평가하면서 스스로를 의

문시하고, 우리의 내부 보초가 만들어낸 생각의 전략에서 자신이 어떠한 역할을 수행할 수 있는지 따져본다. 이러한 평가를 통해 이 세상에서 우리의 가치와 순위를 매겨서 분류하고, 마땅치 않을 때에는 가치 자체를 박탈해버린다. 그러니까 평가형 마인드 픽은 우리를 다른 사람들이나 스스로 설정한 자신만의 요구사항과 비교하고 이에 따라 스스로를 사회 속에 배치시키는 것이다. 따라서 삶에서 어떠한 자리를 차지하고 있는지에 대해 스스로 느끼는 생각과 설정한 방향이 중요하다. 그런데 자신의 방향설정으로 일종의 눈금자가 동시에 마련된다면, 우리는 인생의 이 눈금자에서 어떠한 위치를 받아들여야 좋은 것일까? 이것을 결정하는 것 역시 우리의 평가 전형이다. 스스로에 대한 요구사항이 까다롭고, 더 좋은 위치를 차지하고자 할수록, 우리는 더 많은 노력을 해야 한다. 그리고 지나치게 자기 비판적인 사람은 자신의 기준에 따라서 불가피하게, 인생에서 도달하고 얻을 수 있는 것은 조금밖에 없다는 인식이 머릿속에 박히게 된다.

몇 년 전 나는 한 컨설팅 회사가 미래의 경영진을 임용하는 과정에 참여한 적이 있었다. 수많은 고급 인력을 보면서 한 가지 새롭게 알게 된 것은, 바로 여성들이 남성들보다 자신을 훨씬 더 비판적으로 평가한다는 사실이었다. 이들은 내가 속해 있는 임원 선발 위원회와 면담을 하면서, 자신들이 앞으로 회사에서 배울 것들이 많기 때문에, 처음에는 높은 연봉을 생각하고 있지 않다고 말했다. 그런데 이 여성들은 임원 후보들 중에서도 다른 사람들과 현격한 격차를 두고 상위 그룹에서 달리고 있다.

자기 가치의 문제 혹은 자신이 몸값을 낮추는 경향은 지나치게 높은 기준을 자기 자신과 남에게 설정해놓고 자신이나 남에게 지나치게 많거나 적은 것을 요구하는 습관에서 비롯된다. 자신의 가치를 낮게 평가하는 사람들은 자신의 생각이나 행동을 평가형 마인드 퍽과 연관 지어 다시 살펴보면서 "아하! 그렇게 된 거구나!" 라고 말을 한다. 그러니까 이들은 실현할 수 없는 요구사항들을 기준으로 정해놓고 그동안 스스로 평가해오고 있었다는 사실을 깨닫게 되는 것이다. 그렇다고 우리가 절대로 어떤 기준을 가져서는 안 된다는 말이 아니다. 다만 평가형 마인드 퍽은 우리 자신에게 압박을 가하고 우리를 제한하거나 타인과의 관계를 방해하기 때문에 적당한 기준이 아니며 지나치고 불합리한 자기 방해의 한 유형이라는 점을 강조하고 싶을 뿐이다.

내가 만난 고객 중에 자신이 만나는 모든 사람을 '대졸자' 와 '비대졸자' 로 구분하는 남성이 있었다. 그는 대학을 졸업하지 않은 사람들과는 어떤 일도 하지 않으려고 했다. 그리고 새로 온 자신의 상사가 대학 졸업장이 없는 이른바 '자수성가형' 이라는 사실을 알게 되면서 상사를 받아들이기 어려워지자, 이 남성은 코칭을 부탁하러 온 것이었다. 물론 이 남성과 정반대의 현상이 벌어지기도 한다. 한 수공업자를 상담해준 적이 있는데, 이 사람은 대졸자들과 일하는 데 어려움을 겪고 있었다. 이 수공업자는 대학을 나온 사람들은 하나같이 '실제로는 아무것도 모르면서 입만 살아서 지껄이는 사람'이라고 여겼고, 대학을 나온 고용주와 걸핏하면 다투었다.

성별, 나이, 대졸 여부에 따라 오늘날 비즈니스에서, 그리고 우리의 사생활에서, 이렇게 스스로를 가로막는 평가형 마인드 퍽의 사례는 부지기수이다. 이 마인드 퍽은 결국 스스로를 과대평가나 과소평가하게 만들고, 평가의 기준 밖으로 분류된 사람들과 어울리는 것을 어렵게 만든다.

우월감의 표시로서 "내가 더 잘 알아"

지나친 평가 경향은 완벽주의를 통해 스스로에게 과한 부담을 지우고 더 이상 성공에 대한 즐거움을 느끼지 못하게 할 뿐만 아니라, '내가 더 잘 알아'라는 생각으로 자기 자신과 남들을 늘 간섭하려고 한다. '내가 더 잘 안다'는 태도는 더 많이 혹은 더 적게 아는 것에 대한 평가 비교에서 비롯된다. 내부 보초가 이러한 생각을 하게 되면, 남들보다 높은 자신의 지위를 증명해보이고 그들의 자리를 지정해주려는 태도를 보인다. 그리고 이러한 생각 뒤에는 흔히 자신이 남들보다 뭔가 부족하기 때문에 거부당하거나 평가 절하될 수 있다는 것에 대한 두려움이 숨어 있는 경우가 많다. 완벽주의와 '내가 더 잘 알아'라고 하는 사고방식은 함께 생기는 경우가 많으며, 여러 가지 형태로 사람들을 가로막는다. 이로 인해 자기 자신의 내면뿐 아니라 남들과의 좋은 관계마저 방해 받는다. 평가형 마인드 퍽을 갖게 되면, 인간관계를 지속적인 경쟁으로 간주

하고, 이 경쟁에 참가한 모든 관계자는 결국에 모두 약하고 패배적인 존재로 추락한다.

추락하는 평가 소용돌이 : 한탄

완벽주의와 '내가 더 잘 알아' 라는 사고방식은 마인드 퍽 유형 중에서도 공격적인 형태에 속한다. 이에 비해 한탄은 의기소침해하는 형태로 볼 수 있다. 한탄의 경우, 현실과 이상에 대해 내적 비교를 하게 되어 언제나 부정적인 결과만을 낳는다. 어떠한 일에 대해 자신이 마음속으로 정해놓으면, 현실에서는 이보다 훨씬 못한 결과를 보기 마련이다. 한탄이라는 것은 우리가 약하고 도움이 필요한 존재라고 암시하는 것이기 때문에, 흔히 완벽주의보다는 더 개방된 것으로 여겨지기도 한다. 그러나 우리 자신과 남들을 가로막는 메커니즘에 있어서는, 평가형 마인드 퍽의 다른 유형들과 다르지 않다.

인간의 자연스러운 심리에 따르면, 쉴 틈 없는 한탄은 이와 정반대되는 형태의 마인드 퍽을 생기게 할 수 있다. 의욕 과잉형 마인드 퍽이 바로 그것이다. 이를 좀 더 자세히 살펴보자. 방금 전까지 이야기한 유형이 우리를 비탄에 잠기도록 하는 경우라면, 지금부터 이야기하는 자기 방해의 유형은 스스로를 '악순환의 덫' 에 빠뜨리도록 부추기거나 어떠한 사안에 대해 지나치게 낙관적으로 바라보도록 강요한다. 그러나 이 두 형태는 사실 동전의 양면과도 같다. 우리가 스스로 만들어낸 기준에 의해 이리저리 흔들리고 비틀거리는 것이다. 한탄을 하는 동안 에너지를 소비하게 되고, 멍하니 텅 빈 것 같은 느낌을 받는다. 그리고 우리가 처해 있는 환경이나 만들어놓은 환경에 따라, 쾌감을 느꼈다가 다시 비통해지곤 한다. 이렇게 쉴 새 없이 스스로를 평가절상했다가 평가절하하는 것은 삶의 질뿐 아니라 모든 잠재력을 소진시킬 뿐이다.

　나는 평가형 마인드 퍽을 차례차례 지워나가면서 삶의 기쁨이 커지는 것뿐 아니라 업무 능력까지도 향상되는 고객들을 많이 만날 수 있었다. 스스로를 계속 발전시켜 나가고자 한다면, 만성화된 평가와 비교가 아닌 집중과 주목이 훨씬 더 효과적이다. 또한 주변 사람들의 뜨거운 관심을 받게 된다. 자신을 높이 평가해주는 사람을 만나는 것보다 이 세상에서 더 매력적인 일은 없다. 상대에 대한 집중과 주목은 신뢰를 낳고, 이를 통해 견실한 인간관계가 형성된다.

5. 규칙형 마인드 퍽
엄격하며 낡은 규칙에 구속된다

무슨 일이든 어떠한 식으로 반드시 이루어져야 하고, 달리 진행돼서는 안 된다고 생각하는가? 다른 방법은 없다고 생각하는가? 또는 달리 되어서는 안 된다고 생각하는가?

　이 유형의 경우, 내부 보초가 각종 규칙을 제시하면서, 우리가 이 규칙들을 지킬 경우에만 안전하다고 암시한다. 이때 이 규칙들이 합당한 것인지 아닌지, 너무 엄격하거나 지나치게 주관적이거나 누가 봐도 낡은 가치를 추구하는지 아닌지는 중요하지 않다. 이 기본 구조는 최악의 경우 우리 자신과 다른 사람들을 굴복시키는 '규칙의 테러'가 된다.

"그가 나를 정말로 사랑하면, 매일 여러 번 내게 전화를 걸 거야." "그녀가 정확하게 시간 맞춰서 오지 않으면, 그건 나를 무시한다는 신호가 분명해." "그 사람이 나와 내 문제들에 대해 언제 어디서나 신경을 써주지 않는다면, 그건 나를 좋아하지 않는다는 뜻이야." 이러한 '만약-그러면' 구조는 압박형 마인드 퍽과 마찬가지로 규칙형 마인드 퍽에서도 핵심적인 표현이다. 이러한 조건 부식 사고는 다른 사람들을 강요하는 것뿐 아니라, 특히 우리 자신에게도 반복해서 두려움을 만들기 때문에, 오히려 이러한 규칙들을 더 이상 지키기 힘들게 된다. 스스로 만들어낸 규칙들을 지킬 수 없을 것이라고 믿게 되면 당연히 실망하게 된다. 그리고 언젠가는 계속해서 실망에 실망을 거듭하게 되어 있다. 규칙형 마인드 퍽은 자기 자신과 다른 사람들을 위한 '길잡이'의 전형으로서 이런 규칙들이 실제로 모든 사람에게 적용되고 수용될 때만이 제대로 기능할 수 있기 때문에 사람들이 규칙을 준수해야 자신과 타인에게 실망하지 않게 된다. 하지만 오늘날 실제로 어떤 규칙을 과반수가 받아들이고 지키고 있는가? 신호등에 빨간불이 들어왔을 때 정말로 보행자가 길을 건너지 않는가? 그렇지 않은 경우도 많다. 약속 시간에 늦으면 안 된다는 규칙은? 물론 잘 지키는 사람도 간혹 있을 것이다. 오직 엄격한 규칙이 제대로 기능하는 세계에서만 이 규칙형 마인드 퍽은 사람들에게 길잡이 역할을 해 줄 수 있다. 오늘날 세상에서는 잘 지켜지고 있는 엄격한 규칙이란 거의 존재하지 않는다. 우리가 관습적으로 받아들이고 있는 오래된 규칙들도 있다. 하지만 이를 무작정 따르다 보면 우리의 실상은 진보와는 거리가 멀어지게 되는 것도 그리 놀라운 일이 아니다.

세상의 작동 방식

직장 상사가 밀어줘야만 승진할 수 있다고 확고부동하게 믿고 있기 때문에 직장에서 더 이상 발전하지 못하고 있는 사람들을 만난 적 있었다. 이들은 자기가 먼저 승진 이야기를 꺼내는 것은 바람직하지 않다고 생각하고 있었다. '내가 이야기를 꺼낸다고 그렇게 되는 것도 아니고…' 라는 게 그들의 속마음이었는데, 이건 시간과 돈만 허비하는 그야말로 잘못된 생각이다.

또한 이력서를 잦은 이직으로 채우지 않으려면 "한 곳에서 적어도 2년은 채워야 한다."라고 믿고 있는 사람들 또한 적지 않다. 다른 선입견 가운데, 특정 직업의 경우 "절대로 돈을 많이 벌 수 없다."고 생각하는 것도 있다. 그래서 내가 이들이 생각하는 '배고픈' 직업, 가령 예술 분야에서도 매우 큰돈을 벌고 있는 사람들을 이들의 눈앞에 대령하면, 이들은 또 다른 마인드 퍽에 빠진다. 자기비하, 자기기만, 또는 자신의 목표가 정말로 달성될 경우에 뭔가가 일어날 것이라는 불합리한 두려움 등에 말이다. 자기 방해는 커다란 에너지로 가동되는 악순환 그 자체인 것이다.

내가 만난 한 기업의 임원은 직장인이라면 하루에 무조건 12~14시간씩 일해야 한다는 생각을 갖고 있었다. 이 남성은 자신이 근무하는 회사의 규칙들이 모든 직장에서 무조건 지켜져야 한다고 굳게 믿고 있었다. 이보다 적게 일하면서도 성공을 거둔 사람들이 있다는 것을 알고 있으면서도 말이다.

한 여성은 "여성의 경우, 자신이 원하는 것을 분명하게 이야기하지 않을 경우에 더 많은 것을 얻을 수 있다."라는 원칙에 거의 목숨을 걸다시피 하고 있었다. 여성 해방과 여성 운동 이전의 시대에 있었던 여성의 성공 전략이 그녀에게는 오늘날까지도 유효한 규칙으로 생각되고 있었던 것이다.

우리가 오랫동안 특정 분야에만 있다 보면, 주변에서 어떠한 규칙형 마인드 퍽이 작용하고 있는지 잘 모를 수 있다. 따라서 우리와는 전혀 다른 배경을 갖고 있는 사람들과 자주 이야기를 나누는 것이 큰 도움이 된다.

회의감과 상반성

코칭을 하다 보면 회의감과 양면성 사이에서 갈등하는 고객들을 자주 만난다. 이들은 여러 대안들 사이에서 갈팡질팡 하면서 결정을 내리지 못한다. 이러한 상황은 평가형 마인드 퍽과 규칙형 마인드 퍽이 함께 작용하고 있기 때문이다. 물론 이런 고객들은 완벽한 해결책이라는 것이 존재하고 있고(평가형), 어떠한 경우에도 이 해결책이 효과적일 거라 확신하고 있다. 이러한 생각 뒤에는 자기가 만들어놓은 기준들을 충족시킬 경우에만 만족스럽다는 가정이 존재하고 있다. 하지만 이 기준들이 자기 자신이나 외부 세계에 대해 지나치게 까다로운 요구들을 제시하여 마련된 것이라면 이러한 가정이 유효하지 않게 된다. 오히려 공허한 기분만이 들 뿐이다.

우리가 뭔가 새로운 것을 시도할 경우에 불안한 생각이 드는 것은 당연하다. 새로운 것은 우리를 자극한다. 그것도 최선의 경우 그렇다. 물론 이러한 시도를 하면서 스스로에게 좋은 일이라고 위안할 수는 있다. 그러나 이 목표를 달성하고 난 이후에 어떤 기분이 들지는 알 수 없다. 이런 상황에서 우리가 만족스러움과 확신을 반드시 가져야만 한다는 기대감과 함께 규칙형 마인드 퍽까지 작용하게 될 경우, 아무런 결정도 내리지 못하게 되는 건 새삼 놀랄 일도 아니다. 그 어떤 대안도 일단 경험해본 것 이상으로 확신을 주는 건 없기 때문이다.

'모 아니면 도'
규칙형 마인드 퍽은 고집 센 원칙에 따라 판단을 내리면서, 현실이 이 원칙과는 다르게 나타나면 회의감에 빠지게 한다. '모 아니면 도'라는 식의 생각은 이 유형의 마인드 퍽에서 매우 선호되고 있

76

다. 자식이냐 커리어냐, 편안한 삶이냐 힘든 직장생활이냐, 혹은 일할 것이냐 즐길 것이냐, 돈을 많이 벌 것이냐 자유로운 생활을 할 것이냐 하는 식으로 말이다.

이는 사람들이 자신들의 선택 범위를 스스로 좁혀버리는, 수없이 많은 '모 아니면 도' 사고방식 가운데 극히 일부 사례에 불과하다. 여기에는 바로 '사람은 모든 것을 다 가질 수는 없다.' 라는 규칙이 숨어 있다. 이 규칙은 물자 부족으로 궁핍하게 살다보니 사람들이 너무 많은 희망을 가지지 않기를 원했던 시대에는 매우 적절한 것이었을 수도 있다. 하지만 오늘날 이 규칙은 불합리하고, 말 그대로 '속 좁은' 생각에 불과하다. 그저 우리의 용기를 앗아가고 꿈을 갉아먹는 것에 불과하다. 우리가 실현할 수 있는 일들, 노력만 하면 얻을 수 있는 것들을 이런 원칙으로 처음부터 제한해버리는 것이다.

난 작가나 예술가들과 만나는 것을 좋아한다. 그런데 이들 중에 종종 훌륭한 글과 예술을 선택할 것이냐 아니면 많은 돈을 선택할 것이냐 라는 규칙형 마인드 퍽을 갖고 있는 사람들이 적지 않다. 한 마디로 이들은 "훌륭한 작품은 가난을 의미하고, 쓰레기 같은 것들은 돈이 된다."라고 생각하고 있다. '소명'에 따라 작가나 예술가라는 직업을 선택하기는 했지만 형편이 넉넉하지 않은 사람들에게, 이런 생각은 '자아 마비'까지 야기할 수 있다. 이런 사람들에게 내가 던지는 질문이 있다. 만약 훌륭한 작품과 충분한 수입이 함께 찾아오면 어떻겠느냐고 말이다. 예술가들과 지식인들을 가로막고 있는 신화는 "좋은 작품은 세상으로부터 인정받지 못하며 팔리지도 않는다."라는 것이다. 이런 생각은 다시 평가형 마인드 퍽으로 이어진다. 그 결과 겹겹으로 된 자기 방해 장치가 작동하게 된다.

하지만 훌륭한 예술과 물질적인 성공을 함께 얻기 위해서는 적절한 전략을 개발하는 것으로도 충분하다. 고객들 중에는 이런 말을 하는 내가 너무 낙관적인 것 아니냐고 했지만, 결국 자신들의 마인드 퍽을 버리고 다시 창의적으로 커리어를 쌓는 작업을 시작한 사람들이 있다. 그리고 그에 상응하여 이들은 만족할 만한 결과를 얻었다.

조종당하는 생각

일상에서 이루어지는 자기 방해로 규칙형 마인드 퍽이 우리에게 미치는 영향은 분명하다. 우리의 무한한 가능성에 선을 긋고, 자꾸 무언가로부터 조종당하도록 만드는 것이다. 분명 규칙형 마인드 퍽은 처음엔 확고한 규칙을 통해 이 세상에서 우리가 제대로 방향 설정을 하도록 도와주려는 의도였을 것이다. 이 마인드 퍽은 이 세상이 어떻게 돌아가는지 다 알고 있는 것처럼 우리에게 암시를 한다.

학습이 중단되는 곳에서 규칙은 확고부동하게 자리를 잡는다. 규칙형 마인드 퍽은 결국에는 우리의 세상과 가능성마저 원래의 모습보다도 더 작게 만들어버린다. 우리는 일찍 노쇠하고, 절대로 원하지 않았던 그런 모습으로 변하게 된다. 이러한 과정에서 상실되는 것은 바로 발견의 기쁨, 호기심, 배움에 대한 욕구, 창의성이다. 규칙형 마인드 퍽을 통해 우리는 안전한 곳에 있다고 자신에게 약속을 하지만, 실상은 미래에도 좀 더 안전하고 큰 성공을 거두는데 필요한 우리의 가장 중요한 것을 잃게 만든다. 그건 바로 언제나 뭔가를 새로 찾아내는 능력, 그리고 변화하는 상황에서도 분명하게 다가오는 앎을 위한 과정이다.

6. 불신형 마인드 퍽
자신과 상대를 만성적으로 불신한다

"그 사람? 난 차라리 안 믿는 편을 선택하겠어."라는 문장 역시 많은 사람에게 아마 낯설지 않을 것이다. 대참사형 마인드 퍽의 상태에서는 내 주변 혹은 이 세상에서 뭔가 나쁜 일이 일어나지 않을까 우려하게 되는데, 이것이 점점 진화해 불신형 마인드 퍽 상태로 접어들게 된다. 이 상태에서는 다른 사람들과 그들의 동기를 불신하려고만 한다. 남들을 믿어서는 안 된다고 보초가 우리에게 경고하는 것이다. 이런 생각은 힘들었던 경험이나 아직 말끔하게 처리되지 않은 경험의 결과다. 또는 가족이나 주변 사람들로부터 습득하여 습관이 되어버린 삶에 대한 시각이다.

불신형 마인드 퍽을 갖고 사는 사람은 단 한 번도 안전하고 편안하다고 느끼지 못한다. 다른 사람들은 정직하지 않거나 심지어 사악하다고 기본적으로 가정하고 있기 때문에, 이 유형의 마인드 퍽은 흔히 깊은 고독감을 동반한다. 자기 자신의 탁월성을 믿고 있는 경우도 많다. "이번 일이 잘 되지 않으면, 차라리 나 혼자 하는 게 더 낫겠어. 다른 사람을 믿고 있다간 결국 버림만 받게 될 걸." 이러한 불신형 마인드 퍽은 대부분 공격적인 어조를 보인다. 그러나 호전적인 대화 전략을 펼칠 경우 외부 세계에 대한 회의감이나 소극적인 태도를 몰아낼 수는 있지만 초기에만 유효하다.

오래 전부터 새로운 이성과의 만남을 기다려온 한 여성이 있었다. 그런데 이 여성은 '남자들이란 절대로 믿을 수 없는 동물'이라는 확신을 갖고 있었다. 재산이 많았던 그녀는 주변 사람들이 자신의 돈만 바라보고 접근한다고 믿었다. 그래서 누군가를 사귀게 되면, 일찌감치 상대에 대해 비판적이고 공격적이 되었으며, 이것은 당연히 관계 유지를 어렵게 했다. 나는 그녀에게 한 가지 시도를 해보자고 제안했다. 다음 번 상담을 받으러 올 때에는 지금 만나기 시작한 남자를 그녀가 믿는 것처럼 행동하려고 노력해 달라는 제안이었다. 왜 그 상대를 믿어도 좋은지에 대한 이유를 의식적으로 생각해보고 찾아와야 했다. 그런데 그녀가 갑자기 다시—그녀의 표현대로—'불신의 발작'을 일으키게 되면, 괜히 죄없는 화병들을 던지기 전에, 그럴 듯한 핑계로 상대에게 상처를 주지 않고 만남을 끝내는 것도 제안에 포함시켰다. 그녀는 이 제안을 받아들였고, 실천하는 과정에서 놀라운 경험을 했다. 처음으로 그녀는 위축되는 듯한 감정 대신 긴장이 풀리는 것을 느꼈다. 그녀는 상대와 진실한 대화를 나눌 수 있었고, 그녀 앞에 앉아 있는 상대를 있는 그대로 받아들이게 되었다. 또한 그녀 자신도 상대방에게 있는 그대로의 모습으로 받아들여지고 있으며, 상대가 자신에 대해 진정으로 관심을 갖고 있다는 생각을 하게 되었다. 이런 방법으로 그녀는 마음 깊숙한 곳에서 그릇된 선입견이 꿈틀대기 시작할 때에 불신이 찾아온다는 것을 알게 되었고, 또 불신에 대한 감각도 예민해지게 되었다. 그녀는 자신에게 사기를 쳤던 남자와의 관계로 인해 이성에 대한 불신을 갖게 되었음을 스스로 알아냈다. 그녀의 불신은 또 다시 실망하게 되는 것으로부터 자신을 지키려는 일종의 보호막이었다. 그런데 이것이 오히려 새로운 이성 관계에 대한 그녀 자신의 바람까지도 막아버리는 잘못된 방패로 변질된 것이었다. 불신형 마인드 퍽은 그녀를 실망뿐 아니라 새롭고 바람직한 경험으로부터도 차단시켜 버렸다. 이후 몇 달이 흐르면서 이 두꺼운 보호막은 부드러운 천으로 변했다. 그 사이 그녀를 상담해주는 시간 간격도 점점 줄어들었다. 그녀의 불신이 새로운 것을 받아들이는 건강한 기준으로 변한 것은 두말할 것도 없다. 맹목적이거나 천진난만하게 모든 것을 받아들이라는 이야기가 아니다. 다만, 불신의 환상에 의해 현실을 제대로 보지 못한 채 아무 이유 없이 미리 스스로를 가로막지 말라는 것이다.

잘못된 만남 : 내가 말하는 건 그 반대

'내가 더 잘 알아'라는 사고방식과 구분되는 특별한 유형의 불신은 '미스매칭mismatching', 이른바 잘못된 만남이다. 이는 상대방에게 기본적으로 늘 반박하는 경향에서 찾아볼 수 있다. 혹시 당신은 '그런데'라는 문장으로 말을 시작하지는 않는가? 책을 읽거나 다른 사람과 대화할 때 속으로 항상 그 사람의 의견에서 옳지 않은 것을 찾고 있지는 않은가? 상대방과 이야기를 할 때 반박하고픈 말이 혀끝에서 맴돌지 않는가? 그렇다면 당신은 불신의 마인드 퍽에서 자란 미스매칭을 겪고 있는 것이다. 불신의 마인드 퍽은 언제나 다른 사람의 실수를 찾는 기본 태도를 추구하고 있기 때문이다. 우리가 이렇게 하는 것은 한편으로는 어쩌면 상대의 조작으로부터 스스로를 보호하기 위해서이다. 그렇지만 다른 한편으로는 우리가 남들과의 끊임없는 비교 속에서 살고 있는 점에서도(평가형) 이유를 찾을 수 있다.

천직이라고 생각되는 직업을 선택한 한 여성과 이야기를 나눈 적이 있다. 그런데 그녀는 나중에 그 직업을 선택하게 된 것이 그에 대한 신뢰 때문이 아니었다고 고백했다. 그녀는 속으로 과연 누가 자신을 도와줄 수 있겠는가 라는 생각을 하게 되었다고 했다. 당시 그녀는 희망이 없는 상태였고(한탄형), 모든 노력은 헛수고로 돌아가 거의 좌절하다시피 하고 있었다(대참사형). 그녀는 자기 자신은 물론, 코칭의 가능성도 신뢰하지 않고 있다고 했다. 우리의 대화는 그녀가 먼저 솔직하게 질문하면서 시작됐다. "자, 그러니까 이제 선생님께서 제게 한 번 말씀해보세요. 저의 천직이 뭔가요. 선생님은 전문가이시니까 잘 아실 거 아녜요. 혹시 그렇지 않은 건가요?"

평가, 압박, 그리고 불신. 그녀가 이 세 가지를 갖고 있음이 백일하에 드러났다. 내가 그녀를 위해 문제를 풀어줄 순 없지만, 코칭을 통해 그것을 풀도록 도와줄 수는 있다는 대답에 그녀는 일단 크게 웃었다. 그러더니 그녀의 관점에서 본 전문적인 코칭이란 어떤 것인지를 내게 가르쳐주려고 했다. 나는 혹시 그녀가 대화 중에 다른 사람의 의견에 동의하지 않거나, 상대를 화나게 하거나, 평균 이상으로 많은 갈등을 겪고 있는지 물어보았다. 그리고 그런 일이 너무 힘들게 여겨지지 않는지도 말이다. 이 질문에 그녀는 한동안 침묵했다. 그러더니 마음을 열고, 그동안 무엇보다도 자신의 생산적인 일을 방해해온 불신과 미스매칭의 보호막을 무너뜨리기 시작했다. 그녀는 불과 며칠 전에 사장에게 경고를 받은 상태였다. 사람들과 너무 자주 갈등을 빚고, 상사의 관점에서 봤을 때 부서 내에 불필요한 잡음을 일으킨다는 이유에서였다.

불신은 우리를 분노로부터 보호하는 것이 아니라, 새롭고도 훌륭한 경험을 할 수 있는 기회를 가로막는다. 반대로 신뢰는 삶을 영위하고 삶의 굴곡에 적절하게 대처할 수 있는 가장 중요한 원천 가운데 하나다. 불신형 마인드 퍽을 갖게 되면 우리는 바로 이러한 가능성을 놓치는 것이 된다.

무조건 밀어붙이고, 극단적인 도취감에 빠지며, 의욕 과잉을 보인다

코칭의 창설자 가운데 한 명인 티모시 갤웨이는, 우리 머릿속에 있는 적이 다른 그 어떤 적보다도 강한 경우가 많다는 사실만 알아낸 것이 아니다. 갤웨이는 오늘날 다른 연구자들이 학문적으로 입증해낸 사실을 일찌감치 파악했다. 그것은 비단 부정적인 생각 때문만이 아니라 지나치게 긍정적인 생각 또한 우리 자신을 가로막는다는 사실이다. 과도한 자기 동기부여, 끊임없는 '내 몸에 불 지피기'는 쉬지 않고 자신을 비판하고 쉬지 않고 자신을 힐책하는 것과 비슷한 압력을 우리에게 행사한다. 결국 우리 스스로를 협박하는 셈이다. 이러한 의욕 과잉형 마인드 펵은 삶의 전반에 긴장감을 조성할 때가 많다. 이 경우 사람들은 언제 어디서나 긍정적이고, 자신에 대한 확신을 가지며, 만족스러움을 유지해야 한다고 스스로에게 요구한다. 자신에게나 남에게도, 문제가 절대로 생겨서는 안 된다. 허락되는 것은, 반드시 해결할 수 있는 도전밖에 없다. "넌 해낼 수 있어!" 이러한 유형의 마인드 펵을 갖게 될 경우에도 현실 감각을 잃게 된다. 언뜻 방향설정인 것처럼 보이는 방식을 통해서 말이다. 이 마인드 펵에서 제시하는 방식은 우리에게 통제와 안정이라는 감각을 준다.

앞서 살펴본 바와 같이, 이 통제와 안정은 모든 마인드 펵의 공통된 공약에 지나지 않는다. 그러나 안정적이며, 자신과 주변에 대한 통제권을 갖고, 스스로를 제어하는 것처럼 보일 뿐이다.

의욕 과잉형 마인드 퍽은 극단적인 쾌감과 결부되어 있는 경우가 많기 때문에, 그만큼 유혹적이다. 이 유형은 삶을 성공 그 자체로 보라고 강요한다. 우리는 자신을 누구도 정복할 수 없는 존재로 느끼게 된다. "우리는 언제나 해냈어!" 자신의 삶을 언제나 유일무이한 무적의 군단으로 여기고 있는 사람은, 한탄형 마인드 퍽을 갖고 있는 사람이 자신의 삶을 실패의 역사로 해석하는 것처럼 편협하게 생각한다. 이 두 가지 극단적인 경우 다양한 면모를 지니고 있는 진정한 삶을 인지할 수 있는 균형 감각을 상실한 것이다. 우리가 현실에 대해 예리하게 인지할수록, 실제적인 정보를 바탕으로 올바른 결정을 내릴 수 있는 가능성 또한 더욱 커진다.

나는 코칭을 하면서, 의욕 과잉형 마인드 퍽이 결과적으로 매우 성공한 사람들에게 더 이상 긍정의 힘이 되어 주지 못한다는 사실을 알게 되었다. 이들의 경우 이미 결혼 생활이 파탄지경에 이르거나, 질병을 갖고 있는 경우가 적지 않았다. 언제나 자신의 반대편에 있는 것을 무너뜨리려는 것이 이 마인드 퍽의 본질에 속하기 때문에, 이들은 유리잔의 물이 아직 반이나 남아 있는 것이 아니라 반이나 없어졌다고 생각하는 경향을 보인다. 그러면서 스스로에 대한 회의감을 갖게 되고, 위기에 빠지게 된다.

의욕 과잉형 마인드 퍽이 힘을 상실하면, 우리 내면의 보초는 다른 눈금자들을 제시한다. 자신을 압박하면서, 어떤 경우에도 우리가 강하다고 평가한다(평가형 마인드 퍽). 때로는 미래에 대한 공포, 벌써 잃어버린 것으로 생각되는 인생에 대한 두려움, 그리고 그밖의 다른 두려움이 우리를 점령한다(대참사형 마인드 퍽).

　당연히 일이 이 지경까지 되지 않도록 하고, 의욕 과잉형 마인드 퍽을 의식적으로 인지하여 다시 의욕을 상실시키는 일이 우리에게 나을 것이다. 오늘날 우리는 성공과 만족을 위해서는, 긴장을 풀고 마음을 열며, 새로운 경험을 하는 것에 대한 호기심과 즐거움을 가지는 것 이상의 방법이 없다는 것을 잘 알고 있다. 이것이야말로 우리가 자연스러운 상태, 즉 최대의 행복감을 느낄 수 있는 상태에 도달하는 최선의 방법이다. 우리가 의욕 과잉으로 스스로를 부채질하면서 다시 실망하게 되는 악순환에 빠진다면, 이는 감정의 마약을 쉬지 않고 탐하는 것이나 마찬가지다. 이러한 보상 전략은 참된 필요와 가능성으로부터 우리를 멀어지게 할 뿐이다. 쾌감과도 같은 의욕에 대한 갈구는 잘못된 약속, 허황된 희망, 잠재적인 광기에 쉽게 현혹되도록 한다. 그리고 이런 모든 위험한 일을 현실화하기 위해, 쉬지 않고 '감정의 고공행진'을 하도록 하는 이 마인드 퍽은 사악한 본질에 눈을 뜨는 두려움으로 은밀하게 무장되어 있다.

　의욕 과잉형 마인드 퍽은 다른 모든 마인드 퍽처럼 우리가 행복지대에 들어서지 못하고 새로운 발견을 하지 못하도록 우리를 감시하고 있는 내면의 보초가 행사하는 한 전략이다. 즉, 우리 자신과 현실에 대해 맑은 눈으로 바라보지 못하도록 하는 자기 방해의 또 다른 형태일 뿐이다. 우리가 의욕 과잉형 마인드 퍽이라는 정신적 마약에 중독되어 있다면, 당연히 남들을 위해서도 뭔가를 해줄 수 없다. 의욕 과잉형 마인드 퍽을 갖는 사람들은, 특히 주변 사람들에게도 의욕을 부채질하여 이들을 일종의 팬클럽 회원들로 만들려는 경향이 강하다. 그러나 유감스럽게도 이 팬들 역시 과도한 부담을 견디지 못하고 위기에 처하게 되면 등을 돌리기 쉽다. 이러한 시기에는 인생이 매우 고독하고, 경제적으로 '가진 자'에게로 다시 기울기 쉽기 때문이다. 의욕 과잉형 마인드 퍽을 가진 사람이 또 하나 신경 쓰는 부분으로는, 끊임없이 '모범생'이자 '멘토'로서 보이도록 해야 한다는 점이다.

코칭을 하면서 나는 의욕 과잉이라는 정신적 마약으로 인해 극도로 제한된 삶을 살고 있는 사람들을 많이 만났다. 그중 내가 상당히 오랜 기간 코칭을 해준 한 교사가 있었다. 40대의 그는—그의 표현을 빌리자면—여가 시간에 스포츠를 하는 데 미쳐 있었다. 그는 경기가 있는 곳이라면 어디든 달려갔다. 그의 주변에는, 그가 몇 시간이나 쉬지 않고 경기에서 승리한 이야기를 할 때 경탄하는 사람들만 있었다. 그는 자신에게 나이가 들어서도 이런 힘든 경기에서 계속 이길 것 같냐고 묻는 사람들을 '부정적인 트집쟁이' '기분을 망치는 사람' '질투나 하는 나쁜 사람'으로 여기고 있었다. 이런 스포츠 경기를 하면서 끊임없이 자기 동기부여를 하는 이유가 무엇이냐는 질문에, 그는 몇 번의 상담 후 비로소 이렇게 대답했다. "저는 직장에서나 가정에서 뭔가 텅 빈 것 같은 공허함을 받아들일 수가 없습니다. 가령 제가 매일 학교에 가야 한다면, 당연히 싫겠죠. 그러면 전 아마 아침마다 등굣길에 뭔가를 생각하거나 아니면 동기부여 강의 CD라도 들으면서 나쁜 기분을 몰아내려고 할 겁니다."

이로써 그는 매우 중요한 한 가지 사실을 끌어냈다. 자기 동기부여를 이야기할 때에는 이것이 바람직하고 도움이 되는 긍정적인 것인지, 아니면 그저 의욕 과잉형 마인드 퍽인지를 구분해야 한다는 것이다. 의욕 과잉형 마인드 퍽의 경우에는 인생에서 실패를 감추고 우리가 실제로 변화시켜야 할 것들, 오랫동안 노력해야 할 것들을 이미 달성하기 직전인 것처럼 강조한다.

따라서 의욕 과잉형 마인드 퍽은 성공한 사람들의 전유물이기도 하지만, 이와 동시에 현재 위치에서 "한 방에 나가 떨어지지는 않겠다."는 의지를 보여주고픈 사람들의 것이기도 하다. 이런 사람들은 우울한 한탄조의 마인드 퍽과, 공격적이고 자극적인 의욕 과잉형 마인드 퍽 사이를 끊임없이 오간다. 이들이 장기간 우울한 상태에 머물러 있게 되면, 다시 새로운 동기를 부여받기를 원한다. 그런데도 이것이 더 이상 효과를 나타내지 않을 경우, 추락의 소용돌이가 진행되면서 다시 우울한 상태가 되거나 공격적인 자기비하의 태도를 보인다.

그렇다면 의욕 과잉과 진정한 동기부여 사이의 차이는 무엇일까? 진정한 동기부여란 우리가 실제로 행동으로 옮길 수 있는 것이다. 그런데 뭔가 하지는 않으면서 의욕에만 차 있으면, 우리의 감정은 마치 무슨 '약'이라도 먹은 것처럼 즐겁기는 하지만 실제로 돌아오는 것은 아무것도 없다. 장기적으로 이 '약'은 자기 방해의 수단일 뿐이다.

한 가지 일을 오랫동안 할 수 없을 때 어떤 일이 일어날까

처음에는 적극적이다가 점점 더 의욕을 상실하게 되면, 아마도 새로운 마인드 퍽이 우리의 마음속에 비집고 들어와서 처음의 의욕을 멀리 밀쳐낼 것이다.

자신이 그 어떤 것에도 오랫동안 집중하지 못한다고 느끼는 사람들은 특히 이런 현상에 대해 정확하게 알고 있어야 한다. 한 가지에 오래 집중하지 못한다고 해서 이것이 산만하다는 증거는 아니다. 그것보다는 자신이 만들어낸 방해 전략들이 너무나 많아서, 한 가지 일에 집중하고 재미를 느끼는 것을 계속 방해받고 있다는 징후로 보는 것이 더 바람직하다. 흔히 초기의 의욕 과잉형 마인드 퍽에 이어 평가형 마인드 퍽이 자리하는 경우가 많다. 특히 어려움이 등장할 경우에 더 그렇다. "맙소사, 이건 너무 복잡하잖아! 내겐 너무 과해." 이런 생각을 하게 되면 '그 일을 붙잡고 매달리도록' 자기 자신에게 압박을 가하거나, 아니면 자기비하에 이어 그 사안 자체에 대한 평가 절하를 하게 된다. "이건 내가 처음에 생각했던 것보다 훨씬 재미가 없잖아." 그리고는 "나한테 쓸 데 없는 일이야."라며 그 사안을 아예 머릿속에서 내몰아 버리고, 후속 타자를 찾는 시도가 이루어진다. 이런 식으로 한 가지 일을 집중해서 처리하지 못하는 결과가 빚어지게 되면 마인드 퍽에서 전형적으로 볼 수 있는 자기 방해의 악순환이 이루어진다.

보초는 삶과 멀어지게 만드는 7가지 유형을 알고 있다

우리의 행복 지대가 넓어지지 않도록 감시하고 있는 보초의 논거와 전략들이 이로써 분명해졌다. 이 보초는 대참사로 위협하고, 우리가 다른 사람의 이익을 먼저 생각해야 한다고 속삭인다. 보초는 협박을 하고, 압력을 행사하며, 우리의 가치를 올렸다 내렸다 하면서 불신을 조장한다. 또한 우리가 삶에 대한 안정과 통제권을 가지기 위해 반드시 지켜야만 하는 모든 규칙을 알고 있다고 말한다. 보초의 또 다른 전략은 바로 상반되는 감정으로 도주하는 것이다. 즉, 스스로를 무조건 밀어붙이고, 의욕 과잉을 부추기며, 쾌감과도 같은 감정에 목마르게 만들어 마인드 퍽이 부추기는 공격적인 생각과 우울한 생각 사이에서 갈팡질팡 하게 만드는 것이다.

서로 맞물려 있는 혼합 유형

흔히 자기 방해는 한 가지 유형만 나타나는 것이 아니라, 다양한 유형의 마인드 퍽으로 연이어 생겨나며 톱니바퀴처럼 꼬리에 꼬리를 물고 이어진다. 우리가 이 톱니바퀴에 한 번 물리게 되면, 자신만의 생각을 갖는 것이 힘들게 되고 대부분의 것들을 포기하게 된다. 그래서 스트레스가 증가한다.

다양한 마인드 퍽들이 어떻게 서로 연결되었는지 시간 압박이 만들어내는 사례를 통해 좀 더 자세하게 살펴보자.

페터는 오후까지 중요한 프로젝트를 완수해야만 한다.

"세상에, 시간이 벌써 이렇게 됐네. 아직도 할 일이 너무 많은데… 이건 내가 절대로 해낼 수가 없어(한탄형)! 내가 이걸 못 해내면 사장이 나를 죽이려 들 걸. 월급 인상은 먼 나라 이야기가 될 것이고(대참사형). 자, 페터, 기운 내, 넌 지금 이걸 꼭 해내야만 해. 안 그랬다가는 정말로 더 끔찍한 결과가 생길 거야(압박형). 넌 지금까지 항상 해냈잖아(의욕 과잉형). 그런데 지금 난 너무 지쳤어, 기운도 다 빠졌고. 더 이상은 못 해(한탄형). 내 멍청한 동료가 서류를 좀 더 잘 준비해줬더라면, 진작 끝냈을 텐데(평가형)…."

페터의 머릿속은 오후가 될 때까지 이런 생각으로 가득하다. 그가 일의 속도를 내지 못하고 더 많은 실수를 할 가능성은 이 내면의 시나리오에서 계속해서 커지고 있다. 혹시 당신도 이와 유사한 일을 겪지는 않았는가?

마인드 퍽은 아주 개인적인 양상을 취한다. 따라서 이들이 서로 맞물려서 나타날 경우에 본인이 스스로 자각할 수 있는 자기만의 감각을 마련하는 것이 매우 도움이 된다. 이로써 우리의 보초가 어떻게 일을 하고 우리를 어떻게 봉쇄시키는지에 대해 매우 신뢰할 수 있는 시선을 갖게 된다. 이는 또한 잘못된 생각이 더 이상 자기 방해로 발전하지 않도록 우리를 도와줄 것이다.

7가지 마인드 펔의 공통분모

마인드 펔 현상을 연구하면서 모든 유형을 통해 공통적으로 관찰할 수 있었던 것은 다음과 같다.

- 우리의 생각이 마인드 펔 상태에 접어들게 되면, 우리의 경험을 일반화하고, 이를 통해 스스로를 제한하는 삶의 규칙을 만들어낸다. 왜냐하면 뭔가 불쾌한 일이 일단 한 번 일어나면, 무서운 시나리오와 엄격한 규칙, 꽉 막힌 생각과 다른 여러 전략들을 이용해 삶에 대한 자연스러운 호기심을 가로막아서 스스로를 보호하기 때문이다.

- 모든 유형의 마인드 펔은 1차적으로는 우리가 최후까지 분발하도록 독려하는 기능을 한다. 그러나 결국에는 정신적인 자기 방해를 통해 기성세대들이 물려준 유용한 삶의 전략을 무용지물로 만들고, 이와 동시에 삶을 더욱 예상 가능하게 만든다.

- 모든 마인드 펔은 우리의 안정을 위해 뭔가를 하고 있다는 느낌을 준다. 마인드 펔에 굴복할 경우, 우리는 올바르고 안전한 결정을 내렸다고 생각하게 된다. 마인드 펔이 내적인 반항을 막기 위해 우리를 소극적으로 만드는

것, 혹은 오래된 가치 제도 내에서 계속 머물도록 부추기는 것은 중요하지 않다. 마인드 퍽은 새로운 것에 대한 감정을 느끼지 못하도록 하고, 통제의 감정만을 가지라고 속삭인다.

- 새로운 것은 내부의 보초에게는 너무나 위협적인 것처럼 보인다. 그래서 우리의 행복 지대를 넓히려는 모험과 도전을 감행하기보다는 세상에서 이미 널리 통용되고 있는 안락의 지대에 머물기를 선호한다. 마인드 퍽은 어떤 형태이든 매우 신뢰할 수 있는 보조자를 두고 있다. '지붕 위의 비둘기보다는 내 손 안의 참새' 라는 마인드가 바로 그것이다. 우리가 이렇게 생각한다면, 인생에 대해 별로 기대하지 않도록 이미 만든 것이나 다름없다.

- 우리 자신과 삶에 대한 통제권을 갖고 싶어하는 바람은, 마인드 퍽에 젖어 있는 사람들에게 신세계에 조심스럽게 발을 내딛는 것을 생존의 위협으로 평가하도록 만든다. 그러니까 이러한 자기 방해의 뒤에는 일종의 두려움이 숨어 있는 것이다. 대참사형 마인드 퍽에서 이 두려움은 심지어 보초가 우리를 움츠러들게 만드는 직접적인 도구로 이용되고 있다.

- 마인드 퍽 상태에서 우리가 생각하는 언어는 평가와 압력으로 특징 지워진다. 그래서 '반드시 해야 한다' '하는 편이 낫겠다' '해도 좋다' 라는 단어들로 표현된다. 그러니까 의무나 허락, 또는 금지와 같은 것들을 사물을 바라보는 시각의 기준으로 삼는 것이다. 다시 말해, 우리는 마치 엄격한 부모가 철부지 아이를 가르치듯이, 그렇게 스스로를 대하게 된다. 우리의 생각 어디에선가 더 높은 '상급' 이 존재하고 있는 게 틀림없다. 그리고 이 상급 법원에서 가치와 의무, 제안들을 확정하는 것이다. 나의 추측으로는 이런 것들을 확정하는 것은 보초와 다름없다. 왜 그렇게 생각하는지는 다음

장에서 살펴보게 될 것이다.

- 우리는 단순한 두 언어의 조합으로 우리의 실제 가능성을 축소시키고 있다. '만약-그러면' 과 '모 아니면 도' 라는 공식이 압력을 행사하고, 다른 선택권, 창의적인 생각, 다양한 대안들에 대한 우리의 인지력을 방해한다. 이로써 우리는 창의성과 혁신성을 상실하게 된다. 우리 자신에게 극소수의 대안만을 허용하면서 다른 해결책은 없다고 주장하기 때문에, 명석한 머리가 새로운 해결책을 만들어내는 것을 저지한다. 그리고 위험한 일은 전혀 하지 않고 무사안일주의에 빠져들면서 오래된 것만 고집하게 된다.

우리 스스로를 가로막는 방법은 이렇게나 다양하다. 이들은 서로를 보완하고 힘을 모아, 자기 방해적인 확신과 차선적인 삶의 전략을 끝없이 샘솟게 한다. 이러한 마인드 퍽을 한 가지라도 갖지 않은 사람을 지금껏 단 한 명도 만나지 못했기에, 이렇게 자문해보곤 한다. '그래, 그럼 우리 모두 한 번은 다 미쳤었던 것일까? 우리의 적은 정말로 우리 머릿속에 있는 것일까? 흔히 우리가 말하는 것처럼, 스스로 머릿속에 그 자리를 내어준 것이 맞을까? 그리고 이러한 자발적인 자기 제한을 막을 수 있는 좋은 방법이 존재할까?'

3장

마음은 왜
안 되는
이유만을
찾고 있는가

MINDFUCK

모든 인간은 학습의 제왕

당신은 혹시 스스로 발을 걸어 넘어지는 노루를 본 적이 있는가? 아니면 스스로를 괴롭히면서 계속 원을 맴돌다가 끝내 어지러워 쓰러지는 토끼는? 대부분 아마 보지 못했을 것이다. 그러니까 스스로를 가로막는 것은, 어쩌면 인간만이 할 수 있는 매우 특별한 그 무엇일 수도 있다. 따라서 마인드 퍽을 이해하고자 한다면, 인간만의 특성에 대해서도 알아야 할 것이다.

정신을 통해 진정한 경이로움을 체험하는 것은 우리 인간의 본성에 해당한다. 뇌 연구학자 게랄트 휘터는 자연의 모든 틈새가 이미 고도로 적응된 다른 전문가들에 의해 점령되었기 때문에, 우리 인간은 인간만의 특성을 가진 종으로서 존재하게 되었다고 말한다. 그렇게나 황량한 지구의 구석구석에도 이미 그 환경에 완벽하게 적응된 누군가가 존재하고 있고, 지구는 이제 완전히 새로운 차원의 삶을 즐길 수 있는 존재에게만 여지를 허락하고 있다. 그 존재는 바로 '유연한 보편주의자'인 생명체, 즉 우리 인간이며 아주 특별한 여건에도 굴하지 않고 생존할 수 있는 능력을 갖고 있다. 실제로 오늘날 인간의 손과 발이 닿지 않은 곳이 없는 지역이 지구상에서 과연 얼마나 되는지 생각해보면, 인간의 적응은 혁명적이며 성공했다고 말할 수 있다.

대자연이 생각한 가장 현명한 해결책은 바로 인간이 매우 유연해져서, 본능과 충동으로부터 벗어나는 것이었다. 새로운 것을 배우고, 천차만별의 외부 여건에도 보편주의자로서 적응하기 위해 인간은 가능한 한 적게 '사전 프로그래밍' 되어 있어야 했다. 많은 뇌 연구학자가 입증해냈듯이, 실제로 우리 인간은 생각을 위한 모든 장치를 다 갖고 태어나면서도 정작 세상에 태어나는 그 순간 뇌는 백지 상태다. 우리의 뇌는 출생 후 처음 몇 년 사이에 급속도로 발달하고 이후 평생 뭔가를 학습할 수 있는 능력을 갖게 된다.

오늘날 우리는 고령인 사람의 뇌 속에서 끊임없이 새로운 신경들이 서로 연결되고 있다는 사실을 알고 있다. 이 말은 우리가 100세 이상이 되어서도 새로운 것을 배울 수 있다는 의미다. 오페라 가수 요하네스 히스터스가 107세가 되어서도 무대에서 계속 새로운 역할을 맡았던 모습은 이것이 실제로 가능함을 인상적으로 보여준다.

동물들은 제한된 학습 능력을 갖고 있고 유전적인 프로그램의 구속을 심하게 받는 반면, 인간은 마치 반죽 덩어리와도 같아서 인생을 통해 그 모양이 만들어지고 부단하게 학습한다. 그러니까 우리는 모두 타고난 학습의 제왕인 것이다.

그런데 이게 전부가 아니다. 우리가 이렇게 본능의 조종을 적게 받는 만큼, 뛰어난 기억력이 필요하다. 뭔가를 배우기 위해서는 반드시 잘 기억할 수 있어야 한다. 이 때문에 우리는 '어제의 생각'을 하게 된다. 그러니까 우리가 지금, 그리고 여기에만 집중하지 못하는 것은 생물학적 오류가 아니라, 타고난 자연적인 본능을 이용하고 있다는 신호다. 이를 통해 우리는 과거를 기억하고 미래에 대한 걱정을 하게 될 수 있다. 우리의 정신은 체험한 것을 기억할 수 있는 능력이 있다. 또한 우리가 존재하기 수백 년 전 인류가 체험했던 것과 같은 상상까지도 가능하다. 우리의 생각은 과거, 그리고 미래로 향해 시간 여행을 할 수 있는 것이다. 다만 이 놀라운 능력이 우리를 위해서가 아니라 우리에게 반反하여 사용될 경우에 문제가 발생한다. 이런 경우, 우리의 생각이 어떻게 전개되고 있는지 살펴보면, 어디에서 우리가 왜 스스로를 방해하기 시작하는지 알 수 있다.

우리 자신과 세상을 발견하는 방법

유년기 인격의 발달 단계에 대해서 좀 더 많은 것을 알고자, 안케 판니어Anke Pannier와 이야기를 나눈 적이 있었다. 그녀는 교육자이 자 사회교육학자, 라이프 코치인 동시에 베를린 개신대 보조원으 로서 활동하고 있다. 이곳에서 그녀는 다른 학자들과 팀을 이뤄 기 초교육학(조기교육학)이라는 새로운 학과를 개설해, 대학교육과 교 육자 양성을 접목시키고 있다. 그녀에겐 두 명의 자녀가 있어서, 자녀가 자아와 세상을 발견할 경우 부모는 어떤 체험을 하는지 직 접 경험하고 있다.

그녀와의 대화를 통해 알게 된 사실인데, 일단 아이일 때에는 자신의 세상만을 인지할 뿐, 외부와 내부 세계, 나와 남이 존재한 다는 것은 아직 모른다. 우리가 한 '부속'으로서 가장 가까운 주변 인들과 관계를 맺고 지내는 이 공생의 단계는 평균적으로 생후 3 년까지 지속된다. 그리고 그 이후부터 우리는 외부 세계와 우리 자 신과의 차이를 체험하기 시작한다. 거울 실험을 해보면, 이 단계에 서 아이는 거울 속의 모습이 자신이라는 것을 인식하기 시작한다 는 사실을 알 수 있다. 이 연령대의 아이에게 거울 앞에 서도록 한 상태에서, 거울 속 아이의 코에 빨간 점을 그려 넣으면, 아이는 이 점을 떼어내기 위해 거울 속 아이의 코를 만지는 것이 아니라 자신 의 코를 만진다. 이 시점부터 아이는 자신이 독자적인 개체로서 존 재하고 또 거울에 비친 모습이 타인이 아니라는 것을 깨닫게 된다.

내적 대화의 탄생

이 무렵에는 아이가 나라는 존재와 타인이라는 존재가 있다는 사실을 이해하기 시작한다. 외부 세계와 주위 사람들과 공생하면서, 자신만의 개체성이라는 놀라운 발견을 하게 되는 것이다. 이 모든 것은 단지, 대상을 분리해서 생각할 수 있는 능력과 둘로 나눌 수 있는 능력이 발달되기 때문에 일어난다. 그리고 우리 내면에서조차 이러한 분리와 나누기가 이루어진다. 우리의 자아는 이제 내면과 외면, 나와 남다른 사람을 인식하게 된다. 이것은 독립적인 인격 계발, 그리고 사회적 존재로서 타인과의 공존을 위한 기초가 된다.

이 시기부터 중요한 특징이 생겨난다. 바로 자신과 대화를 나누기 시작하는 것이다. 이제 우리는 더 이상 아무 의식도 없이 그냥 하루하루 살아가는 '부속'이 아니라, 내적인 대화를 통해 자신과 다른 사람들과의 관계를 형성한다. 이와 동시에 내면의 보초를 세우는 데 필요한 모든 조건 또한 충족된다. 그리고 이때부터 시작해 몇 년에 걸쳐 보초는 성장에 필요한 많은 양분을 공급받게 된다.

아이의 이런 능력이 발달하는 시기는 복잡한 언어 능력이 발달하는 시기와 대충 일치한다. 이 연령대에서 관계를 형성하고 원인과 결과를 인지하는 법을 배운다. 이는 마치 벽돌을 하나씩 쌓아 올리면서 그것을 무너뜨리지 않으려면 어떻게 해야 하는지 배우는 것과 마찬가지다. 이후 끊임없이 학습을 하면서 주변을 둘러싸고 있는 세상을 내면 속에서 만들어낸다. 그리고 우리를 에워싸고 있는 세상의 모사본을 의식 속에서 창조한다. 우리가 다른 사람들을 체험하게 되면 거기에서 받은 인상은 특수한 뇌 세포들, 즉 '거울 뉴런mirror neuron'이라고 하는 특수 세포를 통해 머릿속에 저장된다. 주변 환경에 대한 반응을 통해 우리의 감정이 옳은지 여부를 계속해서 따져보는데, 이는 마치 어린 아이들이 넘어졌을 때 일단 부모의 반응을 살펴보는 것과 흡사하다. 부모가 놀라거나 고통스러워 하는 얼굴 표정을 지으면, 아이들은 이것을 '울어도 좋다, 스스로 고통을 느껴도 좋다.' 라는 허락의 신호로 받아들인다. 반대로 부모가 태연하게 반응하면, 아이들은 아예 울지 않거나 참게 된다. 자신의 직접적인 경험과 그에 대한 타인의 반응을 통해 우리가 누구인지 경험하는 것이다. 그리고 이후 성장하면서 주변과의 지속적인 교감을 통해 인격의 기초를 형성하게 된다.

우리는 다른 사람들에게 영향을 주는 방법도 배우게 된다. 어떤 방법이 좀 더 효과적이고 어떤 방법이 덜 효과적인지 깨우치게 된다. 우리는 자신뿐 아니라 주변 세상의 끝없는 반향을 감안하여 생각하고 행동한다. 그러나 모든 것을 비판적으로 평가하고 또 그것이 옳은지 그렇지 않은지 결정하기에 아이는 아직 너무 어리다. 아이는 무의식중에 모든 것을 무조건 수용하게 되고, 스스로 가로막고 방해하는 것들까지도 배우게 된다. 보초는 우리 자신과 타인에 대해 검증되지 않은 이러한 생각들로 채워진다. 나쁜 경험들이나 부담스러운 경험들도 인생 초기의 '확신'으로서 처리되어 머릿속에 저장된다.

'진정한 나'가 되는 과정의 감정적 혼란

흥미진진한 이러한 세상에서 우리는 한계에 대해서도 체험하게 된다. 자신만의 개체성을 발견하는 것은 자신의 의지를 발견하는 일과 함께 이루어지기 때문이다. 아직은 어리기만 한 아이가 그저 우월하게만 보이는 어른들과 상대하면, 아이는 자신의 의지를 언제나 관철해낼 수 없다는 경험을 하게 된다. 세 살짜리 아이가 뭔가에 잔뜩 화가 나서 백화점 바닥에서 뒹굴고 있는 것을 본 적이 있는 사람이라면, 아마 지금 무슨 이야기를 하고 있는지 이해할 수 있을 것이다. 이 시기에는 세상과의 줄다리기에 노출되는 것이 아이에게 매우 끔찍한 감정을 생기게 한다. 자기만의 의지가 있다는 것을 발견하는 순간 아이는 천국에 있는 것처럼 느끼지만, 이 의지가 어른의 힘 앞에서는 종종 무릎을 꿇게 된다는 것을 알게 된 순간, 천국은 곧 지옥처럼 느껴진다.

어린아이들은 스스로를 매우 유능한 존재로 생각한다고 안케 판니어는 말한다. 어린아이들은 하루하루 더 많은 것을 학습하고, 이 세상을 차츰 정복해나가는 일을 매우 자랑스럽게 여긴다. 기어

다니게 된 후에는 걷게 되고, 말하게 되며, 이해하게 된다. 세상은 아이에게 거의 날마다 자신의 베일을 벗어 보이며 더 많은 비밀을 드러낸다. 아이는 이러한 세상을 자신이 알게 된 것에 너무나도 자랑스러워하고 만족해한다. 주변으로부터 비판 받거나 스스로의 한계를 알게 되기 전까지는 말이다.

나는 우리가 걷기와 같은 중요한 기초적인 능력을 말하기, 즉 의사소통법과 자기 방해라는 것을 알게 되기 전에 습득하는 것이 너무나 다행이라고 생각한다. 걷는 법을 배울 때에는 스스로를 방해한다는 것을 아직 모를 때이기 때문이다. 만약 걷는 법을 뒤늦게 배워야 하는 상황이라면, 우리 가운데 상당수가 평생을 기어다녀야 할지도 모른다. 자기 방해라는 것을 미리 알고 나서 걷는 것을 배우기 시작한다면, 아마도 우리는 넘어지는 자신을 스스로 비판할 것이고, 다시 한 번 시도해서 또 넘어질 경우에 아예 걷기를 포기할 수도 있다.

다행히 진화 과정은 매우 똑똑하다. 아이들은 학습을 통해 어떻게 최고의 경지에 오를 수 있는지 잘 보여준다. 아이들은 걷는 법을 배우고자 하는 가장 절실한 소망을 스스로 찾아낸다. 이 세상을 조금이라도 더 많이 체험하고자 아이들은 쉬지 않고 샘솟는 호기심을 갖고 있고, 자신의 능력을 키우는 일에 대해 무한한 관심을 보인다. 이제 막 걷기 시작한 아이를 관찰해보면, 이 아이는 조금 더 나이가 많은 어린이나 성인과 같은 능력을 지향하는 것이 아니라, 그저 한 걸음이라도 더 걷는 것을 지향한다는 것을 알게 될 것이다. 그러면서 아이는 자동적으로 자신의 학습 잠재력을 최대한 이끌어내면서 걷는 법을 배우는 것에만 집중한다. 몇 년이 더 흘러서 아이의 사고와 언어 능력이 조금 더 복잡하게 발달한 이후, 아이는 뭔가를 배울 때에 망설이게 되고, 스스로에게 과도한 부담을 지우며, 자신에 대해 의문시하고 비판하기도 한다. 혹은 수많은 성인과 마찬가지로 학습하는 것 자체를 아예 거부하기까지 한다.

자, 우리가 내부와 외부 세계를 구분하기 시작한 시점, 그리고 외부 세계와 관련을 맺기 시작한 시점으로 다시 돌아가보자. 안케 판니어는 어린아이였을 이 시기에는 격정적인 감정과 생각의 소용돌이에 휘말리게 된다고 말한다. 이 시기의 아이는 한편으로 날마다 새로운 것을 배우면서, 실제로 갖고 있는 능력보다 자신을 더 뛰어난 존재로 생각한다. 다른 한편으로 아이는 이것이 실제로 자신에게 과한 것이었음을 체험하게 된다. 요약해보면, 우리는 이 시기에 스스로를 거의 통제하지 못하는 상태에 있으며, 대부분 다른 사람들의 통제를 받게 된다. 하지만 이와 동시에 매우 강한 자기만의 의지와 무한한 호기심을 갖고 있으면서, 외부 세계의 한계를 체험하며 좌절감을 맛본다. 그래서 이 시기에 우리는 독립성에 대한 갈망, 그리고 자신보다 나이 많은 사람, 자신보다 힘이 센 사람들에 대한 무력감 사이를 계속해서 오가게 된다.

부모처럼 생각하는 법을 배워야 한다

우리는 좀 더 성장하고 더 많은 자유를 쟁취하기 위해, 부모님이 말하는 대로 이행하는 법을 반드시 배워야 한다. 그들이 우리 곁에 있을 때뿐 아니라, 우리가 혼자 있을 때에도 말이다. 부모의 제안을 혼자 '리콜' 할 수 없는 상태인 아이는 혼자 생존할 수 있는 능력도 없다. 따라서 모든 인간은 자동적으로 부모의 제안을 내적으로 체화함으로써 이것이 마치 자신의 내부에서 생겨난 것인 양, 우리 스스로가 뭔가 다른 것을 원하지 않는 것처럼 생각하게 되는 법을 배운다. 이 세상에서 더 안전하게 움직이려면 우리의 부모처럼 생각하는 법을 배울 수밖에 없다. 이를 배우는 것, 그리고 이를 스스로의 의도와 행위로 결부 짓는 것은 어린 인간으로서는 매우 힘들지만 불가피한 학습 과제다. 이러한 과제는 우리 생각 속의 보초와 스스로를 일치시키는 것에서부터 시작된다.

얼마 전 3세가량 된 여자 아이를 관찰할 기회가 있었다. 이 꼬마는 가파르고 위험해보이는 미끄럼틀을 올라가려는 욕구가 너무나도 강했다. 꼬마의 엄마는 보이지 않았다. 그런데 꼬마가 미끄럼틀을 올라가려고 하기 직전, 뭔가가 꼬마를 가로막았다. 꼬마는 큰 소리로 자신을 향해 이렇게 말했다. "안 돼, 린다! 그렇게 하면 안 돼. 넌 아직 너무 어려." 그러더니 꼬마는 미끄럼틀을 올라가는 대신 엄마를 찾기 시작했다. 자기 제한의 본능이 작동하기 시작했고, 어린 린다는 위험으로부터 스스로를 지켜낸 것이다. 린다의 보초는 훌륭하게 자신의 임무를 수행해냈다. 이 경우, 우리는 내부의 목소리가 말하는 경고가 언제나 틀리지는 않다는 것을 알 수 있다. 인생의 초기 단계, 그리고 훗날 자신을 위험에 빠뜨리지 않고 이 세계에서 적절하게 행동할 수 있도록 해주는 한계에 대해서 알게 된다. 우리는 내부의 이러한 앎을 마치 제3자가 말하는 것처럼 여기게 된다. 그래서 어린 린다처럼 마치 남이 우리에게 말하는 것처럼 스스로에게 말을 하게 된다.

이러한 경고가 더 이상 우리의 삶에 맞지 않을 때는 문제가 된다. 경고, 제안, 그리고 금지가 더 이상 나이나 시간에 맞지 않는 경우다. 우리가 마인드 퍽 상태에 접어들어 우리 자신과 이야기를 할 때, 이러한 문제는 더욱 커진다. 우리의 내부 보조가 마치 엄격한 부모가 아이에게 말하는 것과 같은 정신적 자기 방해 상태가 되면 우리는 다양한 유형의 마인드 퍽에 사로잡혀 대재앙이나 참사와 같은 평가를 내리게 되는 것이다.

실제로 나는 일상적인 코칭 업무나 상담, 세미나를 하면서 사람들이 자의식이 있는 성인의 상태였다가 어느 한순간 말하는 방식이나 미래를 바라보는 측면에서 어린아이의 상태로 미끄러져 내려가는 것을 관찰하곤 한다. 이들은 세상과 자기 자신을 갑자기 더 이상 구분하지 못하고 균형감각을 상실하면서 극단적으로 단순화된 도식에 빠진다. 이들은 마치 어린아이처럼 뭔가를 제한하고 자기 자신을 어떠한 사안으로부터 보호하려고 한다. 특히 자신들이 아직 분명한 태도를 취할 수 없는 주제나 상황, 혹은 감정과 직면하게 될 경우, 이런 일은 더욱 자주 생긴다. 예를 들어 누군가에게 비난받거나 외부의 어떤 강력한 권력에 직면하게 되어 감정적으로 매우 힘든 상태가 될 경우에도 일어난다.

알프레트 아들러와 개인 심리학

수백 년 전 오스트리아의 심리학자이자 프로이트의 제자였던 알프레트 아들러Alfred Adler는 바로 이러한 문제에 대해 '개인 심리학'이라는 이론을 수립했다. 아들러는 어린아이 때부터 자신과 타인, 그리고 인생에 대해 자신만의 확신이 정립되는 현상을 관찰했다. 이러한 확신을 '개인 심리학'이라고 명명했다. 예를 들어 부모가 자주 다투는 것을 체험하는 아이는 자신의 개인 심리학을 통해 성인들 사이의 관계는 잦은 다툼을 의미한다는 확신으로 발전한다. 이러한 관계가 사랑과 연관될 경우, 서로 사랑하는 사람들은 자주 다투게 된다는, 어리석지만 어쩌면 충분히 납득이 가는 생각으로 정립되는 것이다. 아들러는 스스로가 정립한 '진실'은 자기암시와도 같이 작용한다고 말했다.

그렇다면 극단적인 마인드 퍽은, 아들러가 말한 유년기의 개인 심리학 가운데 오늘날까지 우리를 방해하고 있는 어느 한 일부가 아닐까? 우리의 내부 보초는 삶에 관한 유년기의 생각에 대한 잘못된 해석이 아닐까? 우리의 내적인 행복 지대는 어렸을 때 이미 경험했다가 이후에는 어딘가 종적을 감춰버린 그런 구역이 아닐까?

마인드 펔은 개인 심리학과 마찬가지로, 자신과 타인, 그리고 이 세상의 상관관계에 대해서 갖고 있는 분명한 이미지다. 마인드 펔 상태가 되면 우리는 실제로 지적인 상태에 있으면서도 별다른 근거도 없는 어린아이 같은 생각을 하게 된다. 그러면서 틀에 박힌 생각과 고정관념, '만약-그러면'이라는 식의 사고방식을 기초로 하여 단순한 생각의 축만을 맴돌면서 스스로 방해하는 세계상을 구축하며 자신만의 공상에 빠지게 된다. 물론 이로 인한 어리석은 결과는 인지하지 못한다. 예를 들어 우리가 난해한 생각의 게임에 빠지게 되면, 실제로는 수많은 대안과 가능성이 존재함에도 불구하고 우리는 그 상황을 탈출구가 없다고 여기게 된다. 마찬가지로 마인드 펔 상태에서 우리는 누가 봐도 얼토당토않은 생각을 진지하게 받아들일 준비가 되어 있다. 이 상태에서는 우리의 생각이 유년기 수준으로 되돌아가게 되어, 동화 속의 이야기를 진실로 생각하기 때문이다.

어떻게 반복적으로 어린 시절을 비춰보는가

마인드 펔을 운용하면 실제로 우리가 마치 어린아이가 된 것처럼 생각한다. 우리가 계속해서 내적 상태로 돌아가고 이로써 우리의 잠재력과 자기 실현이 구속당하는 것이 실제로 가능한 것일까? 이러한 흔적을 찾고자 한 사람은 알프레트 아들러만이 아니었다. 교류분석 이론의 두 창립자인 프로이트 학파 출신의 에릭 번Eric Berne과 토마스 A. 해리스Thomas A. Harris 역시 정신적으로 유년기 상태로 회귀하는 성인들에 대해서 연구를 했다.

이들의 연구는 환자들의 뇌에 신경 자극을 줌으로써 잊혀진 기억을 되살리는 데 성공한 신경외과의사 윌더 펜필드Wilder Penfiled의 실험 결과에 기초한 것이다. 펜필드는 우리의 뇌가 정신적인 저장장치와도 같이 모든 체험을 저장하고 있다고 했다.

이러한 관점은 번과 해리스가 특히 타인과의 교류에 있어서 사람들의 사회적인 행동을 관찰하고 분석하는 모델을 개발하도록 하는 데 영감을 주었다.

그렇다면 번과 해리스는 성인이면서도 더 이상 성인처럼 행동하지 않는 것에 대해 어떻게 바라보았을까? 두 사람은 펜필드의 전극이 특정한 기억 능력을 활성화시킨 것과 마찬가지로, 우리의 내면에서 적절한 기억을 일깨우는 느낌과 단어, 영상 또는 생각이 존재한다고 보았다. 번과 해리스는 이러한 촉매장치, 즉 유발 메커니즘은 스스로를 정신적으로 가로막기 시작할 경우에 작동하기 시작한다고 설명한다.

그런데 이 '방아쇠'는 생각과 감정만 활성화시키는 것이 아니라, 우리의 행동까지도 조종한다. 사람은 아기에서 어른이 되기까지 여러 단계를 거치면서 다양한 인지 능력과 처리 능력을 갖게 되므로 우리는 기억뿐 아니라 유년기의 전형적인 사고와 감정 양식, 그리고 행동 양식까지도 이미 수용하고 있는 상태라고 번과 해리스는 말한다. 이러한 양식들이 우리의 내면에서 두 가지 형태로 저장되어 있으면서 서로 상반되는 사고와 행동의 전형을 유발한다는 것이다.

이 두 가지 형태란 바로, 어린 시절 체험한 자신의 욕구와 그에 대한 자신의 무능력함, 그리고 그 당시에 체험한 부모의 전지전능한 능력이다. 자기 자신이나 타인에 대한 단순한 가치 판단은 우리의 시각에서 부모나 다른 어른들을 옳다 혹은 틀렸다라고 생각했던, 어린 시절 우리의 인식에 상응하는 것이다. 우리가 부모를 보살피고 지원해주는 존재이자 동시에 우리에게 체벌을 주는 존재로도 체험했기 때문에, 우리는 '부모로서의 나', 즉 성인이 되어서조차 우리 자신과 타인에 대해 이러한 관점을 갖고 있게 된다. 그래서 우리는 자신과 타인을 벌하며, 평가하고 비난하면서, 늘 어머니처럼 돌봐주는 것이다.

번과 해리스는 또 다른 극단적인 형태로, 성인이 되어서도 특정한 유발 원인에 의해 끊임없이 재생되는 '아이로서의 나' 상태를 언급한다. 두 학자의 주장에 따르면, 이 상태에서 우리는 무기력하고 무능력하며 모든 것에 부담을 느낀다. 성인이 되어 모든 것을 할 수 있음에도 불구하고 아이로서의 상태가 된 성인은 뭔가에 대해 책임감을 갖는 것을 힘들어 한다. 그래서 공격적이고 반항적이 되어 강자의 도움을 바라거나, 아니면 자신의 행동과 삶에 대한 책임을 거부한다.

'성인으로서 나'의 모습은 이미 어린 시절에 형성되어 시간이 흐를수록 그 모습이 더욱 뚜렷해진다고 번과 해리스는 말한다. 자신의 삶을 위해 유익한 결정을 내릴 수 있는 오성을 이용하는 능력, 스스로에 대해 책임감을 갖는 능력은 이미 유년기에 만들어진다는 것이다. 성인으로서의 가장 본질적인 특성은 바로 합리성, 오성의 힘이라고 두 사람은 보았다.

'아이로서의 나' 또는 '부모로서의 나'로의 전환

마인드 퍽과 관련지어 말한다면, 이는 자기 방해의 원인이 아이로서의 나 또는 부모로서의 나 상태에 있다는 뜻이다. 따라서 평가형 마인드 퍽에서부터 대참사형 마인드 퍽에 이르는 다양한 유형의 마인드 퍽을 이러한 관점에서 바라보는 것도 매우 의미 있다. 아이로서의 나 또는 부모로서의 나로 전환하는 것은 마인드 퍽 상태에서 우리 마음속을 지배하고 있는 분위기라고 보면 된다.

앞서 우리는 자기 방해가 우리를 선동하는 공격적인 형태 혹은 의기소침하게 만드는 우울한 형태로 작용한다는 것을 살펴보았다. 마인드 퍽 상태에서 일반적으로 이 세상과 우리 자신을 위 또는 아래, 강함 또는 약함, 초능력자와 무능력자라는 극단적인 기준으로 체험하는 것도 여기에서 그 이유를 찾을 수 있다.

이는 우리가 마인드 퍽 상태가 되면, 어린 시절 아이의 모습 혹은 어린 시절에 각인된 성인의 모습을 보이게 된다는 뜻이다. 즉, 전극을 이용한 펜필드의 뇌 연구 실험과 유사하게 특정한 상황, 기억, 분위기, 혹은 생각들이 그에 상응하여 아이로서의 나 혹은 부모로서의 나의 모습을 만드는 것이다. 이렇게 해서 우리는 내적으로 이미 더 이상 성숙한 성인이 아니며, 어린 시절 우리가 체험한 부모나 아이의 모습으로 행동하게 된다. 상상이 잘 되는가?

직장상사가 부모처럼 변할 때

얼마 전에 난 한 컨설턴트와 일을 함께할 기회가 있었다. 그녀의 고객들은 그녀의 자신감 있는 모습과 능력을 매우 높이 평가했으며, 실제로 탁월한 성과를 보여줬다. 하지만 그녀는 직원들로부터 기분 나쁘게 고압적이고 권위적이며 상대방을 늘 무시하고 있다는 평가를 받고 있었다. 어떤 직원들은 그녀를 두려워하기까지 했는데, 동일한 사람을 놓고 고객들과 직원들의 평가와 인식이 왜 이렇게 상반되는지 아무도 이해하지 못했다. 나는 함께 일을 하면서 그녀에게 매우 긍정적인 힘이 뿜어져 나온다는 것을 알게 됐다. 그녀는 친절하고, 책임감 있었으며, 유머가 넘쳤다. 나는 그녀에게 나를 직원으로 생각하고 대해보라고 부탁했다. 이렇게 해서 그녀는 나의 동료에서 고객이 됐다. 그런데 이 순간부터 그녀의 눈빛은 차

갑게 바뀌었다. 그녀는 나를 문자 그대로 위에서 아래로 내려다보며 말을 했다. 그녀는 내가 하는 모든 게 잘못됐다면서 이 일을 어떻게 처리할 것이냐고 지적했다. 나는 개선책을 찾아 나를 어떻게 변화시켜야 할지에 대한 계획서를 제시할 때까지 구석으로 내몰린 상태였다.

이 역할 바꾸기 대화를 하면서 나는 직원이 아니라 마치 그녀의 자식이 된 듯한 느낌을 받았다. 우리는 역할극을 끝냈고, 내 고객이었던 그녀는 다시 예전의 그 매력적인 동료로 돌아왔다. 나는 그녀에게 직원으로서의 나에 대해 속으로 정말 어떤 생각을 했는지 물어보았다. 그녀의 대답은 이랬다. "직원으로서의 당신에게 정말로 압력이 필요하다고 생각했어요. 안 그러면 아무것도 달라지지 않을 테니까요. 그리고 그 내용을 확실하게 이야기해줘야만, 그 상황에서 누가 실권을 쥐고 있는지 당신도 분명하게 알게 될 거라고 생각했죠."

그것이 바로 해결의 열쇠였다. '이성적인 성인으로서의 나'에서 그녀의 어린 시절에 극단적으로 각인된 '혼을 내는 부모로서의 나'로 바뀐 내적인 역할 변화를 인식하지 못했더라면, 아마도 그녀는 뛰어난 컨설턴트이면서도 직원들을 대하는 데에는 서툴기만 한 사람이라는 점이 바뀌지 않았을 것이다. 역할극에서 드러난 그녀는 상대를 비하하는 모습이었다. 나는 그녀에게 다시, 내가 직원이지만 고객이라 상상하고 말을 해보라고 했다. 그러자 놀라운 일이 일어났다. 그녀는 직원들을 대하는 방법에 대해 가르쳐주지 않앉는데도 자연스럽게 모든 것을 제대로 처리했다. 완전한 '성인으로서의 나'에게는 원래 균형 잡히고 따뜻한 모습이 있었기에, 그녀는 곧바로 올바른 어조와 단어들을 찾아냈던 것이다. 그녀와의 역할극을 통해 나 또한 매우 건설적이고 효과적인 또 하나의 역할 찾기법을 발견하게 되었다.

어른이라는 멋진 힘

반가운 소식이 있다. 우리가 어린 시절 각인된 초기 상태로 되돌아갈 수도 있지만, 반대로 다시 언제든 원래의 성숙한 성인으로서의 나로 돌아올 수도 있다는 것이다. 방법도 간단하다. 모든 것이 이미 다 해결되었으며, 다시 적당한 기대감을 갖도록 전환될 수 있게 허가증만 발급하면 된다고 생각하면 된다. 실제로 난 코칭을 하면서, 번과 해리스의 교류분석 이론을 아이로서의 나, 그리고 어른으로서의 나에게 적용해 매우 큰 효과를 보았다.

어떻게 이런 일이 일어나는지, 다음의 예를 살펴보자.

한 대기업 사장의 비서로 일하는 고객이 상담을 받으면서 울먹이는 목소리로 이렇게 말을 했다. "사장님은 저를 완전히 공기처럼 취급해요. 제 가치도 인정해주지 않으시고, 칭찬도 안 해주세요. 내 생각을 묻지도 않으시고요. 너무 비참해요!"

그녀는 내게 하루에 몇 시간씩 사장의 행동을 관찰하는지, 그러면서 얼마나 실망하게 되는지 이야기했다. 그녀는 하루에 최대 4시간이나 이러한 생각에 빠져 있었다. 수많은 고객을 접해본 내 경험상, 이것은 자기 자신과 업무 능력을 방해하는 전형적인 경우였다.

난 그녀에게 이렇게 물었다. "사장님이 당신에게 뭘 어떻게 해줬으면 좋겠는데요?"

이 질문에 그녀는 "제가 필요한 건, 사장님이 저를 칭찬해주고, 제가 가치 있는 직원이라고 느끼게 해주는 것이에요."라고 대답했다.

나는 그녀에게 번과 해리스의 교류분석 이론에 대해 이야기해준 뒤, 반드시 칭찬을 받거나 혹은 스스로 나쁜 기분이 들지 않고자 하는 바람이 어떤 상태에서 오는지, 즉 부모로서의 나인지 아니면 아이로서의 나인지를 생각해보라고 조언했다.

내가 이 방법으로 접근한 모든 사람은, 부모 혹은 아이로서의 나를 언급하는 것에 처음에는 낯설어하다가도 결국에는 스스로를 제대로 분석해냈다. 방금 전 언급한 사례에 대한 답은 바로 '아이로서의 나'였다. 이후 다음과 같이 코칭을 하면서 나는 그녀와 함께, 칭찬을 갈구하는 그녀의 바람 뒤에 사실 어떠한 욕구가 숨어 있는지 찾아낼 수 있었다.

코치(나) : "온전히 성숙하고 독립적인 성인의 입장에서, 방금 말씀하신 부분에 대해 어떻게 생각하시죠?"

고객(그녀) : "뭐, 전문적으로 일하는 성인 여성으로서, 제 기분이 좋아지는 데 사장님의 칭찬이 꼭 필요한 건 아니겠지요."

코치 : "그렇다면 뭐가 중요할까요?"

고객 : "전 제 업무를 하는 데 있어 좀 더 많은 교류가 있고 커뮤니케이션도 활발하게 이뤄졌으면 해요. 다른 사람들과 교류를 잘하는 일이 정말 중요해요."

코치 : "당신의 사장이 그렇게 해주지 못한다면 어떻게 하시겠어요?"

고객 : "글쎄요, 그렇다면 그것이 제게 얼마나 중요한지 다시 한 번 생각해볼 수 있겠죠."

코치 : "만약 당신에게 그것이 정말로 중요하다면요?"

고객 : "사장님과 거기에 대해서 이야기해보거나, 다른 방도가 없다면 새로운 직장을 구해봐야죠."

성인으로서의 인지 능력을 갖추고 있는 '균형감 있는 나' 로서의 단순한 전환을 통해, 이렇게 현실성 있는 새로운 대안들이 곧바로 도출되었다. 그녀는 자신이 마인드 퍽의 악순환을 영원히 되풀이할 필요가 없다는 사실을 인지했다. 그녀가 아이로서의 나로부터 벗어나고 성인으로서의 판단을 내린 바로 그 순간, 파괴적인 내적 대화를 이제 그만 끝낼 수 있었다. 우리 내면에 있는 자기효과적인 성숙한 성인은 '방아쇠' 에 의해 생긴 아이의 상황과 그에 따른 내부 보초의 모든 평가를 저절로 끝낼 수 있다. 다시 말해, 우리는 혼자의 힘으로 얼마든지 정신적인 자기 방해를 멈추고, 창의적인 해결책을 찾아낼 수 있다는 것이다. 방해가 사라지면, 우리의 정신은 다시 온전한 잠재력을 펼칠 수 있고, 덕분에 최상의 것, 바로 '학습'을 할 수 있다.

코칭을 하면서, 인정과 칭찬에 대한 어린아이 같은 기대가 어디에서 오는지에 대해 그다지 심각하게 고민하지 않는다. 이러한 기대를 문제 삼지 않기 때문이다. 우리는 흔히 무의식적으로 여러 체험들을 통해 '방아쇠가 당겨질 뿐', 이것이 꼭 병적인 사고 전형, 즉 최악의 상황이 될 거라는 법은 없다. 만약 내 고객이 남성이든 여성이든, 이 주제를 문제로 여긴다면, 그리고 실제로도 어린아이처럼 사장의 칭찬을 끊임없이 갈구하고 있다는 느낌을 스스로 받고 있다면, 이런 경우에는 심리치료 분야의 전문가 도움을 받는 것이 좋다.

마인드 퍽은 정신적 부적응?

우리가 어린 시절부터 습득한 서로 복잡하게 얽혀있는 다양한 상호 작용과 학습 과정들은 마인드 퍽 사고전형의 원인이다. 유년기에 매우 민감하게 체험한 '나'와 '남'은 정신적, 인격적, 사회적 문제를 야기하는 '부적응'으로 이루어질 수도 있다고 숱한 심리 이론들은 말하고 있다.

학계에서는 이 경우 마인드 퍽이 잘못 유도된 내적 대화이고,

우리는 유년기에 각인된 아이 혹은 부모와도 같은 의식 상태에 머물면서 스스로를 제한하는 자신만의 인생 논리를 갖추게 된다고 이야기한다. 이를 바탕으로 설명해보면, 다양한 유형의 마인드 퍽은 우리의 유년기에서 비롯된 것이고, 세월이 거듭되면서 우리의 성숙도에 따라 반복되는 자기 방해적이고 퇴행적인 사고 전략이다. 우리가 비통해하고, 남들보다 늘 많이 안다고 생각하며 능력 이상으로 스스로를 채찍질하고, 매우 단순한 평가 시스템을 갖게 된다는 것은 우리가 정신적으로 어린 시절로 되돌아갔음을 뜻한다. 그렇게 되면 흔히 우리는 무의식 중에 사람이나 상황에 대해 책임감 있는 태도를 취하는 것을 거부하게 된다. 우리의 실제 모습보다도 자신을 무기력하게 느끼거나 실패했다고 여긴다.

그런데 우리가 실제로는 성인이기 때문에 이러한 어린아이 같은 인생 논리로 인해 자신을 스스로 가두는 셈이 되고, 결과적으로는 최적이 아닌 삶을 영위하게 된다.

내가 고객들에게 내적으로 성숙한 성인 본연의 모습으로 돌아가도록 격려해주고 여러 개선책을 제시해주면서도, 정작 스스로 확신하지 못했던 의문점이 하나 있었다.

마인드 퍽에서 흔히 큰 역할을 하는 그 독단적인 평가 모델들과 사회적인 평가절상 혹은 평가절하가 도대체 어디에서 비롯되는 것인가 하는 점이었다. 커다란 프로젝트로 많은 돈을 벌고자 하면서도 스스로를 '너무 늙었다'라고 생각하는 한 여성 기업가를 떠올려보자. 하지만 젊은 사람들이 복잡한 사회적 역할을 반드시 잘 수

행해낼 것이라고는 기대하기 힘들다. 어느 정도의 나이가 되기 전까지는 말이다. 그렇다면 '그건 우리가 못해.' 혹은 '남자들은 사려 깊어.' 혹은 '여자니까 아무 말 말고 조용히 있어야 해.'와 같은 자신만의 사회 규칙이나 역할 기대, 즉 마인드 펙은 구체적으로 어떻게 만들어지는가?

사회적 학습

베를린 개신대의 안케 판니어와 대화하면서, 취학 전 어린아이들은 자신들이 하는 일을 아직 자신들의 인격이나 자기가치와 연관 짓지 못한다는 사실을 확인하게 되었다. 판니어가 강조하듯 학교를 다녀야 하는 나이가 되면서부터 훗날 사회적으로 평가되는 마인드 펙으로 이어질 수도 있는 무언가가 시작되고, 이 시기부터 비로소 어린아이들은 스스로를 진지하게 비판하기 시작한다.

따라서 7세에서 10세 사이의 유년기는 우리에게 그토록 다양한 마인드 펙의 출처에 관한 핵심적인 단서를 제공해줄 수 있는 매우 중요한 시기다. 어린이들은 인생 전반에 대해 '왜'라는 질문으로 묻기 시작해서, 다른 어린이나 성인들의 설명과 지시에 주목함으로 자기만의 세계상을 만들어낸다. 이 시기의 어린이들은 사회적 관계를 체험하고, 사회적으로 각인된 남녀의 역할과 그로 인해 빚어지는 요구사항들에 대한 막연한 느낌을 받게 된다. 아들러가 말한 개인 심리학이 이렇게 해서 더 깊고 더 넓어지는 것이다.

이 유년기에 우리는 하나의 한계를 넘어선다. 그런 후 개체로서의 우리, 우리와 직접적으로 관련 있는 사람들 사이의 '조정'을 배우는 것을 넘어서, 이 외에도 '사회'가 무엇을 의미하는지, 어떠한 추상적인 규칙들이 직접적으로 주변에 적용되는지에 대해서도 학습하게 된다. 이렇게 해서 우리는 또다시 커다란 도전을 받는다. 이 시기에 우리와 남들, 그리고 인생에 대한 확신을 갖게 된다. 타인의 시선과 평가를 통해 스스로를 관찰하기 시작하는 것도 이 시기다.

사춘기에는 이러한 관찰이 다시 한 번 집중적으로 이루어진다. 한편으로 자신의 직접적인 경험을 통해 인생의 규칙을 만들기도 하지만, 다른 한편으로는 타인이 갖고 있는 확신을 그냥 받아들이기도 한다. 이는 우리에겐 규칙이라는 것도 필요하지만, 자신이 옳다고 느끼고 안전하게 움직이려면 우리가 살고 있는 세상에서 이미 정해져 있는 것들도 필요하기 때문이다. 그러나 이와 동시에 이 과정은 매우 예민한 것이어서, 경우에 따라서는 우리가 심하게 상처 입고, 기운 빠지며, 이로 인해 공격적이거나 우울한 마인드 퍽을 갖게 만들기도 한다.

만 3세부터 우리 자신과 외부 세계에 대한 상을 만들어내고, 그 이후 유년기부터는 사회적 규칙, 그리고 우리가 행하거나 행하지 않는 것들과 그에 따른 지위에 대해 자신만의 분명한 생각을 갖게 된다고 결론지을 수 있다. 이 두 가지 사실은 모두 마인드 퍽 상태에 빠지게 할 수 있다.

상대의 반감을 내 마음속에서 재연하다

그런데 이런 일은 실제로 어떻게 일어나는가? 난 사회적 학습 과정에서 내가 처음 습득한 교훈들을 아직도 생생히 기억하고 있다. 내가 6세였을 때, 우리 가족은 니더바이에른 지역에 있는 한 작은 도시에서 슈투트가르트로 이사를 갔다. 그곳은 아주 새로운 세상이었고, 시기적으로도 내 인격의 발달 과정, 그중 다른 사람과 함께 살아가는 법을 배워야 하는 과정과 정확하게 맞아 떨어졌다.

나는 어린이들 사이에도 '위'와 '아래'라는 평가 기준이 존재하고, 이에 따라 각자가 자신의 자리를 할당받는다는 사실을 빨리 배웠다. 나는 아주 예쁘지도 않았고 그렇다고 운동을 썩 잘하는 것도 아니었던 데다, '제대로 된' 수사학을 구사하지 못했기 때문에, 스스로를 약자 그룹에 속한다고 생각했다. 실제로도 학교에서 육상팀을 선발할 때, 난 가장 나중에 선택되는 편이었다. 매번 이런 일이 있을 때마다 매우 힘들었다. 내가 훗날 자신을 진지하게 받아들이고 가치 있는 존재라고 말을 할 수 있게 되기까지 말이다. 이런 식의 다양한 경험을 통해 내가 특별한 존재가 아니고, '평균 이하의 존재'이며 특별히 잘하는 것은 없다고 일찌감치 단정지었다. 내 외부세계를 통해 받은 평가를 마음속에서 이렇게 정리해서 수용했던 것이다. 그래야만 내가 일상에서 체험하는 것들을 좀 더 잘 참아낼 수 있었다.

이 경험을 많은 고객에게 이야기해 주었다. 그리고 상당수는 내 자신에 대한 이러한 시각에 공감하면서, 자신들도 그런 경험을 했을 뿐 아니라 아직도 그런 생각을 갖고 있다고 고백했다. 모든 외부의 기준을 적용했을 때 이 고객들은 탁월한 성공을 이루었음에도 불구하고 말이다.

난 당시 전제주의와 힘에 대해 많은 것을 배웠고, 우울한 마인드 퍽과 공격적인 마인드 퍽의 끔찍한 영향력에 대해서도 알게 되었다. 정확히 1년간을 귀가 길에 나보다 어린아이들, 대부분은 남자 아이들로부터 놀림을 당해야 했다. 맞기까지 했다. 난 너무나 비참했으며, 무능력하고 무력하다고 느꼈다. 난 엄마에게는 이런 이야기를 단 한 마디도 하지 않았다. 아빠에게도 마찬가지였다. 그리고 그런 따돌림에 내가 무방비로 노출되어 있는 것이 정말 고통스러웠다. 난 이제 학교에 가야 하는 하루하루가 두려워졌다.

이와 동시에 난 이 아이들이 어떤 증오심을 갖고 나를 바라보는지 관찰했다. 난 당시 매우 말랐는데도 아이들은 나를 '뚱뚱하다'고 놀렸고, '멍청하다' '바보 같다'라고 했다. 난 혼자 집에 있을 때에도 거울을 바라보며 '멍청하고 바보 같은 뚱땡이'인 나에게 욕을 했다. 내가 아무런 저항도 하지 않았기에, 친구들의 판단을 그대로 받아들인 것이었다. 다른 사람들의 공격적인 비난에서 출발해, 내가 만들어낸 공격적인 마인드로 자신을 의기소침하게 만들었다. 난 등하교길과 학교에 대한 두려움이 생겼다. 그리고 아무런 인정도 받지 못하는 소녀로서, 원래의 나보다도 모든 일에 대해 수줍어하고 망설이게 되었다. 나의 내부 보초는 쉬지 않고 계속되는 나와의 대화에서 늘 경고했고 나를 깎아내렸다.

내가 어린아이로서 개인적으로 체험한 것이자 나의 많은 고객이 어린 시절 경험한 이 일에 대해 신경생물학자이자 심리학자인 요아힘 바우어Joachim Bauer는 다음과 같이 설명한다.

그의 견해에 따르면, 사회적인 경험들을 내면에서 모사해내는 능력은 스스로의 평가에 따라 자신을 피해자로 동일시하게 만든다는 것이다. 내가 거울 앞에서 마인드 퍽으로 만들어낸 것은, 바우어가 말하는 그것과 정확히 같았다. 그러니까 나는 다른 사람들이 내게 품은 반감을 마음속에서 스스로 재연해낸 것이다. 내 안의 보초는 타인의 판단을 받아들였다. 그리고 타인이 깎아내린 나의 모습을 내 자신과 동일시 함으로써 비로소 나와 세상 사이의 관계가 다시 '정상화' 된 것이었다.

반가운 소식은, 차츰 내가 이러한 상태로부터 스스로를 벗어나게 만들 수 있었다는 점이다. 스스로를 제어하고 힘든 경험에 대해서도 창조적으로 새로운 의미를 부여할 수 있는 어린아이들의 능력은 생각 이상으로 강하다고 안케 판니어도 말했다. 판니어는 "어린아이들은 긍정적인 영향력을 통해 스스로 이득을 얻을 수 있을 때 매우 창의적이 된다."고 말한다. 성인인 우리도 당연히 새로운 기대감을 갖고, 대상을 객관적으로 바라보며, 부정적인 경험들이 감춰져 있는 그곳이 정확히 어디인지 찾아낼 수 있다.

꿈꾸는 인생 모델

나는 내 자신뿐 아니라 미래의 인생 모델에 대해서도 이 시기에 이미 상당한 것을 배웠다. 알지도 못하면서 나는 내 부모의 생각을 지향하며 그것이 성공한 삶이라고 받아들였다. 난 여성이 사회적으로 성공한 남성과 결혼하면 주위로부터 '인정을 받는다' 라는 것을 알게 되었다. 자기 집과 비싼 차는 부모님과 주변 사람들이 성공을 가늠하는 기준이었다. 나는 내 주변의 이러한 생각들을 나의 생각으로 통합시켰다. 이것으로 내면의 보초는 내가 미래에 어떠한 모습을 해야 할지에 대한 분명한 기준을 갖게 되었다.

난 가끔 고객들에게, 그들의 부모가 어떠한 삶을 기대했는지 물어본다. 그리고 그 대답을 통해 난 그들의 내부 보초가 성공한 인생에 대해 어떠한 기대를 갖고 있는지 읽어낼 수 있다. 옛 서독 지역이나 오스트리아, 스위스와 같은 나라들의 여성들을 정신분열 상태로 이끌어내는 이중 게임이 되기도 한다. 이 여성들은 대부분 부모가 다정하고 부유한 남편, 자녀 두 명과 함께 행복하게 살기를 바랐다고 대답한다. 그러나 직업에 대해서는 대답이 천차만별이다. 일부 여성들은 부모들에게 직업은 중요하지 않았다고 말하고, 또 다른 여성들은 자신들의 딸이 훌륭한 명성을 쌓기를 바랐다고 말한다. 전자의 경우에는 보초가, 여성에게 직업은 중요하지 않다는 메시지를 받은 것을 의미한다. 그리고 후자는 여성이 두 가지, 즉 멋진 가정생활과 사회적으로 뛰어난 명성을 한꺼번에 완벽히 취해야 한다는 것을 의미한다. 내 남성 고객들은 이 두 가지 메시지를 한꺼번에 받은 경우가 드물었다. 하지만 이들 역시 훗날 성공해야 하고 특정한 직업에서 높은 지위에 올라서야 한다는 것을 일찌감치 습득했다. 현재 성인 남성들과 여성들의 직업상 위치를 살펴보면, 보초의 '프로그램'이 이들의 사회적 역할 기대치에 얼마나 강한 영향을 주었는지 알 수 있다. 여기에서도 마인드 퍽이 잘못된 상황과 기대에 대한 핵심 열쇠가 될 수 있다.

우리 모두가 규칙을 배웠다

고객들을 코칭해주면서 우리 모두가 이런 종류의 규칙을 무언중에 학습했다는 사실을 확인하게 된다. 이들이 성장한 환경과 체험한 내용에 따라 그 규칙은 사람마다 달라진다. 우리가 살고 있는 세상, 우리가 아이로서 이해할 수 있는 세상은 대부분 좁다. 그리고 이 세상은 내적인 감옥이 되어 그 속에서 우리가 마인드 퍽에 의해 날마다 괴롭게 살 수도 있게 된다.

그토록 많은 사람이 자신의 삶에서, 가족들의 기대와는 다른 것을 원한다는 사실에 대해 괴로워하는 이유가 앞서 이야기한 내용으로 설명이 된다. 이들은 자신들이 삶에서 부모나 친척, 친구들이 생각했던 것보다 좀 더 많은 것을, 혹은 뭔가 다른 것을 기대해도 좋다는 '허가증'을 반드시 받아야만 한다고 믿는다. 혹은 그동안 인생 게임의 규칙들이 정해놓은 것보다 더 힘들지 않게 일하고 더 적게 돈을 벌어도 괜찮으려면 이 허가증이 필요하다. 이러한 마인드 퍽의 언어를 인지하고 있는가? 우리가 자기 방해 상태에 접어들면, 어린아이였을 때 들었던 '해야 한다, 해도 좋다, 허락한다'와 같은 단어들이 즉각 홍수처럼 퍼붓기 시작한다.

성인들이 스스로를 회의감에 빠뜨리는 생각들은 비교적 초창기의 인생 단계에서 겪은 결정적인 경험들로부터 시작된다. 이 생각은 우리가 겪어온 세계가 얼마나 좁았는지, 혹은 얼마나 넓었는지 고스란히 반영한다. 우리는 어린 시절 이 세계가 매우 예민하게 내부에 머물도록 하는 것 말고는 달리 할 수 있는 게 없었다. 우리가 스스로를 방해할 때에 들리는 그 목소리를, 우리의 현재 모든 것을 만들어 낸 그 오랜 세계의 목소리를 듣고 있을 수밖에 없다.

생존 전략으로서의 경계 설정

동전의 양면과도 같이 무조건 이 좁은 세계로부터 벗어나는 것이 진정한 자유를 의미하지 않는다. 내가 만난 고객들 중에는 병적으로 자신들의 환경과 경계를 두려는 사람들이 있었다. 그중 예술가인 부모와 더 이상 관계를 유지하지 않고자 하는 변호사도 있었고, 교사나 의사가 되기를 거부한 예술가들도 있었다. '배고픈 삶'이 될 게 뻔하다며 만류하는 주위 사람들을 뿌리치고 이들은 직업으로, 그리고 자신들이 바라는 일을 선택했다. 이러한 '반대 행보' 역시 대부분 유감스럽게도 동일한 결과를 낳고 있다. 즉, 독립적이거나 자신의 본질과 일치하는 삶이 아닌, 그저 부모나 다른 누군가가 원했던 것과는 반대의 상狀일 뿐인 경우가 적지 않다는 것이다. 마인드 퍽 상태가 되면 자신의 어린 시절 환경이 중요하게 생각했던 것과는 반대되는 가치를 추구한다. 가령 부유한 가정에서 자란 사람은 내부 보초가 부를 멀리한다. 가난한 가정에서 자란 사람은 부를 좇을 수 있는 모든 기회를 찾는다. 이러한 모델들이 독립적으로 형성되는 일은 절대로 없다. 이것이 마인드 퍽 때문이라는 점을 알아차리게 되는 것은, 이러한 양상이 극단적으로 치닫는 극히 드문 경우뿐이다.

우리가 지금까지 마인드 퍽의 원인들에 대해 알게 된 것들을 요약해보면 다음과 같다. 우리가 스스로를 작다고 생각하고, 무력하다고 인정하며, 압력에 굴복하고, 스스로를 비난한다면 성인으로서 우리의 능력에 상응하지 않는 생각에 빠져들게 된다. 실제의 우리 모습 이상으로 잘난 척하게 되거나 위축될 수도 있다. 우리는 어린 시절의 소꿉놀이처럼 움직이게 된다. 어떤 사람은 평가하는 부모의 역할을, 또 어떤 사람은 무기력한 아이의 역할을 맡게 될 것이다. 스스로를 비판하고 어떤 규칙을 세울 것이며, 이 세상을 더 이상 실제적으로 판단하지 않게 된다. 우리 안의 내부 보초는 생각 속에 존재하는, 인생 초기에 경험한 아이로서의 나 혹은 부모로서의 나를 일깨울 것이다. 두 경우 모두 우리는 망연자실하게 된다. 우리가 이러한 내적 대화 상태에 사로잡히게 되면, 더 이상 상황에 대해 책임을 떠맡으려 하지 않는다. 그 대신, 우리를 '크루즈 기능', 즉 자동 운전 상태에 내맡겨 버리고 소꿉장난 시절의 각본을 따른다. 이로써 우리는 더 이상 나아가지 못하고, 마인드 퍽의 소용돌이에 빠져서 헤어나지 못한다.

고객들에게 코칭을 해주다 보면, 이들은 일반적으로 쉽게 자신들이 균형감 있는 성인의 상태인지 아니면 어린 시절의 상태에 빠져 있는 것인지 알아차린다.

당신도 한 번 직접 시험해보라. 일상에서 알고 있는 전형적인 마인드 퍽들을 생각해보고, 그런 순간에 균형감 있는 행동을 취하면서 다른 생각이나 행동을 할 수 있는지 자문해보라. 마인드 퍽에 처하게 될 때마다, 혹시 아이로서의 나 또는 부모로서의 나 상태에 빠져 있는 것은 아닌지, 성숙한 성인으로서 새롭게 미래를 바라볼 수 있을지 한 번 시험해보라.

틀에 박힌 생각에서
왜 벗어나지 못하는가

우리가 스스로를 몰아치는 자기 방해를 전혀 설명할 수 없거나 이 것을 이성적이라고 판단하는 상황도 있다.

내 여성 고객 중 한 명은 직업에 대한 문제로 나를 찾아왔다. 여러 번에 걸쳐 상담이 진행되는 동안 그녀가 자신이 매우 신경 쓰고 있는 어떤 개인적인 일에 대해 말하기 시작했다. 제대로 된 코칭을 실시하기 이전의 대화는 다음과 같이 이루어졌다.

고객(그녀) : "제가 뭐가 잘못됐는지 모르겠어요. 지난 주에 제 아들이 IQ 테스트를 받았는데 아주 높게 나왔죠. 기뻐해야 할 일인 게 당연한데, 전 일단 그냥 울기만 했어요."

코치(나) : "머릿속에서 어떤 생각이 지나갔나요?"

고객 : "처음에는 그럴 리가 없다고 생각했죠. 저나 제 남편이나 모두 그렇게 특별하진 않거든요. 그런데 아들이 어떻게 그럴 리가 있겠어요? 그러다가 이제부터 그럼 아들이 힘들게 살겠구나 하는 생각이 들더군요. 평범하지 않다는 이야기잖아요. 모두가 아들을 공부벌레로 생각할 테지요."

코치 : "남들이 뭐라고 하는데요? 벌써 누군가와 이야기를 해보셨나요?"

고객 : "네, 제 친정 어머니와요. 어머니는 정말로 격분하셨어요. 전 처음에는 어머니가 잘못 이해하셨구나 했지요. 거기에 대해서 화를 내셨으니까요. 하지만 어머니는 손자를 특별한 존재로 대하면 안 된다고 하셨어요. 자칫 응석받이로 만들 수도 있다는 거였죠. 그리고 지금부터는 오히려 더 엄격하게 손자를 대해야 한다고 하셨어요. 자신이 특별한 존재라는 생각을 하도록 해서는 안 된다는 게 어머니 생각이셨어요."

코치 : "당신의 가족들 중 누군가가 어떤 특별한 존재가 되면 안 되는 건가요?"

고객(격분해서) : "왜 그런 생각을 하세요? 우리 애들이 칭찬을 받는다는 건 집안 교육이 훌륭했다는 뜻이예요. 제 어머니 말씀은 그저 '부화뇌동 하지 말라' 는 거죠. 어머니는 우리가 뭔가에 대해 자랑스러워하면 정말로 공격적이 되세요. 그리고는 늘 '경거망동 하지 말거라! 교만하면 사고 난다!' 라고 하시죠."

코치 : "어머니께서 왜 그렇게 생각하실까요?"

고객(한참 생각한 후) : "제 부모님은 어렸을 때 전쟁이 끝나고 난 후, 다른 난민들과 함께 여기 와서 정착하셨어요. 그리고 비교적 빨리 재산을 모으셨고,

남들이 시기하면 재산을 다시 빼앗아 갈까 봐 두려워하셨죠. 부모님은 다른 사람들의 분노나 시기를 받지 않으려고 눈에 띄지 않게 행동하셨던 것 같아요. 뭔가 특별한 존재가 된다거나 특별한 능력을 가진다는 것은 부모님에게는 위험을 의미했죠. 부모님은 다수의 무리 속에 평범하게 섞여 있는 것이 최선이라고 생각하셨어요. 그리고 그런 생각을 우리에게 물려주셨고요."

마인드 퍽의 두 번째 원인

난 이런 종류의 사례들을 자주 체험한다. 그리고 이들은 내게 마인드 퍽의 두 번째 원인에 대한 단서를 주었다. 2장에서 우리는 다양한 유형의 마인드 퍽들이 흔히 권위적인 군주나 복종을 잘하는 일꾼의 태도를 연상시키는 시각을 반영한다는 것을 알게 되었다. 이러한 시각 차이는 부모로서의 나 혹은 아이로서의 내가 설명해주는 것보다 더 깊은 해석거리를 제공한다. 이것을 파고 들어가면, 훨씬 더 암울한 우리의 내면 세계로 들어가게 된다. 이 세계는 융통성 없고 권위주의적이다. 또한 겁에 질려 있고, 아이의 두려움이나 부모의 걱정보다도 더 큰 뭔가를 무서워한다.

지구의 역사가 얼마나 오래 되었는지 한 번 생각해보자. 우리의 존재보다 훨씬 오랫동안 이 세상에 존재하고 있는 인류의 자손으로서 이 세상의 가치와 규칙들에 대해 배우고 있다. 우리 자신은 처음 듣는 생각과 확신이라고 해도, 이는 이미 오랜 세월을 거친 것으로 우리의 내부 보초는 이러한 오래된 생각과 확신으로 가득 채워진다. 우리의 부모가 인류의 몇 세대인지 한 번 생각해보면, 보초의 생각이 얼마나 오래된 것인지도 예측할 수 있다.

우리의 생각이 낡은 이유

인생의 기본 규칙에 대한 생각은 각 세대마다 평균적으로 최소한 30년 혹은 그 이상 된 것이다. 이 시간의 의미에 대해 기술 진보를 예로 들어 설명한다면, 이것은 우리가 어느 날 갑자기 깨어났는데 컴퓨터와 전화, 인터넷을 전혀 모르고 있는 것과 견줄 수 있다. 아니면 타자기나 버튼식이 아닌 기계식 전화기를 한 번 상상해보라. 혹은 어딘가에 전화를 걸어야 하는데 공중전화 박스에 가서 동전을 넣고 전화해야 하는 상상도 좋다.

내가 태어난 해에 부모님은 30세 정도 나이였다. 두 분은 전쟁 중에 나치의 시대에 태어나셨다. 그리고 부모님의 부모님, 그러니까 나의 조부모님은 비인간적인 독재를 젊은 시절에 직접 겪으셨다. 조부모님에게도 당연히 부모님이 계셨다. 내 증조부님은 권위주의적인 황제 시대의 사고방식으로 교육을 받으셨다. 증조부님의 조부모님은 괴테(1749~1832) 시대, 그러니까 길거리 여기저기에서 마차가 지나다니고 산업화가 이제 막 시작된 그런 시대에 사셨다.

우리는 적어도 30년은 더 오래된 생각을 갖고 있는 사람들에 의해 각인되고 있는 그런 세상에 태어나는 것이다.

옛 동독 지역 사람들은 옛 서독과는 다른 시대사적 배경을 갖고 있지만, 그 방식은 비슷하다. 현재 독일 동부 지역, 그러니까 옛 동독 지역에서 태어난 사람들의 부모님들은 일반적으로 어렸을 때 사회주의 독재를 체험하였다. 이들은 1989년 평화적 혁명을 어린 아이나 청소년 시절에 직접 경험했고, 그들의 부모는 민족사회주의나 사회주의 가운데 적어도 어느 하나의 독재 체제를 경험하면서 의식적으로 큰 영향을 받았다.

마인드 퍽 논리 구조를 좀 더 정확하게 살펴보면서, 나는 마인드 퍽의 경우, 수평적인 변화도 중요하지만, 우리의 부모와 조부모를 아우르는 수직적인 정서의 교류도 큰 비중을 차지한다는 것을 알게 되었다. 철학자이자 사회학자인 위르겐 하버마스는 "우리의 삶의 양식은 가족적, 지역적, 정치적, 그리고 개인적인 전달이라는 매우 풀기 어려운 타래로 이루어져 있다. 다시 말해 지금의 우리를 만든 그 역사적 배경에 의해, 우리의 부모와 조부모의 삶의 양식과 결부되어 있다."라고 지적했다.

이런 관점에서 볼 때 규칙과 평가를 포함하고 있는 마인드 퍽은 비뚤어진 상태의 결과가 아니다. 그러니까 아이로서의 나 혹은 부모로서의 나로 전락하는 것에서 이러한 마인드 퍽이 생겨나지는 않는다는 의미다. 그것보다는 더 이상 시대적으로 어울리지 않는 생각들, 즉 과거에서 비롯된 지배와 복종 문화의 반복이 오히려 원인이다. 더 이상 오늘날 우리 사회에 맞지 않는 정서도 이러한 원인에서 한 부분을 차지하고 있다. 이것은 우리가 구세대의 사고 지향의 틀을 가지고서도 급속도로 변화하고 있는 세계에 적응해야 함을 뜻한다.

더 이상 세계를 이해할 수 없을 때

현재를 살고 있는 부모가 오래된 사고방식을 갖고 있다면, 이 부모는 자녀들에게도 현재의 세계를 설명해줄 수 없다. 이 오래된 구조는 외부에 있는 것이 아니라 우리의 내부에 있기 때문이다. 규칙과 구조, 혹은 혼란이 지배하던 과거의 세계는 오늘날 몰락했다. 변혁은 그 어느 때보다도 빠르게 진행되고 있다. 따라서 우리의 내부 보초를 따르게 되면, 오래된 지도를 따르는 것이나 마찬가지다. 이 지도는 더 이상 제대로 된 길을 가르쳐주지 못한다. 왜냐하면 이 지도가 보여주는 세상은 철저하게 변했기 때문이다.

우리가 마인드 퍽 상태가 되어 조상들의 가치와 생각들을 갖게 되면, 보초는 어떠한 세상을 보여줄까? 그건 어떤 세상이었을까? 공격적이고 우울한 사고 구조들이 모든 것을 지배하고 심지어 이런 것이 생존에 중요한 의미가 있었던 어제의 세상은 어떤 모습이었을까?

우리의 내면에 자리잡은 낡은 생각

우리의 깊은 내면에서는 권위주의적 시대를 살았던 조상들의 사고 방식이 자리하고 있다. 그리고 오랫동안 내면화된 이러한 생각과 감정이 현대의 삶에서 주어지는 생각이나 감정보다 더 강하게 우리의 일상을 좌지우지하고 있다. 우리가 종종 한 가지 일에 대해 두 가지 태도를 취하게 되는 것도 바로 이러한 배경에서 이유를 찾을 수 있다. 지극히 일상적인 예를 하나 들어보자. 어린 자녀를 키우고 있는 여성들 대부분이 자신의 커리어를 추구할 경우 양심에 찔려 한다. 직장에서 승진하고 커리어를 쌓는 것이 자신에게 중요하다는 것도 알고 있다. 그렇지만 다른 한편으로는 낡은 생각의 목소리가 "네가 정말 그렇게 해도 좋은가? 엄마로서 네가 네 자신을 생각해도 정말 좋은가?"라고 묻고 있다. 이 예에서 어떻게 두 가지 생각이 우리의 생각 속에 공존하면서 내적인 갈등을 일으키는지 관찰할 수가 있다.

나는 권위주의적인 생각의 논리와 구조뿐 아니라, 그와 결부된 이전 세대들의 두려움이 오늘날까지도 얼마나 생생하게 작용하는지 수없이 많이 보았다.

오늘날 통하지 않는 사고 전략

몇 달 전 나는 앞에서 말한 바로 그런 경우를 인상적으로 체험할 수 있었다. 나와 상대방—이 남자는 평상시에 낙관주의와 실행에 대한 의지가 넘쳐흐르는 평범한 40대였다—은 비즈니스와 관련된 이야기를 하다가 금융 위기라는 주제로 자연스럽게 넘어가게 되었다. 그런데 노트북 자료들을 정리하면서 남자는 이렇게 투덜댔다. "어찌됐든 모든 게 아주 나쁘게 흘러갈 겁니다. 제 생각엔 우리가 벌써 제3차 세계대전을 준비해야 할 것 같은데요. 확실해요. 이런 상황에서는 언제나 그랬으니까요. 모든 것을 다시 정리하기 위해서라도 전쟁은 필요합니다. 하지만 이번엔 생존자가 훨씬 더 적을 겁니다."

남자는 진정한 대참사형 마인드 퍽을 보여주었다. 그는 사업 파트너로서 나와 이야기 할 때에는 어떤 말들을 했는지 기억을 못하는 것 같았다. 그는 함께 일하게 돼서 너무나 기쁘다며 다음 번 생산적인 미팅을 기대하고 있겠다고 나를 안심시켰다.

그는 자신이 지난 세기 공산권에서 폭넓게 확산되어 있었던 이론을 반복했다는 사실도 아마 알지 못했을 것이다. 자본주의의 작용 메커니즘을 제2차 세계대전 발발의 원인으로 보고 있는 그런 이론이었다. 당시 사람들은 새로운 수요를 창출하거나 계속해서 다른 시장을 점령하기 위해서 '제국주의적으로 통치하는 자본주의'가 필연적으로 전쟁으로 이어질 수밖에 없다고 믿었다. 2010년에 나와 함께 금융 위기에 대해 이야기한 남자는 자신이 어떠한 '전통'을 다시 부활시킨 것인지 전혀 모르고 있었다. 남자는 이전 세대에서 많은 사람이 믿었던 사고방식을 갖고 있었고, 전형적인 마인드 퍽에 사로잡혀 '오늘'에 대한 상황을 제대로 바라보지 못하고 있었다. 커피 향기로 가득한 회의실 한가운데에 앉아서 그가 얼마나 잔인한 피의 시나리오를 언급한 것인지 감히 상상조차 하지 못했다.

우리에게 과거는 수십 년, 수백 년 전의 일이다. 그러나 우리의 내면에서 과거는 계속 생존하면서 지금까지도 영향력을 행사하고 있다. 우리가 다행히도 이전보다 권위주의가 훨씬 덜한 시대에 살고는 있지만, 권위주의적인 사고방식은 자신을 가로막는 경우에, 모두의 생각 속에서 여전히 활동하고 있다.

마인드 퍽 상태가 되면 우리는 이중으로 후퇴한다. 하나는 부모로서의 나 또는 아이로서의 나의 관점에서 이야기를 하면서 우리의 유년시절로 돌아가는 것이다. 나머지 하나는, 우리 조상들의 사고방식과 생존 전략을 갖게 되는 것이다. 당연히 둘 모두 오늘날 시대에 맞지 않으며, 전혀 도움도 되지 않는다. 세상이 바뀌었기 때문이다. 과거 그 어느 때보다도 빠르고 강하게 말이다. 그리고 이것이 바로 마인드 퍽이 오늘날 더 이상 들어맞지 않는 사고 전략으로서 정신적인 자기 방해에 지나지 않는 이유다.

자신이 원하는 대로 스스로 조정하기

80년대 중반 사회학 교수인 울리히 벡Ulrich Beck의 『위험사회 Risikogesellschaft』는 출간 직후 곧바로 베스트셀러가 되었다. 벡은 자신의 명제들로 시대의 핵심을 찔렀다.

자신의 삶에 대한 요구

울리히 벡 교수와 그의 동료들은 서구 사회에서 20세기 말 유례없는 변혁을 체험하게 될 것이라고 주장했다. 전통, 그리고 수백 년 동안 믿어온 '진실'은 더 이상 유효하지 않게 되었고, 이와 동시에 이전에는 단 한 번도 존재하지 않았던 '자신의 삶에 대한 요구'가 근대 사회에서 생겨났다고 이들은 말했다. 예전에 사람들은 정해진 분명한 구조를 가진 사회에서 태어났지만, 오늘날 사람들은 이러한 구조를 더 이상 찾을 수 없게 되었고 각자 스스로 이것을 만들어야 됐다는 것이다. 예전에는 특히 종교가 답을 주었던 문제들을 오늘날 스스로 해답을 구해야 한다. 울리히 벡은 우리가 감히 상상조차 하지 못할 정도로 커다란 파급력을 가진 엄청난 결정 앞에 서 있다고 말한다. '나는 어떤 직업을 택해야 하는가? 나는 결혼을 해야 하는가? 나는 누구를 사랑해야 하는가? 신은 존재하는가? 참된 종교가 존재하는가? 만약 있다면, 무엇인가? 이 모든 것이 다 부질없는 것인가?' 우리는 이렇듯 자신의 가치들에 대한 당위성을 상실하고 삶의 결정을 스스로 내려야만 하는 상황에 처해 있다고 울리히 벡은 보고 있다. 무엇이 옳은지는 아무도 더 이상 말할 수 없게 되었다고 말이다.

불확실성 속 결정권자로서의 삶

울리히 벡의 주장에 따르면, 우리에겐 모든 선택과 결정이 위험을 의미한다. 그리고 자기가 옳은 결정을 내렸는지 아니면 그릇된 결정을 내렸는지는 아무도 모른다. 광범위한 전 세계의 변화를 통해 우리가 진정 옳은 일을 하고 있는지 더 이상 예측할 수 없게 되었다. 그는 광대한 위험사회 속에서 우리가 '헤엄쳐 다니고 있다' 고 보고 있다. 우리는 그 어느 때보다도 자유롭지만, 이러한 자유를 위해 위험을 안고 결정을 내려야만 한다는 대가를 지불해야 한다 는 것이다. 그는 자신의 또 다른 저서 『자신의 삶』에서, 더 이상 구 세대의 기준에 따라 삶을 영위하지 않고 있는 90년대 초 사람들과 의 인터뷰 내용을 기록했다. 혼자 자녀를 키우고 있는 여성들, 공 개적으로 양성연애 혹은 동성연애를 하고 있는 사람들, 직업을 여 러 개 갖고 있는 남녀들이 바로 이런 경우였다. 자기 자신의 미래 에 대한 이들의 말에는 무엇보다 한 가지 공통점이 있었다. 이전에 는 단 한 번도 관찰할 수 없었던, 불확실성과 불구속성이 바로 그 것이었다.

1992년 여성학자들은 1970년에 독일 서부지역 여성들을 대상 으로 연구를 실시했다. 당시 젊은 여성들은 그들이 역사상 그 어느 때보다 자유롭게 생각하며 살고 있다고 대답했다. 그리고 그들의 어머니들이 세상이 어떻게 돌아가고 평생을 어떻게 살아가야 하는 가에 대한 롤모델이 더 이상 되지 못한다고 입을 모았다.

오늘날 여성들에게 주어진 기회와 가능성은 실제로 한 사회의 사람들에게 총체적으로 주어지는 자유를 판가름하는 신뢰할만한 척도다. 여성들이 자유롭게 직업을 선택하고 커리어를 쌓아나가며 양질의 교육을 받을 수 있고 독자적인 삶의 구상과 더불어 경제적, 정신적인 독립을 쟁취할 수 있는 계획을 세우고 또 실행하는 것, 그리고 여성의 할 일과 하지 않아도 될 일을 자유롭게 결정할 수 있는 것은 가장 혁신적이라 말할 수 있다. 오늘날 서구 사회의 여성들처럼 그렇게 자유롭고 독립적으로 산다는 것은 당시까지만 해도 유례없는 일이었다.

겉으로 나타나는 우리의 삶을 고려할 때, 사회적인 생각은 크게 변화했고, 이에 상응하여 우리가 주장할 수 있는 권리도 커졌으며, 새로운 것에 대한 사회적인 수용도도 높아졌다.

그럼에도 불구하고 자신의 내면과 직접적이면서도 지극히 사적인 영역에서, 과거의 그림자와 힘들게 싸우고 또 자신들에게 유리하지 않은 인생 경로를 선택하고 있는 여성들을 많이 보게 된다. 예를 들어 여성들은 이혼을 하면서 자식들을 남편의 손에 맡기는 것을 '정상적'인 것으로 여기는 경우가 많다. 그러니까 현재를 살고 있는 우리는 두 가지 사고 단위를 동시에 갖고 있다. 가치와 확신에 대한 공식적인 사고, 우리의 머릿속 복층 세계에서 비롯되는 숨겨진 믿음과 사고가 바로 그것이다. 우리의 가장 내밀한 생각은 외부와 의사소통하는 생각까지도 파행을 겪게 만든다. 사회적인 세계는 자유로워졌지만, 이와 동시에 우리의 머릿속과 수많은 행동방식에서는 낡은 사고방식이 계속 존재한다. 그리고 이는 스스로를 제약하고 오늘날 우리에게 허락된 가능성들로부터 멀어지게 만든다.

20세기를 그토록 강렬하게 각인시켰던 명령이나 복종과 같은 주제들에 대해서 이제 더 이상 이야기하지 않는다. 명령과 복종은 시민사회의 단어들로 퇴색되었다. 그러나 이러한 공식적인 시대

전환에도 불구하고 내적인 세계에서는 위와 아래가 여전히 사라지지 않고 있다.

울리히 벡과 그의 동료들이 '위험 사회'에 대해 언급하고 있는 것처럼, 시대는 달라졌다. 그러나 그들이 안타깝게도 간과하고 있는 것은, 자유롭게 결정할 수 있는 것만큼 우리가 개인화되고 복잡해진 위험 사회에서만 살고 있는 것이 아니라는 사실이다. 우리는 또한 서구 사회에서, 그 무엇과도 비교할 수 없을 정도로 전쟁과 기아 없이 외적으로 안정된 시대에서 살고 있다. 무엇보다 지금껏 단 한 번도 없었던 가능성과 자유가 존재하는 시대에서 살고 있다. 울리히 벡과 그의 동료들은 자신들의 세대에서는 어쩌면 이러한 변혁의 부정적인 측면들, 즉 자유롭지만 불확실한 결정 과정에서의 개인적인 위험을 긍정적인 기회보다 더 크게 보았을 수도 있다. 하지만 참된 자기 자신을 실현하는 것보다 사회의 기준에 맞춰서 생각하고 사는 것을 더 중요하게 생각할 때, 전통의 붕괴는 부정적이 된다. 그리고 이렇게 해서 기준이 더 이상 명확하지 않는 경우 사람들은 실제로 문제를 안게 된다. 구속력이 있는 기준이 더 이상 존재하지 않는다면, 이제 사람들은 무엇에 의지해서 행동해야 할 것인가? 더 이상 아무도 성공이라는 것을 정의하지 못한다면, 성공은 무엇이란 말인가? 과연 무엇이 옳단 말인가?

내면화된 이러한 오래된 생각에 따라 울리히 벡은 삶의 질이 크게 높아진 것보다는 안전과 통제 측면에 더 많은 비중을 두었다는 것이 내 생각이다. 그중 어제의 세상에서 복종하고 굴복할 기회밖에 갖지 못했던 사람들의 삶의 질을 울리히 벡은 너무나 소홀하게 다루었다. 남성들과 특히 여성들이 오늘날 출신에 무관하게 갖고 있는 어마어마한 가능성을 생각하면, 역사적인 관점에서 봤을 때 지금 살고 있는 사회를 그렇게 위험한 시선으로 바라보는 것이 잘 이해되지 않는다. 위험스러운 비교이긴 하지만, 가령 테러로 인해 죽을 수 있는 위험성은 우리의 선조들이 독감이나 편도선염으로 더 이상 살지 못했던 위험성과 비교하면 상대적으로 낮다. 교통사고로 목숨을 잃을 수 있는 가능성 역시 전쟁이나 굶주림으로 한 세대 전체가 숨질 가능성에 비한다면 아무것도 아니다.

결국 우리는 늙어가고 있다

잘못된 세계관과 관련된 모든 기록을 깨뜨리고 있는 새로운 '위험'은 이른바 오래 살 수도 있다는 것이다. 오늘날 점점 더 많은 사람이 평균 수명이 늘어나고 있다는 것과 관련해 보험법에서 나온 이 전문 개념은 많은 부분에서 새로운 대참사형 마인드 퍽 때문에 과장되고 있다. 보험 지급에 대한 위험, 그중 연금 보험에 크게 타격을 주는 위험이, 이제 사람들의 개인적인 위험으로 해석된다. 솔직히 말해 그렇게나 많은 사람이 예전보다 오래 살게 되면서 우리 이전의 모든 세대가 갖고자 했던 '그 목표', 일찍 죽는 대신 오래 살고자 하는 그 목표를 달성하게 된 것에 자랑스러워하고 고맙게 생각하기는커녕 무엇보다 두려워하고 있다는 사실에 매번 할 말을 잃는다. 물론 고령화 사회에서 인구통계학적인 변화는 우리에게 새로운 도전이 되고, 새로운 정치·경제적 해결책을 마련하도록 강요하고 있다. 그러나 수백 년 전 인류의 꿈이 굳이 '장수형' 대참사가 되어야 하는 것일까? 오래된 생각의 두려움이 새로운 해결로 나아가는 길을 가로막을 경우에는 아마도 그럴 수 있다.

세계의 실상

오늘날 세계가 무조건 아무런 문제가 없다고 주장하는 것도 새로운 마인드 퍽일 수 있다. 의욕 과잉으로 인해 모든 것에 무조건 긍정할 이유는 없다. 오늘날 세계는 좋은 면도 있지만 나쁜 면도 있다. 열린 사회이긴 하지만, 이와 동시에 극단적으로 폐쇄적이고, 독재적이며, 잔혹한 면모도 존재한다. 정신적인 자유와 함께 극단적인 원리주의와 하늘을 찌를 듯한 비융통성도 공존하고 있다. 울리히 벡이 이미 지적한 바와 같이, 많은 사람이 각자의 삶을 형성해나가기 시작했지만, 그중 조상들의 낡은 구조를 반복하면서 엄격한 잣대를 적용해 오래된 가치를 부활시키도록 스스로에게 요구하는 사람들도 있다. 즉, 오늘날 세계는 과도기로, 우리는 다양한 존재와 천차만별의 생활방식들을 체험하고 있다. 이것은 무조건 잔혹하다거나 우리를 절대 억압하지 않는다는 사실만은 분명하다.

결정적인 전환점은 이미 도래했다. 과거에 사람들은 사회의 기대에 따라 스스로 방향을 설정하고 이로써 외부의 생각대로 움직였다면, 오늘날엔 자신이 원하는 대로 스스로를 조종해야 하고 또 조종해도 좋다. 우리 모두에게 구속력을 발휘하는 외부의 잣대는 더 이상 존재하지 않는다. 우리는 스스로의 잣대를 찾아내야만 한다. 우리의 내부 보초는 옛날의 지혜에 더 이상 기댈 수 없게 되었다. 그렇기 때문에 이 보초가 방향을 잃은 것이다. 마인드 퍽 상태에서 이 보초가 우리에게 말하는 것을 믿는다면, 그것이 뭐든 그릇된 길로 빠져들게 된다.

인생의 돌파구를 찾고자 하는 목표를 달성하기 위해 필요한 것은 새로운 시각이다. 우리는 오래된 서랍 속의 생각으로부터 스스로를 해방시켜야 한다. 이제 우리의 상상력이 허용하는 가능성을 한껏 발휘할 수 있는 시대가 왔다. 여기에 필요한 것은 새로운 사고 구조로서, 내부 보초에게 완전히 새롭게 방향 설정을 해줘야 한다. 우리는 이제 보초에게 한 가지 메시지를 전할 수 있게 됐다. 더이상은 안전과 통제를 위해 모든 대가를 치르지 않아도 되는 세상이 왔다는 것이다. 우리 인격체가 방향 설정을 하는 데 있어 명령과 복종도 더 이상 시대에 맞거나 도움이 되지 않게 됐다. '모 아니면 도', 그리고 '만약-그러면'이라는 극단적인 사고방식은 그 의미를 상실했다. 우리는 성인으로서 다른 사람들과 눈높이를 맞춰 평화로우면서도 비교적 여유 있는 환경에서 지낼 수 있게 되었기 때문이다. 이제는 생존이 문제가 아니라 성공한 삶이 중요하게 됐다. 그리고 이러한 새로운 생각은 현재뿐 아니라, 앞으로 더 많이 변화하게 될 미래를 위해서도 필요하다.

우리의 뇌와 우리 자신이 새로운 것에 대처하고 새로운 것을 학습하는 데 더없이 완벽하다는 걸 알게 돼서 기쁘지 않은가? 우리가 스스로를 제약하지만 않는다면, 다가올 도전들과 기회, 그리고 변화는 이미 다 완벽하게 처리한 것이나 마찬가지다.

나와 타인

미래에는 우리의 개인적인 필요와 삶의 목표들이 더 중요하게 될 것이다. 그렇다고 해서 많은 이들이 우려하고 있는 것처럼, 이것이 이기주의적인 정서로 이어지지는 않는다. 이에 관해 미래학자 마티아스 호르크스Matthias Horx는 핵심을 꿰뚫고 있다. 호르크스는 '협력적인 개인주의'의 시대가 시작되었다고 말한다. 그의 표현을 빌리자면, 훌륭한 협력은 이제 더 이상 자신의 삶을 다른 사람의 그늘 하에 두는 것을 의미하지 않기 때문이다. 오히려 미래의 공존은, 우리가 강하게 스스로를 계발하는 것을 뜻하는 동시에, 다른 사람들과 좀 더 잘 협력하여 일하면서 살아가는 것을 뜻하게 된다.

이런 의미에서 개인화된 자기 구현뿐 아니라, 타인과의 생산적이면서 사회적인 관계 유지 또한 중요하다. 내일의 인간은 남들과 함께 살고 함께 일하는 동시에, 가능한 한 스스로도 행복하고 충족된 삶을 영위하고자 한다. 이제 우리는 나인 동시에 남이 될 것이다.

진정한 시대변화

이런 모든 것이 단지 꿈에 불과하다고 생각하는가? 절대 그렇지 않다. 이 모든 것이 이미 시작되었다. 이러한 시대 변혁의 기초는, 우리가 물질적인 측면에서 더 이상 부족함이 없고 또 서구 국가들의 인구가 감소하는 것에 있다. 이로써 모든 나라에서 진정한 번영을 누리고 있는 사람들의 수는 크게 줄고 있다. 이런 사람들이 줄어들수록 개개인의 중요성은 커진다. 이런 일은 지금까지 없었다. 그러니까 이것이 바로 시대 변혁의 근원이며, 여기에는 바로 오늘을 살고 있는 우리가 연관되어 있다. 물질적으로 번영하고 있음에도 불구하고 지난 60년대 후반부터 시작된 출산률의 감소는 이러한 관점에서 볼 때 대참사가 아니라, 오히려 개개인의 가치를 더 높이고 다른 사람들과 눈높이를 같이 하는 기회를 제공해주는 원동력인 것이다.

이런 모든 것이 우리에게는 무슨 의미일까? 그리고 개개인에게는 무슨 뜻일까? 우리가 우리의 정신을 원래 써야 할 곳에 쓴다면, 즉 투명하게 바라보고, 학습하며 창의적이 되는 데 사용한다면, 우리 앞에 훌륭한 시대가 놓여있다는 뜻이다.

관점에 따라 위기도 기회가 될 수 있다

낡은 사고 관점에서 보면 끔찍한 대참사가 새로운 사고 관점에서는 커다란 기회일 수 있다. 내적인 두려움과 위협, 그리고 '모 아니면 도' 시나리오로 이루어진 세계에서 현재 예정돼 있는 사회 변화는 우리에게 최악의 대참사를 그려내도록 하고 있다. 이 경우 우리는 자신의 욕구를 따르다 보면 결국 쉬지 않고 쳇바퀴를 돌리면서 늙어갈 수밖에 없다고 생각하게 된다.

두려움을 가지지 않고, 우리 사회, 그리고 사회의 다수를 차지하고 있는 노약자들에게 완전히 새로운 형태의 사고와 행동, 공존 양식을 취할 수 있는 기회로서 변화를 받아들인다면 어떨까? 그렇다면 과거 수백 년 동안 반복돼온 명령과 복종, 인적 자원과 물적 자원의 낭비, 이기주의로 인해 야기된 그밖의 무수한 어리석은 행동들은 더 이상 설 곳을 잃게 될 것이다. 이 세계와 우리의 삶, 그리고 우리 자신을 공격적이거나 우울하게 판단하는 것을 그만둔다면, 우리의 위대한 정신을 마음속 감옥에서 스스로 풀어주고 개인적인 행복 지대, 사회적인 행복 지대로 나아갈 수 있도록 하는 데 온전히 사용할 수 있게 된다.

새 시대에 걸맞은 새로운 생각

이를 위해 우리에게 필요한 생각은 어떤 것일까? 우리의 생각이 내일의 세계에서 개인적인 삶의 질이 높아지도록 길잡이 역할을 한다면, 이 생각은 새로운 차원을 향한 도약을 의미하는 것임에 분명하다. 21세기라는 복잡한 세상에 맞는 차원 말이다. 그리고 이 새로운 차원은 개인화된 세계에서 자기 자신에 의해 시작된다. 이 것은 새로운 개인적인 생각을 말하거나 피상적인 겉치레를 의미하지 않는다. 그것을 넘어 우리의 생각 속 시스템의 전환을 의미한다. 내부 보초는 이제 이전과 같은 모습으로 남을 수 없다. 보초는 달리 생각하는 법을 배워야 한다. 우리의 생각 속에서 나아갈 방향을 새롭게 정해야 한다.

우리에겐 2차원적이고 위계적인 상하의 사고구조가 아닌, 3차원적인 사고가 필요하다. 상호 모순되기보다는 동시대적인 사고를 해야 한다. 그리고 기본적인 전제로서 두려움이나 극단주의, 미신과는 작별을 고하고 서로를 대등하게 대하는 존중심이 필요하다. 이제부터 우리 자신뿐 아니라 우리의 생각 역시 여기, 그리고 지금에 이를 수 있음을 보게 될 것이다. 또한 우리가 생산적이고 동시대적인 사고 습관을 가져서 잠재력을 십분 발휘할 수 있는 방법에 대해서도 알 수 있다.

4장

삶의 질이
생각을
바꿀 수 있다

MINDFUCK

자신을 방해하는 생각에서 벗어나기

5월의 어느 따뜻한 아침. 런던에 있는 퀸스 클럽에 가는 길이었다. 오랜 전통을 자랑하는 권위 있는 테니스 클럽으로, 벽에는 125년 전 이곳을 찾았던 백작들과 공작들의 초상화가 걸려 있다. 입구에서 엄격한 복장 검사를 받은 후 출입허가증을 제시했다. 나는 곧 티모시 갤웨이와 인사를 나눌 것이다. 난 라켓과 흰색의 트레이닝복도 이미 구입해두었다. 테니스를 칠 줄 모르지만 갤웨이는 내가 몇 분도 안 돼 배울 수 있다고 주장했다. 몇 년째 테니스를 치고 있는 친구들은 쉽게 배우기 어려운 스포츠라고 경고했다. "몇 번 제대로 볼을 주고받는 데만도 몇 달, 아니 몇 년이 걸릴 걸."이라고 친구들은 말했다.

갤웨이의 생각은 달랐다. 그는 코칭계의 전설, 20세기 코칭의 아버지다. 하버드 대학 출신인 그는 70년대에 테니스 프로 선수이자 트레이너로 활동했다. 스포츠계에서 당시로는 획기적인 발견을 해냈다. 그는 사람들이 파괴적인 생각을 갖거나 지나친 의욕을 앞세움으로써 스스로를 방해하지만 않는다면 최고의 기량을 발휘할 수 있다는 사실을 알아냈다. 그때까지 테니스 트레이닝이란 방법을 제시하고, 자세를 바로잡아주며, 용기를 북돋워주고, 선수가 뭔가에 매달리기를 바라는 것이었다. 이러한 지시와 조언으로 내면이 가득 찬 사람이 완전히 자유롭고 편안하게 테니스를 칠 수 있게 되기까지는 몇 년이 걸린다. 그러나 갤웨이는 우리가 지시나 방해가 되는 생각 없이 자유롭게 된다면, 진정한 잠재력을 정확하게 불러낼 수 있다고 믿었다. 우리가 뭔가에 대해 개방적으로 호기심을 갖고, 아무런 가치에 구속되지 않고 다가간다면, 얼마나 빠르고 효과적으로 뭔가를 배울 수 있는지 경험하게 될 것이라고 말이다.

내면 게임의 발견

갤웨이는 이렇게 학습하는 과정에서 벌어지는 정신적인 것, 즉 내적 경기를 가리켜 '내면 게임inner game'이라고 칭했다. 갤웨이에 따르면, 이 내면 게임은 우리가 잠재력을 불러와서 커다란 학습 능력을 발휘할 것인지 아니면 스스로를 방해하고 가능성을 제약할 것인지 결정한다. 그리고 이 내면 게임에서 승리하게 될 수 있는 건 자신에게 코칭 받은 사람이라면 오래 걸리지 않아 탁월한 결과를 달성하기 때문이다.

갤웨이의 책 『테니스의 내면 게임The Inner Game of Tennis』은 곧바로 베스트셀러가 되었다. 갤웨이는 한 생방송 TV 프로그램에 출연해, 운동 감각이라고는 전혀 없는 '몰리'라는 이름의 나이 많은 여성에게 20분 동안 테니스를 가르쳤는데, 그 결과에 프로 선수들도 믿을 수 없어 했다.

36년이 지난 지금 난 몰리의 자리에 있다. 긴장되었다. 코칭의 창시자 가운데 한 사람을 만나는 것이기 때문이기도 하겠지만, 내가 테니스장에서 완전 초보로서 어떻게 행동하게 될지 다른 25명의 사람들에게 보여주게 될 것이기 때문이기도 하다. 난 나만의 마인드 퍽에 사로잡혔음을 알고 있었다. 이 마인드 퍽을 인지하고 꺼버리기만 하면 되었다. 갤웨이는 어느덧 73세로 고령이 되었다. 그는 친절하고, 침착하며 인내심이 많았다. 그의 등장에 우리를 지켜보고 있는 전세계에서 온 코치들 사이에서 잠시 소란이 일었다.

갤웨이는 우리가 어떻게 스스로를 방해하는지에 대한 간단한 이론을 개발했다. 마인드 퍽에도 중요한 이론이다. 갤웨이에 따르면, 우리의 인격은 2개의 층으로 이루어져 있다. 갤웨이가 제2의 자아라고 부르는 한 층은 우리의 진정한 자아로서, 이 안에는 우리의 개체성과 커다란 잠재력이 담겨 있다. 제1의 자아인 나머지 한 층은 우리에게 쉬지 않고 말을 거는 목소리다. 이 목소리는 스스로를 괴롭히도록 하는 지시와 가치평가, 사회적 규범들로 가득하다. 갤웨이는 우리에게 끊임없이 말을 걸면서 해야 할 것들이 뭔지를 말하는 이 목소리가 '교육의 유산'이라고 본다. 제1의 자아는 이로써 자아실현의 가장 큰 적이자, 우리의 능력을 온전히 펼치는 데 가장 큰 방해물이라고 갤웨이는 말한다.

그러니까 갤웨이에게는, 내가 고객들에게 접하고 있는 내부 보초가 제1의 자아인 것이다. 그리고 이 제1의 자아는 이른바 내사introject로서, 이는 외부로부터 받아들여진 의견과 가치 평가를 반영하는 것이기 때문에, 원래는 우리의 것이 아닌 목소리인 것이다. 이 목소리는 우리에게 뭔가를 어떻게 해야 하는지, 우리가 어떤 일을 어떻게 올바르게 접근해야 하고 어떻게 가장 잘 통제할 수 있을지 이야기한다. 갤웨이는 이것이 우리 내부의 천적이라고 보고 있다. 그리고 이 천적은 다른 그 어느 적보다도 강할 때가 많다고 갤웨이는 말한다.

갤웨이는 처음에는 테니스 선수들을 대상으로 코칭을 했고, 그런 다음에는 스키 선수들과 골프 선수들, 그리고 나중에는 음악가들을 코칭하면서 이러한 목소리를 꺼서 제2의 자아가 가진 잠재력을 방해 받지 않고 펼칠 수 있는 방법을 찾아냈다. 제1의 자아가 일단 침묵하게 되면, 사람들은 어마어마한 학습 진보 능력을 보이며 최고의 기량을 과시하게 된다.

몇 분 만에 테니스를 배우는 것이 내게도 가능할까? 내가 한 다리로 다른 다리를 밟고 서서 불안하게 있는 것을 본 갤웨이는 테니스에 대해서 아는 것이 뭐가 있냐고 물었다. 나는 "별로 없어요."라고 말했다. 그러자 갤웨이는 또 이렇게 물었다. "어려울 거라고 생각하시나요?" 난 속으로 생각했다. '네, 어렵겠지요.' 많은 사람이 테니스가 어렵고 힘들다고 이야기를 했다. 테니스를 배우는 데 실패를 한 사람들과 테니스를 배우다 생긴 부상, 그 밖의 여러 후유증에 대한 이야기도 들었다. 내게 그다지 용기를 북돋워주는 건 아니었다. 거기에다 테니스가 이전에는 남에게 보여주기 위한 과시형 스포츠였던 까닭에 배우고 싶어하지 않았던 기억까지 떠올렸다. 이제야 내가 이미 청소년으로서 테니스-마인드 퍽을 갖고 있었다는 것을 깨달았다. 나의 내부 보초가 지금까지 테니스에 대한 아무런 경험을 하지 않도록 관리하고 있었던 것이었다.

갤웨이에게 나는 이렇게 말했다. "어려울 거 같아요. 힘도 들고요. 그리고 솔직히 제가 테니스에 맞는 편은 아니라는 생각도 듭니다."

내 컨설팅 업무를 통해 이런 논박에 대해 잘 알고 있다. 일단 어려움부터 먼저 찾아내는 경영진들, '남성 세계'에서 성공하는 것은 불가능하다고 생각하는 여성들에게서 자주 듣는 이야기다. 우리 모두가 위험과 함정에 대해 들어봤을 것이다. 우리의 마인드 퍽에게 자양분을 공급하고 이로써 출발선에서부터 우리를 불리한 위치에 놓이게 하는 모든 것에 대해서 말이다.

그런데 갤웨이와 있는 곳에서 나는 이런 것들과는 조금 다른 것에도 신경을 쓰고 있다. '내가 테니스장에서 그가 말하는 것을 다

이해하지 못하면 어떡하지? 내가 바보처럼 행동하면 어떡하지? 다른 사람들이 나에 대해 어떻게 생각하게 될까? 상하이, 파리, 시드니, 이스탄불… 세계 각지에서 나와 같은 코칭 일을 하는 동료들이 왔는데… 내가 실패하는 모습을 보게 되면 어떤 일이 일어날까? 내가 티모시 갤웨이의 계획을 실패로 만들게 되는 건 아닐까?'

난 내 입이 바짝 마르는 것을 느꼈다. 갤웨이가 다른 사람들에게 뭐라고 이야기하고 있지만, 내 귀에는 하나도 들리지 않았다. 그의 목소리는 따뜻하고 친절했다. 그러나 나는 숨을 헐떡이기만 할 뿐, 도무지 발이 떨어지지 않았다.

내게 찾아와 나를 압박하고 있는 것은 대참사형 마인드 퍽과 평가형 마인드 퍽이다. 갤웨이는 운동선수들과 예술가들을 대하면서 보낸 오랜 세월 동안 나와 같은 경우를 충분히 봐왔다. 우리에게 겁을 주고, 말을 걸며 압력을 행사하면서, 자신을 어떻게 압박하고, 위축시키는지 말이다. 우리의 육체는 이러한 압박에 온전히 노출되어 씨름하고 있는 중이다. 이런 상황에서 우리의 몸이 어떻게 훌륭한 기량을 발휘한단 말인가?

우리는 마인드 퍽이 행복 지대를 떠나거나, 뭔가 새로운 것을 체험하고 다른 사람들과 무언가가 관련되어 있을 경우에 생겨난다는 것을 앞에서 이미 살펴보았다. 우리가 불안하게 되면 언제나 내부 보초는 말을 걸기 시작한다. 자신의 메시지를 우리에게 주입시키려는 듯, 같은 말을 반복한다. "네가 지금 있는 자리를 지키도록 해. 지금 거기에서 한 걸음도 더 가지마. 괜히 욕먹을 짓 하지 마.

쓸데없이 화를 자초하지 마." 뭔가 체험하거나 배우게 될 일이 생기면, 보초는 우리 코앞에 커다란 빨간 정지판을 들이민다. 그럼에도 불구하고 우리가 그 일을 감행할 경우, 우리는 위축되거나 불행이 다가올 것이라는 느낌을 받게 되는 경우가 적지 않다. 그러면 보초는 또 이렇게 말한다. "그것 봐, 내가 말했잖아. 너도 이렇게될 줄 알고 있었잖아." 자기 자신의 바람과 생각, 그리고 우리에게하지 말라고, 그냥 그대로 있으라고 수백 번이나 말하는 목소리 사이에 한 판 전쟁이 벌어진다. 이제 나이가 너무 들었다는 핑계를 대거나 지금 살고 있는 시대가 누구에게나 공평하지 않다는 생각에 빠져 우리가 물러나게 될 것임을 알고 있다.

어느 순간 티모시 갤웨이와 함께 하는 테니스 시범 교육에 자발적으로 나선 것을 후회하고 있었다. '너, 어떻게 해서 이런 일을 하겠다고 자발적으로 나선 거야?'

갤웨이는 내부 보초의 방향을 다른 곳으로 돌려놓으라고 조언한다. 우리가 다른 무언가 중립적인 것에, 그러면서도 일부 중요한능력에 관심을 돌려놓을 수 있다면, 우리는 제1의 자아에게서 벗어나 방해받지 않고 자신의 진정한 잠재력을 펼칠 수 있는 공간을충분히 확보하게 된다. 이렇게 되기 위해서는 우리의 생각을 의식적으로 제어하고, 마찬가지로 집중력을 의식적으로 특정한 곳으로돌려놓아야 한다. 이렇게 치밀한 조정 없이는 내부 보초가 다시 지휘권을 가지게 될 가능성이 매우 높다. 특히 지금 하려는 일이 뭔가 새로운 것이거나 남들이 우리에 대해 이러쿵저러쿵 판단내리는 경우에 그 가능성이 더욱 커진다.

보초는 우리와 주변의 다른 사람들 사이에 존재하는 문 곁에 서 있다. 우리는 개체로서 주변 사람들과 사회에 우리를 적응시키고자 이 목소리를 갖고 있다. 이 목소리는 원래는 외부의 것이었지만, 우리가 자신의 것으로 만들어 버렸다.

"어떤 것이 테니스에 관심을 갖도록 했죠?" 티모시 갤웨이가 내게 물었다. 그는 나를 친절하게 바라보고 있었다. 나는 상대가 나를 인식하고 있다는 느낌을 받았다. 갤웨이는 나의 생각에 관심이 있었다. 난 솔직하게 나를 열어 보였다. "그냥 재미있을 것 같다는 생각이 들었어요."라고 말했다. "그게 제일 중요합니다."라고 갤웨이는 말하며 다른 코치들을 둘러보았다. "우리가 뭔가에서 기쁨을 얻을 수 있다는 생각 때문에 호기심을 가진다면, 그건 정말로 좋은 일입니다. 우리에겐 배움에 대한 흥미가 있어야 합니다. 우리가 흥미를 느끼지 못하면, 배우는 과정은 아주 어려울 겁니다. 그렇게 되면 우리가 스스로에게 제약을 가할 가능성도 높아지죠."

갤웨이의 직접적인 질문으로 인해, 내가 청소년이었을 때 테니스를 한 번 배워보려고 잔뜩 신이 나 있었다가, 내 머릿속에 온갖 선입견과 금지사항이 생겨나게 된 기억이 떠올랐다. 내부의 장벽이 세워지기 전, 우리에게는 어떤 사안에 대해 선명하게 느낄 수 있는 일종의 '신성한 순간'이 존재한다. 그리고 이 순간에는 그것이 좋은지, 그것을 해도 좋은지에 대해서 우리가 생각해보지 않고 단 하나만을 떠올리게 된다. '그걸 어떻게 하면 될까?' 라고 말이다.

갤웨이는 내게 환한 웃음을 보이며 테니스 공을 드디어 건네주었다. 그리고 라켓으로 공을 갖고 그냥 편하게 놀아보라고 권유했다. 나는 라켓 위에서 공이 그냥 굴러다니게 하다가 라켓으로 통통 튕겨보았다. 공은 점점 더 높이 날았다가 바닥에 떨어지기도 했다. 난 다시 공을 주워들어 튕기기 시작했다. 갤웨이는 이렇게 말했다. "그냥 즐기세요. 공과 라켓으로 할 수 있는 걸 다 해보세요." 테니스장은 완전히 침묵에 쌓여 있었다. 내 귀에는 내 숨소리와 공이 바닥에 떨어질 때 '퍽' 하는 둔탁한 소리, 그리고 공이 라켓에 맞을 때 '통' 하는 경쾌한 소리밖에 들리지 않았다. 팬케익을 공중으로 붕 띄워 올렸다가 다시 받으려는 요리사처럼 나는 라켓을 들고 테니스장 여기저기로 뛰어 다녔다. 그러다 어느 한 순간 나는 크게 웃었다. '그래, 이거 재미있네. 그래, 내가 라켓으로 공을 맞추던 맞추지 못하던, 공을 너무 멀리 보냈던 보내지 않았던, 아무 상관 없어. 그냥 공을 다시 가져와서 처음부터 다시 시작하면 돼'. 난 이 세계의 모든 시간을 갖고 있는 듯한 느낌을 받았다. 단지 나와 이 놀이의 즐거움만이 중요했다. 나는 행복을 연구하는 학자들이 가장 편안하면서도 인간적으로 최상의 능력을 끌어낼 수 있다고 말한 '몰입' 상태에 있었다.

갤웨이는 하키 게임에 대해 아느냐고 내게 물었다. "제가 그냥 공을 당신 쪽으로 굴려 보낼 테니까, 당신은 그냥 라켓으로 공을 다시 제 쪽으로 쳐서 보내주세요." 갤웨이의 말에 나는 호기심을 갖고 시킨 대로 했다. 우리 둘 사이의 바닥에서 공이 이리 저리 굴러다녔다. 재미있다. 그때 갤웨이가 이 놀이를 중단하더니, 내게 라켓을 들어올려 관객들에게 보여주라고 부탁했다. 관객들 사이에서 경탄의 술렁임이 일었다. 나는 그 이유를 몰랐지만, 그래도 상관없었다. 난 그저 하던 놀이를 계속하기를 원할 뿐이었다. 시연이 끝나고 난 후 한 참가자가 내게 놀라운 이야기를 들려주었다. 내가 놀이를 시작한 지 불과 5분 만에 마치 몇 개월 동안 제대로 교육을 받은 학생처럼 라켓을 안정적이면서도 편안하게 한 손에 쥔 모습을 관객들에게 보여주었다는 것이다.

갤웨이는 처음으로 혼자서 물고기를 낚은 손자를 바라보는 할아버지처럼 나에게 미소를 지어 보였다. 그런 다음 공을 내게 던지면서, 공이 땅에 닿을 때마다 큰 소리로 "바운스"라고 소리치고, 내가 공을 라켓으로 맞출 때마다 "힛"이라 말하라고 부탁했다. 그리고 다른 것에는 전혀 신경을 쓸 필요가 없다고 덧붙였다. 나는 큰 소리로 "바운스"와 "힛"을 외쳐가며 이리로 저리로 신나게 뛰어다녔다. 난 의식도 하지 못하는 사이, 어느새 모든 공을 쳐내고 있었다. 난 그저 '바운스-힛' 놀이에만 빠져 있었다.

방향유도 전략이 먹히고 있었다. 난 내가 잘하고 있는지, 다른 사람이 나를 지켜보는지, 모든 게 제대로 되고 있는지 전혀 신경쓰지 않았다. 그 대신에 나는 공이 가는 곳을 지켜보고 그 공과 노는 데에만 온전히 집중하고 있었다. 내가 그렇게 하고 있는 동안, 점점 더 안정감을 찾고 있었다. 몇 분 후 갤웨이는 공을 자신의 라켓으로 쳐서 내게 주기 시작했다. 어느 순간 우리가 오랫동안 공을 주고받고 있다는 것을 깨달았다. 정말로 난 티모시 갤웨이와 테니스 경기를 하고 있었던 것이다.

이제 그는 내게 네트 반대편에 서서 지금까지 했던 것과 똑같이 해보라고 말했다. 난 계속해서 "바운스"와 "힛"을 외치며 네트 너머로 공을 가볍게 쳐서 보냈다. 내 안의 무언가가 이제 긴장을 풀고 가볍게 움직이고 있다는 것을, 나의 두 발이 땅 위에서 춤을 추고 있다는 것을, 공을 멀리까지 보낼 수도 있다는 것을 인지하고 있었다. 가끔씩 갤웨이는 내가 안쪽에서 바깥쪽으로, 혹은 바깥쪽에서 안쪽으로 공을 치도록 유도하면서 공을 보냈다. 나중에 테니스 선수들은 내가 그렇게 함으로써 포어핸드와 백핸드를 마치 몇 달, 아니 몇 년간 훈련한 사람처럼 구사했다고 이야기해줬다. 갤웨이는 그저 "그냥 재미를 느끼세요. 게임을 즐기세요."라고만 말했다. 어느새 나는 쿡쿡 대며 웃기 시작했다. 난 내가 공을 아까보다 더 세게 치고 있다는 것을, 내가 아까보다 더 빨라졌다는 것을 알아차렸다. 공이 네트 너머로 날아오면, 난 그 공을 다시 반대편으로 보내기 위해 가능한 한 빨리 달리고 싶어졌다. 우리가 공을 주고받는 시간은 점점 더 길어졌다. 난 다시 '몰입' 상태가 되어, 티모시 갤웨이와 경기하고 있다는 것조차 인지하지 못했다. 그저 나와 공과 라켓, 나의 숨소리만 있을 뿐이었다.

갤웨이와의 시연을 끝내고 나서야 비로소 내가 얼마나 숨가빠하고 있는지 알아차렸다. 난 그저 웃기만 했고, 즐거워하기만 했다. 네트 쪽으로 다가가 그와 악수를 하는 나는 예전부터 테니스를 쳐왔던 사람이었다. 난 이토록 놀라운 경험을 하게 해준 것에 감사를 표했다. 믿을 수 없도록 경이로운 광경을 두 눈으로 지켜본 동료들에게서 끊임없는 박수갈채가 쏟아졌다.

그건 기적이었다. 사람의 잠재력에서 비롯된 일상의 기적, 우리가 스스로를 방해하지 않을 경우에 일어나는 기적이었다. 우리가 마인드 퍽에 사로잡히지 않을 때 체험하게 되는 기적이었고, 우리가 잠재력을 펼칠 경우에 우리의 인생뿐 아니라 언제든 일어날 수 있는 기적이었다.

내적인 시스템 전환의 길을 따라서

마인드 퍽의 원인과 그 영향력을 진지하게 받아들인다면 우리는 기존의 사고 세계에서 조금도 나아질 수가 없다. 우리 머릿속에서 진정한 시스템의 전환이 이루어져야 한다. 우리는 새롭게 생각하는 법을 반드시 배워야만 한다. 평화롭게 공존하기에 마인드 퍽은 너무나 강력해서, 자칫 자기 방해로 이어질 수 있다. 마인드 퍽은 자신의 삶에 대해 몰입 상태가 되는 것을 막는 머릿속의 방해꾼이다. 마인드 퍽은 좀 더 나은 삶의 질을 향해 나아가는 데 있어 우리의 발을 걸어 넘어뜨린다. 우리가 어떤 식으로든 자신에게 의욕을 고취시키고, 우리가 무엇을 하든 간에, 내부 보초는 진정한 혁신이 예상되는 순간 무조건 반기를 든다. 이렇게 되면 우리는 단

기적인 작은 변화는 달성할 수 있을지 모르지만 진정한 인생 목표로 가는 길에서는 늘 멀어질 수밖에 없다. 그리고 그럴 때마다 내면적으로 똑같은 아픔을 겪을 것이다. 우리의 '행복 지대'는 내부 보초가 너무나도 훌륭하게 지키고 있는 탓에, 여전히 넘어설 수 없는 한계, 계속해서 주변만을 떠돌 수밖에 없는 미지의 세계로 남게 될 것이다.

갤웨이는 내적인 대화를 완전히 차단하고 제1의 자아가 내는 목소리를 침묵시키는 법을 배우라고 권유한다. 하지만 난 이것 이상의 무엇을 해야 한다고 생각한다. 이 주제에 대해 몇 년의 세월을 보내온 나는 제1의 자아, 즉 우리의 내부 보초를 침묵시키는 것에 그칠 게 아니라, 이 보초에게 새롭게 방향 설정을 해주어야 한다는 결론에 이르렀다. 침묵하게 할 것이 아니라, 침묵해야 할 내용을 근본적으로 개선시키고, 우리의 생각에 새로운 방향 설정을 해주어야 한다. 이를 위해 반드시 배워야만 하는 것은, 우리의 경이로운 정신력을 우리와 외부 세계를 연결하여 서로 잘 어울리도록 하는 데 사용하는 일이다. 스스로를 제약하는 대신 올바르게 방향 설정을 하는 데 사용해야 한다. 이것은 우리를 오늘날의 '사람', 즉 자기실현이 가능한 인격체가 되게 하는 머릿속 시스템의 전환을 의미한다.

그렇다면 이러한 시스템의 전환은 언제 가능할까? 옛것을 극복하고자 하는 경향이 생겨나고 의지가 강할 때라면 언제든 가능하다. 우리가 언제나 똑같은 일을 더 이상 행하고 싶은 의욕이 생기지 않을 때, 언제나 똑같은 결과를 얻는 것에 식상해질 때, 좀 더 나은 충족된 삶을 원하는 욕구가 충분히 커졌을 때, 그때 우리의 내부에는 이미 새로운 시작을 위한 힘을 가진 무언가가 자라 있는 것이다.

타고난 두 가지 능력

이러한 시스템 전환에 필요한 두 가지 능력이 우리에게는 태어날 때부터 주어져 있다. 우리의 완전한 의식 속에서 이용하기만 한다면 실제로 인생 전체를 바꿔놓을 수도 있을 만큼, 이 능력은 강력하다. 인간은 몇백 년의 세월을 거치면서 어려운 인생 경험을 하는 동안 이러한 능력을 최소한으로 축소시켜 왔기 때문에, 이제 이 능력을 새로 찾아내 다시 적용시키는 것이 중요하다.

한 가지 능력은 언제든 성인의 사고 상태로 전환되어 우리의 생각과 행동에 대해 책임을 지는 것이다. 우리는 이것이 정말로 진지하면서도 당면해 있는 과제임을 앞서 살펴보았다. 그 어떤 권위도, 그 어떤 국가도, 그 어떤 다른 사람도, 그 어떤 마인드 퍽도 이러한 과제를 대신해줄 수도 없고, 대신해줘서도 안 된다. 21세기를 사는 우리는 조종당하는 대신 스스로를 조종해야 한다.

성인 관점으로의 지속적인 전환이라고 해서 끊임없이 스스로를 엄격하게 통제해야 한다는 뜻은 아니다. 이것은 오히려 우리의 온전한 힘을 인식하고 무기력과 과도한 요구의 습관으로부터 벗어나는 것이라고 볼 수 있다. 균형 잡히고 성숙한 성인으로서 우리가 인생에서 접하게 되는 모든 것에 대해 적절하게 대처할 수 있다는 확신을 선사해주는 어마어마한 잠재력이 숨어 있다. 이 잠재력은 충분히 강조되어야 할 보물이다. 이에 대한 책임감도 마찬가지다. 이 책임감이란 어떠한 상황이나 주제에 대해 어떻게 행동하고자 하는지 독립적으로 결정하는 것에 대한 확신이다. 성인으로 지낸다는 것은, 자신과 인생에 대한 책임을 지고 자신의 태도를 통해 결정을 내리고 행동하는 것을 의미한다.

주목의 힘

두 번째 능력은 주목의 힘으로 자신에게 집중하고 초점을 맞추는 능력이다. 우리가 정신을 의식적으로 주목하는 곳에서, 학습 잠재력도 온전히 날개를 펼칠 수 있다. 우리가 자유롭게 열린 상태에서 집중한다면, 정신과 육체는 진정한 기적을 보여줄 수 있다. 따라서 우리는 무엇을 이루고자 하는지, 어디에 집중하고자 하는지 의식적으로 결정해야 한다. 아주 솔직하게 한 번 생각해보라. 당신은 두려움과 장애에 계속 매달릴 것인가, 아니면 진정한 삶의 목표에 매진할 것인가? 당신의 소원이 왜 이뤄지지 않는지에 대한 문제에 집중할 것인가, 아니면 그 소원을 실현하기 위해 무엇을 할 것인가에 집중할 것인가?

단계적으로 생각을 발전시키기

우리의 집중력에 방향을 설정하지 않고 시간의 대부분을 자동운전과 같은 상태로 방치해둔다면, 내부 보초가 등장해 우리의 삶에 대한 지휘권을 잡을 위험이 크다. 보초가 낡은 사고와 맞닿아 있는 한, 보초는 새로운 마인드 퍽을 불러오게 되어 있다.

따라서 어떻게 자기 방해를 스스로의 힘으로 막을 수 있는지 가장 간단한 방법부터 살펴보고자 한다. 그러면 마인드 퍽을 떨쳐내게 될 경우에 어떠한 세계가 기다리고 있는지 알게 될 것이다. 이와 더불어 개인적인 발전 과정에서 어떠한 보물을 찾아낼 수 있으며, 자신을 제약하지 않을 경우 진정한 모습이 어떤 것인지도 확인할 수 있다. 마인드 퍽이 우리의 생각 속에서 침묵하게 되면, 열린 마음이 생기는 것과 동시에, 새롭게 채워 넣을 수 있는 공간 또한 생겨나기 때문이다. 이것은 내가 새로운 생각이라고 칭하는 돌파를 의미한다. 이 새로운 생각과 함께 우리는 모든 측면에서 삶을 지속적으로 개선시킬 수 있는 전제조건들을 확보하게 된다.

이렇게 되려면, 내부 보초는 지금 모습으로 남아 있어서는 안 된다. 보초는 다시 배워야 한다. 이제 오늘날의 세계를 다시 설명해주고 이로써 제대로 방향 설정을 하도록 보초를 '업데이트' 해줘야 한다. 보초가 방향 설정을 새롭게 하면, 우리는 이미 마인드 퍽의 원인, 즉 낡은 사고방식으로 돌아가지 못하게 할 것이다.

전체 프로젝트를 아예 새로 써야 할 수도 있다. 내적으로도 우리는 21세기 자기실현적인 성인의 모습이 되어야 할 터이니 말이다.

그럴듯하게 들리지만 말하는 것처럼 그렇게 쉬울까? 마인드 퍽이 이렇게 유년기에서 유래하거나 가족들을 통해 사회적으로 교육된 것이라고 해도 과연 쉽게 새로운 생각을 할 수 있을까? 우리의 정신적인 모래주머니에서 빠져나올 수 있는 길이 존재할까? 우리스스로가 수십 년 간 쌓아온 생각의 쓰레기들을 다시 치워버릴 수 있을까?

가능하다. 우리가 틀렸다고 인식한 확신들은 우리가 변화시킬 수 있다. 그리고 우리는 학습할 수가 있으며, 인생의 모든 기간에 걸쳐 새로운 상황에 적응할 수 있다. 그렇기 때문에 마인드 퍽에 자신을 온전히 내어주지 않은 것이며, 언제든 다시 주인 자리를 되찾을 수 있다. 이론적으로만 그런 것이 아니다. 코치로서의 내 일이 이러한 사실을 날마다 증명해주고 있다. 그리고 자기 방해를 집중적으로 탐구하다 보면, 진정한 변화를 내면에서 계속 이뤄나가고자 하는 열정이 얼마나 뜨거운지 알 수 있다.

그럼에도 불구하고 마인드 퍽을 끝내고 자신의 생각에 새롭게 방향 설정을 한다는 것은 모험이다. 우리는 탐험가처럼 자신의 생각을 샅샅이 파헤쳐야 한다. 이건 분명히 가벼운 산책이 아니다. 그것보다는 마체테(무기로도 쓰이는, 날이 넓고 무거운 칼—옮긴이)를 들고 원시림을 통과해 가는 것에 가깝다. 도처에 의혹과 자기 회의, 감정적인 정지 상태 등과 같은 형태의 위험이 도사리고 있다. 낡은 정신은 반항할 것이다. 반항하는 것이 정상이다. 자신의 과제가 변했다는 것을 아직 모르고 있기 때문이다. 따라서 새로운 생각과 새로운 삶의 질을 추구하기 위해 나아가고자 한다면, 용감해져야 하고, 무엇보다 단호해져야 한다. 그러면서 우리는 한 걸음 한 걸음 앞으로 나아갈 것이다. 물론 이 과정에서 우리의 목표를 시야에서 놓쳐서는 안 된다. 새로운 차원의 행복을 말이다. 자, 그러니 이제 출발하자.

메타 관점의 힘

새롭게 생각하는 법을 배울 수 있다는 것은 어떻게 가능한 일일까? 우리의 생각과 내적 대화에 온전히 사로잡혀 있지 않다는 뜻일까? 다행히도 그렇다. 그리고 우리는 생각하는 과정에서 스스로를 관찰할 수 있다.

3미터 거리를 두고 당신이 이 책을 읽고 있는 모습을 한 번 상상해보라. 아니, 당신이 구름 위에 앉아서 책을 읽고 있는 그 순간을 스스로가 관찰하고 있는 광경을 한 번 떠올려보라. 우리의 정신을 통해 수많은 다양한 관점들을 시뮬레이션 할 수가 있다. 즉, 뭐든지 현실처럼 상상할 수 있다는 것이다. 물론 당신은 구름 위에 앉아서 책을 읽을 수 없다. 그렇지만 당신의 정신은 정말로 이런 일이 일어나는 장면을 머릿속으로 그릴 수 있다. 이 순간 당신은 생각 측면에서 제3의 위치, 이른바 메타 위치에 있게 된 것이다. 당신은 독서를 하는 모습을 정신적으로 그려볼 수 있는 동시에, 구름 위에 앉아서 독서하는 광경을 관찰하는 당신의 모습까지도 상상할 수가 있다.

우리가 이런 일을 할 수 있다면, 당연히 생각하는 모습도 관찰할 수 있다. 우리는 의식적으로 제3의 위치, 즉 메타 위치를 취할 수 있고, 지금 무엇을 어떻게 생각하는지 인지할 수 있다. 이것은 타고난 능력으로 누구나 이렇게 할 수 있다.

그렇기 때문에 우리에게는 언제든 내적 대화를 인지하고 여기에 개입할 수 있는 기회도 주어지는 것이다. 우리는 마인드 퍽 상태에서 우리에게 무엇을 말하고 있는지 알아차릴 수 있으며, 이와 동시에 어떠한 기분을 갖게 되는지도 감지할 수 있다. 정말로 놀라운 것은 우리가 내적 보초에게 부드러우면서도 단호하게 새로운 방향 설정을 해줄 수 있는 본능을 갖고 있다는 점이다. 대신 이렇게 하기 위해서는 필수불가결한 첫 걸음을 반드시 내딛어야 한다. 바로 결정을 내리는 것이다.

결단부터 내리기

내가 코치로서 체계적으로 마인드 퍽 현상을 다루기 전에 만난 고객들은 이런 말을 자주 했다. "제가 생각하는 게 어리석다는 건 저도 압니다. 하지만 달리 어쩔 수가 없어요."

이것은 영어를 배우면서 자동차를 가리켜 영어로 'car' 라고 하지 않고 집이라는 뜻의 'house' 라고 부르다가, 어느 순간 자동차에 대한 올바른 단어는 'car' 이지 'house' 가 아니라는 점을 알게되는 것과 마찬가지다. 이제 당신은 어떻게 하겠는가? 틀렸다는 것을 알면서도 계속 자동차를 'house' 라고 하겠는가? 아마도 그러지 않을 것이다. 당신이 인식한 사실을 곧바로 행동에 옮겨, 더이상 자동차를 'house' 라고 부르지 않을 게 분명하다.

자기 방해의 파괴적인 영향력에 대해 인식한 많은 사람이 실제로 앞의 경우처럼 행동한다. 이들은 곧바로 자기 방해를 중단한다. 마인드 퍽이 무엇인지 알게 되자마자, 이들의 정신은 마인드 퍽을 인지하고 이를 스스로 꺼버리려고 하는 데에 집중한다.

하지만 이와는 다른 반응을 보이는 사람들도 있다. 이들은 계속해서 자동차를 'house' 라고 부른다. '자동차' 가 영어로는 뭐라고하는지 전혀 상관없는 경우다. 어쨌든 잘못된 것을 아는 데에도 굳이 계속 잘못된 단어를 사용할 이유가 어디에 있단 말인가?

이것은 우리가 특정한 생각과 확신 때문에 자신을 방해하고 있는 것을 알고 있으면서도 이러한 행위를 계속 고집하는 것과 똑같다. 우리의 인생 전체에 미치는 파괴적인 영향력을 진지하게 받아들이지 않고, 어떤 식으로든 굴러갈 거라는 생각은 너무나도 어리석다. 물론 그렇게 할 수도 있다. 이 지구상의 그 누구도 우리의 인생과 잠재력을 진지하게 받아들이고 우리에게 허락된 시간에 뭔가 아름답고 유일한 것을 찾으라고 강요할 수는 없으니까 말이다. 우리에게는 변화에 대한 자유가 있다. 이와 동시에 한계를 긋고 또 '안전하다'는 느낌을 주는 안락 지대에서 머무를 수 있는 자유도 있다. 우리는 엄격한 감시가 이뤄지고 있는 행복 지대로 진입해 들어가기 위한 작은 개선을 해나갈 수도 있지만, 이와 동시에 지금처럼 계속 지내도록 스스로를 부추길 수도 있다. 후자의 경우, 우리의 세 가지 핵심 능력 가운데 한 가지를 이용하지 않기로 결정한 것이나 마찬가지다. 우리의 삶과 가능성을 위해 책임을 지지 않기로 한 것이니까 말이다. 다른 말로 하자면, 이것은 이 순간 더 이상 성인이기를 스스로 거부하는 것이다.

하지만 삶에서 더 많은 것을 원하지만 낡고 감정적인 전형을 계속해서 반복하는 것 말고는 달리 할 수가 없다고 주장한다면, 이것은 새로운 마인드 퍽에 빠져 있는 것을 뜻한다. 이런 주장을 하는 순간 우리는 자신의 생각을 통제할 수 있는 힘을 상실하여, 성숙하지 못하고 한없이 무기력하기만 한 아이로서의 나, 혹은 오래전부터 반복돼 온 자기 제한의 정서로 추락하는 것이다. 왜냐하면 정신적으로 건강한 사람이라면 누구나, 의식적으로 생각하고 스스로 고쳐나갈 수 있는 능력이 있기 때문이다. 우리는 마인드 퍽으로 인해 자기 방해 상태로 추락하게 되는 어려운 상황에서도 연습을 통해 새로운 경험을 하고 낡은 전형들을 하나하나 밀쳐낼 수 있다.

자신의 삶을 진지하게 생각하기

이제 확실하게 알게 된 것이 있다. 인생을 개선하길 원한다면, 책임감을 갖고 인생을 진지하게 받아들여야 하며, 스스로를 방해하는 마인드 퍽을 적당히 해결하는 것에 그쳐서는 안 된다는 사실이다. 그렇지 않을 경우, 이러한 생각의 쓰레기가 우리에게 계속해서 되돌아오리라는 사실을 이해하고 있어야 한다. 우리는 언제든 유년기 단계로 되돌아가거나 수백 년 전 시절의 요구사항들과 믿음으로 가득한 세상으로 돌아갈 수 있다. 언제 어디서나 마인드 퍽으로 인해 성공도, 품격 있는 인생도 모두 놓칠 수 있다. 권위적이거나 무기력한 시대에서 비롯된 파괴적인 복층 세계는 우리의 생각에서 더 이상 의미가 없다. 따라서 반드시 비워서 버려야 한다.

　이런 의미에서 볼 때, 마인드 퍽 상태에서 생각하고 행동하는 것이 더 이상 적합하지 않으며 지난 시절의 방해적인 반향이라고 의식적으로 확정짓는 일이 필요하다. 상습적으로 평가하고, 불신하며, 모든 것을 신뢰하지 않고, 위축시키며 우리에게 과도하게 압력을 행사하는 것, 이 모든 사고습관은 분노 이외에 아무것도 가져다주지 않는다. 이들은 스트레스를 유발하고 우리에게 해만 될 뿐이다. 다른 사람들에게도 마찬가지다.

마인드 퍽을 우리 인생에서 더 이상 수용하지 않기로 결정을 내렸다면, 이 결정을 예민하게 인식하고 이에 대한 촉을 확실하게 세워서, 더 이상 우리에게 피해를 입히지 않도록 해야 한다. 그다지 어려운 일은 아니지만, 우리의 정신이 이러한 결정을 유용하게 이용하도록 하려면 약간의 속임수가 필요하다. 그리고 이렇게 함으로써 우리가 잘못된 단어를 말할 때 자동적으로 고칠 수 있는 것과 마찬가지로, 우리는 파괴적인 생각에서 벗어나 새로운 사고 습관으로 전향할 수도 있다. 우리 모두는 각자의 사고 세계에서 진정한 시스템 전환을 유도할 수 있다.

평가 없이 주목하기

이미 언급한 것처럼 대부분의 경우에는, 마인드 퍽을 인지하고 이것이 해가 된다는 것을 알아차리는 순간, 마인드 퍽을 직접 꺼버리는 것이 가능하다. 자기 방해를 그만두는 것은 가장 간단한 방법이다. 그리고 이는 우리의 타고난 학습 능력에도 부합한다. 맛 없는 딸기를 먹어본 아이라면 딸기를 더 이상 먹지 않으려 하는 것과 마찬가지로, 우리도 마인드 퍽의 쓰디 쓴 부작용을 이해하게 되면 이

것을 일찌감치 막을 수 있다. 나는 사람들이 이런 냉혹한 마인드 퍽을 얼마나 빨리 혼자의 힘으로 끝낼 수 있는지에 대해 계속해서 놀라고 있다.

우리가 스스로를 가로막고 있다는 것을 느끼면서도 그것을 계속한다는 것은 이러한 사고 전형이 더욱 깊이 뿌리를 내리도록 하는 것이다. 자기 방해 상태에 사로 잡혀 스스로를 깎아내리는 것도 결코 좋지 않다.

한 번은 여성 고객 한 사람이 나를 찾아와 몇 분 간 "이렇게도 말도 안 되는 것에 계속 매달리는 자신의 어리석음"을 탓했다. '무비판적인' 땀까지 흘려대며, 그녀는 언제 어디에서 자신이 이런 전형에 빠져드는지 스스로 진단해냈다. "제가 얼마나 어리석은지 다른 사람들도 알고 있을 게 분명해요."라고 그녀는 마침내 말했다. 그녀는 다른 마인드 퍽들에 대해 평가형 마인드 퍽으로서 벌을 가하고 있었다. 이로써 그녀는 다른 마인드 퍽을 떨쳐내는 대신, 동일한 마인드 퍽에 계속 매달려 있게 된 것이다.

가장 좋은 방법은, 자기 자신에 대해서 호기심을 가지면서 스스로를 관찰하지 않는 것이다. 주목을 하되, 평가를 하지 않는 것이다. 용감한 탐험가처럼 생각의 정글 속에서 그냥 호기심만 갖는 것이다. "아, 뭔가 새로운 일이 내게 닥쳐올 경우에 내가 또 그렇게 한다는 건 전형적인 대참사형 마인드 퍽이야."라든지, "내가 그걸 반드시 해야 한다고 생각한 건 스스로를 또 압박하는 거야. 난 꼭 그렇게 할 필요가 없어."라는 것은 금기다.

마찬가지로 다른 사람들의 마인드 퍽에 관심을 가지되, 거기에 대해서 조언을 하지 않는 것도 도움이 된다. 아침마다 신문 가판대를 지나가면서, 생각의 쓰레기들을 부활시킬 수 있는 수많은 기회를 접하며 이를 적극 활용해보라. '새로운 독감으로 수백 만 명을 죽일 것인가?' 혹은 '알츠하이머의 공포'와 같은 헤드라인은 대표적인 예라 할 수 있다. 정치인들이 촌스러운 마인드 퍽 스타일로 상대방을 깎아내리고, 불신을 표출하며, 내가 더 많이 안다고 하면서 다투고, 두려움을 조장하는 것을 관찰하는 것도 흥미롭다. 의회의 표결 과정에서도 거리낌 없는 마인드 퍽에 사로잡힌 사람들을 쉽게 볼 수 있다. 우리 자신의 머릿속이 아닌 다른 곳에도 존재하고 있는 자기 방해 전략들을 체험하기 위해서는 멀리 바라보지 않아도 된다.

고객들은 자신의 삶을 정말로 개선하고자 하면서도 친구들이나 배우자, 혹은 지인들이 어떻게 반응하는지에 대해 내게 이야기를 한다. 이들이 자주 듣는 말 중에는 "계속 꿈을 가져!" "돌았어? 어떻게 그런 생각을 하게 된 거야? 네가 어떤 사람인데!" "다른 사람이라면 그렇게 해도 되겠지만 넌 과연?"과 같은 것들이 있다.

그렇다면 우리는 이제 새로운 생각을 신성한 임무로 받아들이고 다른 모든 것을 고쳐나가야 할까? 물론 아니다. 그건 새로운 마인드 퍽에 불과하다. 자기 방해 구조를 인식하고 이것을 있는 그대로의 모습으로, 즉 지난 시대의 반복된 메아리로 분류하여 정리해버리는 것만으로도 크게 도움이 된다. 이러한 자기 방해는 더 이상

'지금'의 의미가 없기 때문에, 이를 더 이상 진지하게 받아들이지 않을 수 있다. 마인드 퍽은 원시 시대의 오랜 친구다. 그렇기 때문에 우리의 삶에서 작별을 고해야 할 대상이다.

너그럽게 받아들이기

마인드 퍽을 인지하고 그에 대해 예민해지고자 한다면, 유머와 너그러움, 그리고 관용이 도움이 된다. 우리가 자기 방해를 계속 수용해야 한다는 뜻이 아니다. 다만, 하나로 인해 또 다른 평가형 마인드 퍽이 생겨나지 않도록 해야 한다는 의미다. 우리는 쓰레기 같은 생각들을 인지하고 이것을 의식적으로 다른 방향으로 돌려놓을 수 있다. 우리의 평가가 개입되지 않은 주목이 향하고 있는 곳, 그곳에서 모든 것은 달라진다. 우리가 더욱 주목해서 자기 방해 메커니즘을 인지할수록, 마인드 퍽에 덜 시달리게 되고, 새로운 것에 대한 시각도 활짝 열릴 것이다. 우리는 자연스럽게 더 많은 것을 배우고, 우리의 시대에 부합하는 방식으로 생각하게 된다. 하지만 직접적으로 등장하는 자기 방해를 끝낼 또 다른 방법들도 존재한다.

Mindfuck

02

마인드 퍽에 대항하는 전략

마인드 퍽 빨리 멈추기

티모시 갤웨이의 이론을 바탕으로, 필요한 경우에 마인드 퍽을 전력을 다해 멈출 수 있는 최상의 전략을 세워볼 수 있다. 무엇보다 위험이 다가오고 있고 우리 스스로가 정신적, 감정적으로 올바르지 않은 상태에 있을 경우에는 이런 전략이 꼭 필요하다. 한밤중에 깨어 있으면, 마인드 퍽이라는 실체를 벗겨냈음에도 불구하고 무겁게 짓누르는 생각들이 있다. 우리가 TV나 잔인한 영화를 통해 너무 오랜 기간 대참사 소식에 노출되어 있었던 경우에도 이와 유사한 일이 일어날 수 있다.

자기 자신을 고문하는 다른 생각들도 어려운 상황에서 동일한 영향력을 행사한다. 내 동료들이 도전해야 할 상황에 처하게 되었을 때 생각이 마치 다 바닥나 버린 것 같다고 말을 한다. 이러한 일은 예를 들어 부모나 자신들이 존경하는 누군가가 있을 경우, 혹은 복잡하거나 나쁜 감정으로 얽힌 누군가가 있을 경우에 일어난다. 시험이나 발표에 대한 두려움, 의사결정에 대한 두려움을 가진 사람들도 비슷한 경험을 한다.

이런 상황에 처했을 때 다음과 같이 행할 수 있다. 원하지 않는 생각이 우리를 찾아오면, 속으로 크게 "그만!"이라고 외친다. 내적인 소리의 크기는 의식적으로 미리 정해 놓거나 "그만!"이라는 말을 입밖으로 소리 내어 말하는 것도 도움이 된다. 마인드 퍽이 불시에 습격할 때 큰 소리로 "그만!"이라고 자신에게 말하고 이 "그만!"이라는 것에 공격성까지 가미한다면, 마인드 퍽이 어떻게 자동적으로 중단되는지, 또는 마인드 퍽이 원래의 힘을 찾는 것을 얼마나 힘겨워하는지 체험하게 될 것이다. 우리는 이제 방해하는 생각들과 내적으로 거리를 두게 된다. 그런 후 진공 상태가 찾아오는 경우도 종종 있다. 마치 원하지 않던 발표를 모두 끝내고 나서 멍한 기분이 드는 것처럼 말이다. 그리고 나면 마침내 침묵이 찾아온다. 우리는 이 순간을 즐기거나, 아니면 다음 단계로 방금 전에 우리를 습격했던 그 마인드 퍽이 어떤 것이었는지 생각해볼 수도 있다. 자, 이제 내적 보초의 목소리를 무시하거나 좀 더 제대로 처리해내는 기술들을 배워보자.

마인드 퍽 무시하기

파괴적인 생각들을 정신적 자기 방해로서 인지해낸다면, 이것으로 이미 우리가 해야 할 일의 가장 중요한 부분을 처리한 것이나 다름 없다. 그러면 내적 보초가 우리에게 하는 말의 내용을 무시하면서 하던 일을 그냥 태연하게 계속 해나갈 수 있다. 이건 매우 훌륭한 기술이다. 왜냐하면 흔히 여러 가지 마인드 퍽이 꼬리를 물고 찾아 오는 경우가 많기 때문이다.

꽤 오래 전에 만난 한 여성 고객은 몇 년 째 책을 쓰고 싶다는 꿈을 꾸고 있었다. 하지만 쓸데없는 생각들이 그때까지 그녀를 막고 있었다. 그녀가 한 생각 중에는 이런 것도 있었다. '왜 하필 책을 쓸 생각을 하게 된 거야? 이 세상에 책은 넘쳐나고 있잖아. 그런데 너까지 책을 쓴다니! 도대체 거기에다 하고 싶은 말이 뭔데?'

이런 생각이 평가형 마인드 퍽임을 확인한 후, 난 그녀에게 이런 식의 생각이 또 다시 떠오르면, 앞으로는 그냥 무시해버리고 계속해서 '책 쓰기'라는 주제에 몰두해보라고 당부했다. 그녀는 더 이상 이런 생각에 방해받지 않았고, 마침내 자신이 꿈꾸던 일에 착수하기 시작했다. 그런데 얼마 안 가 그녀는 다음과 같은 생각에 맞닥뜨리게 됐다. '이제 좀 차분히 앉아서 일 좀 해. 아무것도 하지 않으면 아무것도 나오지 않아! 하루에 적어도 8시간은 책상 앞에 앉아 있어야지! 그리고 하루에 적어도 10페이지는 써야 해. 안 그랬다간 하루를 완전히 낭비하는 거야.' 그녀가 이 생각의 정체를 파악하고 다시 긴장을 풀 수 있기까지 그녀의 머리에서 계속 김이 나도록 만든 진정한 압박형 마인드 퍽이었다. 얼마 후 그녀는 의욕 과잉형 마인드 퍽을 갖게 되었다. 이는 스스로를 깎아내리는 생각들(평가형과 압박형)이 우리의 변화 의지에 아무런 영향을 미치지 않을 때 흔히 나타나는 마인드 퍽이다. 이제 그녀는 '와, 난 정말 천재야. 베스트셀러가 될 게 틀림없어! 넌 이제 매일 성공에 젖어서 살게 될 거야. 지금처럼 계속해!' 라는 생각을 갖게 되면서 다시 스스로에게 압력을 주었다. 자기 방해가 작용했고, 그녀는 스스로도 이해할 수 없는 이유로 인해 글쓰기를 중단했다. 그녀는 이 아름다운 순간에, 하필 몰입 상태에서 왜 글을 쓰지 못하는지 이해할 수가 없었다. 그녀는 자신의 긍정적인 마인드가 지금 한창 글쓰기 의욕을 불러 일으켜야 하는 것이 당연하다고 생각했다. 하지만 앞서 의욕 과잉형 마인드 퍽에 대해 이야기하면서 이미 살펴본 것처럼, 이 생각은 다른 마인드 퍽들과 동일한 파괴적인 영향력을 갖고 있다. 그녀가 이런 생각들도 무시하고 계속해서 글 쓰는 법을 배우게 되자, 마지막 내적 테스트에 이르게 되었다. 집필을 끝낸 후 그녀는 원고를 모두 다시 읽어보고는 이렇게 생각했다. '아, 창피해. 정말로 엉망이잖아. 누가 이런 글을 읽겠어? 너, 스스로를 너무 과대평가 했구나!' 작가라면 누구나 이런 평가형 마인드 퍽의 노랫소리를 들어봤을 것이다. 이 생각에서 벗어나는 시간은 사람마다 다르다. 이 노랫소리가 일종의 자기 방해라는 것을 인식한 후, 이것을 무시하고, 계속해서 하던 일을 하면 된다. 이제 책은 완성됐다. 그리고 그녀의 꿈은 실현되었다.

마인드 퍽과 싸운다는 것은, 용감하게 마인드 퍽을 제대로 응시하는 것을 뜻한다. 즉, 후퇴를 지향하는 사고 습관이라는 실체를 파악하고, 이 마인드 퍽이 던지는 메시지를 믿지 말아야 한다. 또한 '성인으로서의 나'가 되고, 이 마인드 퍽이 아무런 가치도 없고 그저 위협적인 방해 행위이며 불합리한 것임을 인식해야 한다. 본인이 스스로를 방해하고 있다는 사실을 일단 인식부터 하고, 그런 다음 여기에 맞대응하는 단계로 넘어가는 것이 정석이다.

마인드 퍽을 건설적으로 유도하기

마인드 퍽을 꺼버리는 또 다른 방법으로, 그 내용을 지금처럼 그냥 무시하는 것에 그치지 않고, 이것을 수용한 다음에 건설적인 인식과 결부시키는 것이 있다. 자기 방해의 유형을 파악하고 뭔가 새로운 것에 결부시키는 것은 태극권이나 유도 기술과 비슷하다. 그 에너지를 받아서 우리에게 유리하게 이용하는 것이다.

당신이 지금 중요한 시험을 앞두고 있는데, 내적으로 심각한 방해를 받고 있다고 한 번 가정해보자. '100% 실패할 거야. 내가 얼마나 멍청한지 모두가 알게 되겠지!' 당신은 자기 방해를 인식하고 있지만, 마인드 퍽이 속삭이고 있는 내용이 현실이 될 것 같아 여전히 두려워하고 있다. 마인드 퍽과 싸운다는 것은, 도전을 받아들이고 다음과 같이 말하는 것이다. "그래, 내가 스스로를 방해하고 있다는 것을 인지했어. 하지만 난 나의 기회를 이용할 거고, 이번 시험에 집중할 거야." 그러니까 마인드 퍽과 반대되는 것을 주장하는 게 중요한 것이 아니다. 마인드 퍽과는 반대로 하려다 보면 흔히 의욕 과잉형 마인드 퍽에 빠져 우리를 계속 압박할 수도 있다. 우리가 내적으로 잘못된 생각에 빠져 있는 것을 알게 되더라도 계속해서 집중할 수 있다고 말하며, 실제로 집중하는 것이 중요하다. 그 이상도 그 이하도 아니다.

내부 보초의 목소리는 우리를 집중하지 못하게 막는다. 우리가 이 목소리를 인식하고, 그 지시를 무시하며, 우리가 하려던 일을 계속할 경우, 우리는 다시 집중하게 된다. 글을 쓸 때만 그런 것이 아니다. 정신적으로 스스로를 방해할 수 있는 다른 모든 활동에서도 마찬가지다. 회사 업무나 운동을 하면서, 다른 사람과 이야기를 하면서, 섹스를 하면서, 건강에 좋은 식습관을 가지려고 하면서, 창의적인 삶을 누릴려고 하면서, 심지어는 청소 같은 집안일을 하면서도 말이다.

우리가 내적으로 일종의 거울을 가지는 데 익숙해진다면, 이 거울로 우리 생각의 질을 인식할 수 있게 된다면, 끊임없이 집중할 수 있게 된다. 그리고 이는 우리가 몇 배는 효율적이 된다는 뜻이다. 우리가 어떤 일이든 더 효율적으로 큰 성공을 이룰 수 있는 이유는 집중력이 높은 상태에서 모든 학습 잠재력과 기량을 이용할 수 있기 때문이다.

티모시 갤웨이와 같이 성공한 스포츠 코치들은 고객들에게 평가가 배제된, 목표 지향적인 집중 능력을 훈련시킨다. 코치들이라면, 선수들이나 아니면 뛰어난 기량을 발휘해야만 하는 사람들이 온전히 집중하고 자기 방해적인 생각을 갖지 않을 경우에 매우 빠르게 효과적으로 어려운 과제들까지 처리해낼 수 있다는 사실을 잘 알고 있다. 운동선수들에게 적용되는 것은 우리 모두에게도 적용된다. 우리의 뇌는, 우리가 흥미를 갖고, 긴장을 풀고, 기분 좋은 상태에서 가장 쉽고 빠르게 일을 한다. 이 상태에서 우리는 '몰입'을 체험한다. 그러면 감정적으로 강력한 결과를 경험하고, 이것은 장기 기억창고 속에 보관된다. 이것이 바로 우리가 마인드 퍽이 없을 경우에, 단순히 기분만 더 좋은 것이 아니라 실제로도 더 나아질 수 있는 이유다. 마인드 퍽이 없으면, 우리는 정신적, 감정적으로 우리의 완전한 잠재력과 맞닿을 수 있는 최고의 길을 걸어갈 수 있다.

육체의 감정으로 관심사 바꾸기

"그만!"이라고 외친 후에 내부의 목소리가 잠시 멈춘 상태에서 우리가 적용할 수 있는 또 하나의 반反 마인드 퍽 전략은 바로 자신의 육체에 집중하는 것이다. 심리치료학에서도 코칭이나 다른 여러 명상과 긴장이완 기술과 마찬가지로, 파괴적이거나 방해적인 생각들에 사로잡혔을 때 우리의 몸에 집중하는 것이 매우 효과적임이 입증되었다. 이는 우리가 '육체의 감정'에 집중하면서 동시에 계속해서 생각할 수 있는 능력이 없다는 원리를 이용한 것이다. 정신의 이러한 타고난 한계를 목적에 맞게 잘 이용할 수 있다.

호흡-발-배 운동

방해적인 생각을 인지했는데도 여기에서 벗어날 수 없다면, 일단 호흡에 주목하라. 가령 '오늘 또 끔찍한 일이 일어날 게 분명해.'라는 생각을 하고 있다고 가정해보자. 이러한 마인드 퍽을 알아차리게 되면, 곧바로 당신의 관심을 호흡으로 돌려놓도록 하라. 호흡에 집중하고 난 후에는, 이번엔 두 발이 바닥에 닿을 때의 그 느낌에 집중하라. 당신이 서 있든, 걸어가든, 아니면 앉아 있든, 상관없다. 그냥 바닥이나 땅에 닿아 있는 것 자체를 느껴라. 누워 있는 경우에는 허리와 엉덩이가 당신의 몸을 얼마나 안정적으로 받쳐주고 있는지 느껴보도록 하라. 이제 마지막 세 번째 단계에서는 당신의 호흡과 다리나 배 혹은 허리에 동시에 집중한다. 그렇게 되면 당신의 생각이 다른 곳으로 흐르게 할 수가 없다. 이 운동은 정말 작은 기적으로서, 몸의 두 가지 느낌에 대한 동시 집중은 마인드 퍽을 중지시킨다. 10초를 하든 10분을 하든, 방해적인 생각이 즉각 중단되고 긴장이 다시 풀어지게 될 것이다. 이로써 당신은 다시 안전한 여기, 그리고 지금의 상태에 있게 된다.

미국의 심리학자 스탠리 블럭 박사는 방해적인 생각을 인체의 감각으로 전환하는 이 기술을 가리켜 '가교 운동bridging'이라 부르고 있다. 이 운동을 하는 순간, 우리는 허접한 생각의 상자에서 현실로 이어지는 다리를 만드는 것이다.

블럭 박사는 혹시 자신의 육체를 느낄 수 없는 상태라면, 입고 있는 옷을 이용해보라고 권유한다. 직물을 만지면서 어떤 느낌이 드는지 인지해보라는 것이다. 섬유가 거친가? 아니면 부드러운가? 매끄러운가? 아니면 거친 편인가? 이 모든 것이 즉각적인 효과를 보이면서 정신을 다시 자유롭게 만드는 비상 대책이다.

현재 서구에서 가장 주목받는 영적 스승인 바이런 케이티Byron Katie는 자신이 안전하고 모두 다 괜찮다는 것을 알기 위해서는, 자신이 있는 공간이나 주변을 직접적으로 둘러보라고 조언한다. 대참사형 마인드 퍽에 쫓기고 스스로에게 겁을 주고 있는 경우라면, 자신의 몸과의 '접지' 대상으로부터의 느낌, 우리의 안전한 주변에 대한 정확한 관찰이 매우 효과적이고 즉각적인 대책이 될 수 있다. 즉, 우리의 육체가 마인드 퍽과의 싸움에 있어서 동지이자 구원자인 것이다. 우리는 나쁜 생각으로 육체를 긴장시킬 수도 있지만, 평가하지 않는 주목을 통해 우리의 불필요한 생각들을 멈추게 만들고 육체의 긴장을 다시 풀어줄 수도 있다. 긴장이 풀린 육체에서는 그렇지 않은 경우보다 훨씬 쉽게 건전하고 훌륭한 생각이 나오게 된다.

'생각의 섬'으로 주의 돌리기

자신만이 가진 생각의 섬은 마인드 퍽 상태에 빠진 사람의 구원자일 수 있다. 이것은 우리가 가진 환상의 힘을 매우 아름다운 방법으로 이용하는 것이다. 생각의 섬은 무엇일까? 생각의 섬은 당신이 기꺼이 돌아가고자 하는 상상 속 장소다. 당신이 특정한 생각에서 벗어나고자 할 경우, 이 장소를 생각하면 된다. 가령 나의 생각의 섬은 이탈리아 남부 티롤 지방에 있는 한 산책로다. 어렸을 때에 잘 가곤 했던 곳인데, 생각이 어지러울 때 난 그 길을 구석구석 정확하게 머릿속에 떠올린다. 어디에서 길이 구부러지는지 알고 있다. 그리고 구부러진 그 길의 끝에서 다음에 어떤 광경이 이어질지 속으로 기대한다.

어떤 사람들은 멋진 정원을 산책하거나 보트를 타고 항해하는 상상을 하기도 한다. 프랑스 남부의 어느 한 테라스 그늘에 앉아 차를 마시거나, 기분 좋은 모습을 그려보는 사람들도 있다. 가능한 한 우리의 모든 감각들을 동원해서 이러한 장소를 상상할 경우, 그 효과는 더욱 강력하다. 그곳에서는 어떤 냄새가 나는가? 그곳은 얼마나 따뜻한가? 그곳에는 살랑이는 바람이 불고 있는가? 날씨는 어떤가? 새들이 지저귀는 소리가 그곳에서 들리는가? 혹시 꿀벌 한 마리가 윙 하며 날개소리를 내며 지나가고는 있지 않은가? 거기에선 지금 무슨 소리가 들리는가? 이렇게 인체의 인지 감각을 총동원하면, 우리를 방해하는 생각에서 관심을 돌리는 데 크게 도움이 된다. 실제로 효과도 있다.

관점 전환하기

다른 사람들과 함께 있을 때에 마인드 퍽의 공격을 받는다고 호소하는 사람들이 많다. 나의 코칭을 받는 사람들은 일상생활에서 사람들과 소소한 대화를 나눌 때 겪게 되는 다음과 같은 경험들을 자주 털어놓는다. "다른 사람들과 수다를 떨며 대화를 할 때 머릿속에 정말로 어리석은 생각들이 스쳐 지나갑니다. 그 사람들이 나도 관찰하고 평가하고 있을 거라는 생각을 하는 거죠. 그래서 나도 마찬가지로 나 자신을 관찰하고 평가하게 됩니다. 어떤 때에는 얼굴이 붉게 상기되면서 식은땀까지 흘릴 때가 있습니다. 끔찍해요!"

자기 방해적인 생각을 하게 되면, 우리는 특히 자신의 행동을 관찰하는 데 집중하게 된다. 이런 경우에는 무엇이 도움이 될까? 관점을 전환하고 다른 사람에게 주목하는 것이다. 숫기가 없고 수줍어하는 편이라면, 온전히 다른 사람을 '습격'해서 거리낌 없이 그들에게 관심을 가지라고 조언해주고 싶다. 놀라운 결과를 체험할 수 있는 작은 훈련이다. 다른 사람이 어떻게 생각하는지, 다른 사람이 무엇에 집중하고 있는지, 다른 사람이 도대체 어떤 스타일인지 등을 속으로 생각하고 있는 순간에, 우리의 생각은 더 이상 자신에게 신경 쓰지 못한다. 그뿐만 아니라 우리는 즉각적으로 다른 사람들과 공감대를 형성하게 된다. 상대에게 온전히 집중할 수 있기 때문이다. 참고로 다른 사람들에게 관심을 갖게 되면, 특히 자기만을 생각하는 사람들보다 상대에게 훨씬 더 긍정적인 반응을 얻는다.

관점의 전환이라는 이 전략은 반대로 우리가 너무 심하게 외부의 영향을 받고, 다른 사람들과 그들의 분위기나 요구에 무방비로 노출되어 있을 때에도 도움이 된다. 이러한 경우에 찾아오는 자기 방해적인 생각에서 벗어나기 위해서는, 자신에게 집중하는 게 좋다. 육체의 감정에 관심을 돌리거나, 지금 그 순간 우리가 처해 있는 상황에서 벗어나려면 어떻게 하면 좋을지 의식적으로 스스로에게 물어보도록 하라. 이렇게 의식적으로 복층적인 생각을 묻는 것은 우리의 자아와 접촉하는 것을 의미한다.

한 번은 여성 고객이 직장 상사에게 너무나 화가 나서 자꾸 룸펠슈틸츠헨(동화 속에 나오는 심술궂은 요정—옮긴이)처럼 사무실 안을 이리저리 왔다갔다 하면서 욕을 하게 된다고 이야기했다. 나는 그녀에게 다시 화가 나면, 방금 전에 설명한 자신의 모습을 외부에서 관찰하여 머릿속으로 그려보라고 제안했다. 다음 코칭 시간에 나를 찾아온 그녀는, 사무실에서 또 분노가 치밀었는데, 그 순간 갑자기 큰 소리로 웃음을 터뜨렸고 곧바로 침착함을 찾을 수 있었다고 말했다. 그로부터 얼마 후 그녀는 룸펠슈틸츠헨의 모습을 다른 사람들에게 보여주는 대신, 자신의 생각을 상사에게 직접 이야기했다고 한다.

이것은 누구의 일인가

바이런 케이티의 조언 말고도, 사실 우리와는 아무런 관련도 없고, 전혀 영향을 줄 수도 없는 일에 대해 흥분하게 될 경우 도움이 되는 특별한 질문들이 많이 있다.

두 가지 서로 다른 상황을 예로 들어 보겠다. 첫 번째, 당신의 친구가 지금까지 상처만 준 남자를 계속 만나고 있다고 해보자. 당신은 이런 친구 때문에, 이미 여러 번 흥분한 적이 있었다. 자, 우리가 이제부터 잘 따져봐야 할 질문들이 있다. 이것은 누구의 일인가? 당신의 일인가, 아니면 당신 친구의 일인가? 이것은 당신의 뜻대로 할 수 있는 일인가, 아니면 자연스럽게 흘러가게 놔둬야 하는 일인가? 우리가 상상해본 이러한 상황에서, 물론 이것은 당신 친구의 일이다. 그녀가 누구를 만나는지는 친구가 알아서 해야 할 문제다. 그러니까 당신은 흥분하지 말고, 당신의 하루를 어떻게 멋진 일로 가득 채울 것인지 생각하면 된다.

이번의 예는 앞의 상황과는 전혀 다른 경우다. 이번에도 당신의 월급이 전혀 오르지 않아서 흥분해 있다고 가정해보자. 이것은 누구의 일인가? 당신의 일인가, 당신 사장의 일인가, 아니면 그냥 신의 섭리에 맡겨둬야 할 일인가? 그렇다. 이것은 당신이 신경 쓰고 사장과 이야기해야 하는, 당신의 일이다. 아이로서의 나에서 벗어나 성인으로서의 삶에 뛰어들어야 할 일이다. 사장과 나눌 이야기를 미리 준비하고, 용감히 이 일에 뛰어들라.

당연히 우리는 자신 때문에 일어난 것이 아닌 일에 개입할 수도, 또 그것 때문에 흥분할 수도 있다. 특히 누군가를 돕는 일이라면 사람들은 주저하지 않고 적극 참여하고 있다. 실제로 2010년 아이티 지진과 같은 자연재해가 일어난 경우에는 정말로 많은 사람이 돕기 위해 나섰다. 하지만 일상의 공동생활에서는 그러한 개입의 원인이 정말로 자발적인 참여인 것인지, 아니면 자기기만이나 대참사형 마인드 퍽은 아닌지 따져봐야 할 상황이 계속해서 일어나고 있다. 돕고자 하는 의지가 자기기만이나 자기피해로 이어지거나 혹은 이것이 이른바 구조자 증후군이 되어버릴 경우, 우리는 소중한 시간을 지불해야 하는 내적 전투를 치르게 된다. 하지만 우리 자신과 다른 이들에 대한 진정한 관심에서 비롯된 것이라면 이는 우리 주변에 좀 더 나은 삶의 질을 선사하는 것이 된다.

티모시 갤웨이는 해당 사안의 통제권을 쥔 것이 누구인지 우리 자신에게 물어보라고 조언한다. 몇 년 전 나는 아들이 너무나 위험한 경찰 특별수사팀에 자원하려고 하는 한 여성을 코칭해준 적이 있다. 이 여성은 내게 와서, 어떻게 하면 아들이 이 팀에 가는 것을 막을 수 있을지 물어봤다. 아들은 당시 막 18세가 되어 법적으로 스스로 결정할 수 있는 권리가 있었다. 난 그녀에게 그 팀에 가거나 가지 않는 것에 대한 통제권이 누구에게 있는지 물었다. 물어보나 마나 그건 아들의 일이었고, 그에 대한 결정권도 아들에게 있었다. 난 다시 그녀에게 스스로 통제권을 가진다는 것이 어떤 의미인지 물어봤다. 그녀는 한참 생각하더니 다음과 같은 결론에 이르렀다. "거기에 대해서 제가 어떻게 반응할지는 통제할 수 있어요."
이 일을 통해 그녀는 아들을, 그리고 아들의 위험한 결정에 개입하
지 말아야 한다는 것을 배웠다. 재미있는 것은 그녀가 아들의 결정
에 대해 반대하는 것을 포기하자, 훨씬 덜 위험한 다른 경찰 부서
로 아들이 자원했다는 사실이다.

마인드 퍽은 우리가 통제할 수 없는 것들을 통제해야만 한다고
생각하기 때문에, 혹은 그 반대로 우리가 통제해야만 하는 것들을
통제하려고 하지 않기 때문에 만들어지는 것이다. 예를 들어 우리
의 건강에 아무런 영향력을 행사할 수 없다고 말한다는 것은 분명
한 마인드 퍽이다. 이 경우 우리는 자신에 대해, 건강한 생활 방식
에 대해 그 어떤 책임도 떠맡을 필요도 없고, 그럴 수도 없다고 생
각하는 것이다. 우리가 아이로서의 자아로 되돌아갔기 때문이거나
반복적인 낡은 확신을 따르고 있기 때문이다.

회피하기와 구하기

우리가 느끼는 행복감에는 주변 사람들이 큰 비중을 차지하고 있
다. 따라서 정신적인 행복을 위해서는 우리 주변에 마인드 퍽의 경
향을 거의 보이지 않거나 가능한 한 통제할 수 있는 그런 사람들을
배치시키는 것이 바람직하다. 정신적인 문제에 있어서는 악천후
상황과 약간 비슷한 면이 있다. "넓은 초지는 피하고 밤나무 숲은

찾아라."라는 것이다. 우리가 안정적이지 못하고 정신적인 자기 방해 경향을 보인다면, 우리의 기를 꺾기보다는 기를 살려주고 마인드 퍽 시나리오와는 반대되는 열정을 가진 사람들 주변에 있는 것이 좋다. 이 말은 스스로를 방해하는 경우에만 국한되지 않는다. 우리가 의욕 과잉형 마인드 퍽의 경향을 보일 경우에는, 꼭 우리 스스로를 빛내 보이거나 엄청난 의욕을 보일 필요가 없는 사람들을 주변에 배치하는 것이 바람직하다. 친구와 지인들, 혹은 동료들이 어떠한 생각을 하고 있는지 우리는 대부분 본능적으로 알 수 있다. 물론 두 가지 마인드 퍽 경향과 마주치게 되는 상황도 있다. 아마 만성적인 냉소주의자들을 모두 잘 알고 있을 것이다. 예를 들어 두 사람이 모여서 직장의 험악한 분위기에 대해서 이야기하거나, 못된 상사, 인간관계와 관련된 개인적인 문제, 이 세상의 비참함 등에 대해 이야기할 때, 두 사람은 마치 서로 감정을 공유하면서 같은 파장을 갖고 있는 것처럼 느낀다. 하지만 이 상황을 좀 더 정확하게 바라보면, 두 사람 모두 결국에는 한없이 추락하고 있을 뿐이다.

어쩌면 당신은 이렇게 반박하고 싶을지도 모른다. 우리가 환경을 직접 조성할 수가 있느냐고 말이다. 난 "그렇다"라고 말하고 싶다. 우리가 새롭고도 더 나은 삶의 질을 진지하게 생각한다면, 이렇게 하는 것이 꼭 필요하다. 실제로 우리는 시간을 어떤 방법으로 사용할지 직접 결정할 수 있다. 옛날에는 소수의 사람들만 자신의 시간을 마음대로 관리할 수 있었다. 그러나 오늘날에는 우선순위를 정하는 것이 순전히 자신의 몫이 되었다. 늘 시간이 부족하고 의욕도 떨어진다면 지금까지와는 다르게 먹고, 더 많이 운동하는 것은 전적으로 우리의 마음먹기에 달려 있다. 그렇다, 이것은 어른 스러운 결정에 관한 문제다. 만성적으로 스스로를 위축시키거나 압박하는 분위기에서 벗어나, 우리의 정신에 새로운 기를 불어넣어줄 수 있는 건강한 환경을 스스로 만들자.

자기만의 서식지 찾기

사람은 청개구리보다 훨씬 더 예민하다고 한다. 우리는 동물들에게 어울리는 생활 공간을 가능한 한 파괴하지 않고, 동물들에게 맞는 서식지를 조성해주는 것을 너무나 당연하게 생각하고 있다. 그런데 정작 우리 자신에 대해서는 어떠한가? 사람은 유리하거나 불리한 생활 여건을 스스로 내부에서 모사하고, 받아들이며 거기에 맞춰서 스스로를 변화시키거나 아니면 자유롭게 활동하는 것을 다른 그 어떤 존재보다도 빠르게 학습한다. 우리가 자신만의 서식지에 신경을 쓰는 것이 그리 중요하지 않은가? 그런데도 우리 주변 환경을 어떻게 조성하는지, 우리의 주변에 어떤 사람들을 배치하는지가 중요하지 않다고 생각하는가? 나는 우리의 일에서는 적어도 자연보호구역이 있어야 한다고 생각한다. 당신이 어떠한 사람들 곁에서 더욱 자랄 수 있는지, 누가 당신의 용기를 북돋우고 누가 용기를 꺾는지에 유의하라.

자기 방해적인 생각에서 벗어나기 힘들 때

우울한 자기 방해적인 생각이 겹겹이 쌓여서 앞이 보이지 않을 것 같다는 생각이 들 때, 그 모든 반反 마인드 퍽 전략으로도 도저히 헤어나오지 못할 것 같을 때, 다양한 방법을 가진 전문 심리치료사의 도움을 받을 수도 있다. 공포 질환이나 강요적인 생각 혹은 전문 의사나 치료사, 최면요법사들은 당신이 장기적으로 자기실현을 방해받고 있는 경우에 크게 도움이 된다. 당신의 생각을 스스로 제어할 수 없다거나, 패닉이나 기타 심각한 인체 장애나 인지 장애가 있다는 생각이 든다면, 일단 이런 전문가들을 찾아가보는 것이 좋다. 당신이 이제 다시 온전히 일할 능력이 생기고 전문적인 파트너와 함께 새로운 관점으로 모든 것을 바라보고자 한다면, 이제는 코치가 도움을 줄 수 있다. 내가 소개한 기술과 전략들은 당신이 스스로 할 수 있는 다양한 것들의 일부다. 이것들은 급한 경우에 마인드 퍽을 중단시키고 일종의 자기 예언의 역할을 한다. 물론 우리는 이것으로 더 많은 것을 달성할 수도 있다.

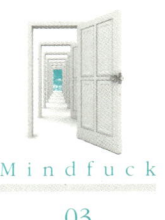

마인드 퍽으로부터
배워야 할 것들

마인드 퍽 분석하기

자기 방해적인 생각들 너머의 매력적인 세계를 발견하는 것은 그만한 가치가 있다. 이 세계는 유해한 사고 습관을 변화시킬 경우에 우리에게 어떤 가능성이 있는지 보여주며 새로운 것, 즉 우리 생각의 시스템 전환을 배우는 것을 즐겁게 만든다.

나는 많은 고객에게 자기 진단을 위해 마인드 퍽 일기를 써보라고 권유하고 있다. 어떠한 방해적인 생각들이 어떠한 상황에서 활성화되는지 일기장에 기록하면 된다. 여기에는 가령 다음과 같은 질문들이 포함될 수 있다. "자기 방해를 일으킨 동기가 있었는가?

그 당시에 누가 그 자리에 있었는가? 자기 방해가 시작되기 전에 어떠한 기분이 들었는가? 어떤 자리에서 마인드 퍽이 생겨나는가?" 이 방법으로 당신은 어떤 상황에서 특별히 위험하고, 당신의 내적인 복충 세계의 보초가 실제로 삶에 대해 어떻게 생각하고 있는지 살펴볼 수 있다. 이를 통해 흥미로운 학습 영역들이 생겨난다. 가령 '그 사람'이 사무실에 들어서는 순간 '누가' 마인드 퍽을 갖게 되고, 그 이유가 무엇이며 합당한 것인지, 그 '누군가'가 일 자체인지 아니면 주변 환경인지, 우리가 정당하게 대할 수 없는 특정한 행위나 동료들이 존재하는지, 그 마인드 퍽에 사로잡혀 있는 시간이 개인적인 발전을 위한 것인지 아니면 그냥 허비되는 것인지 등에 대해서 계속 연구해볼 수 있다. 오랜 세월 우리를 힘들게 해온 인간관계나 잘못된 생활 습관 등에 대해서도 이런 방법으로 접근해볼 수 있다.

공격적인 마인드 퍽과 우울한 마인드 퍽의 학습 영역

우울한 마인드 퍽의 경향을 보이는지 아니면 공격적인 마인드 퍽의 경향을 보이는지 관찰하는 것도 중요하다. 따라서 당신의 내적인 나이가 엄격한 군주를 연상시키는지 아니면 커다란 부담 앞에서 무기력하게 노출되어 있는 아이를 연상시키는지 생각해보도록 하라. 이런 구분을 쉽게 할 수 있도록 하기 위해, 한 가지 예를 들어보도록 하겠다.

당신이 이집트 휴가 예약을 해놓았는데, 현지에서 정치적인 불안감이 감돌고 있다고 가정해보자.

이런 경우에 드는 생각 가운데 한 가지는 이른바 우울형이다. '아, 안 돼, 나한테 무슨 일이 일어나면 어떡해? 그 나라에서 빠져나오지 못하면 어떡하지? 무슨 일이든 일어날 수 있고, 게다가 넌 그 나라 말도 할 줄 모르잖아! 그리고 그것보다 더 나쁜 일이 일어나면? 아, 내가 감당하기에는 모두 벅찬 것이야. 그럼 이제 난 어떻게 해야 하지? 휴가를 못 가면 난 어떡해?'

두 번째 생각은 자기 자신에게 공격 자세를 취하는 형태로 나타난다. '휴가지로 하필 이집트를 선택하는 그런 멍청한 생각을 어떻게 할 수가 있었니?! 다른 곳도 생각할 수 있었잖아. 이제 아주 성가시게 됐어. 비싼 값을 치러야 할 거야. 만약 다른 곳으로 예약을 바꾼다면 말이야. 이제 그럴 수도 없을 걸. 휴가는 이제 끝났어, 끝난 거라고!'

첫 번째의 경우에는 우리가 한탄하면서 내적으로 위를 바라보며 도움을 구하고 있는 모양새다. 두 번째 경우에는 욕하고 평가하면서 내적으로 자신을 깎아내리는 것이다. 여기에서 우리가 주목해야 할 점은 말하는 형식이다. 생각 속에서 우리가 '너'라고 하거나 '사람들'이라는 호칭을 취한다면, 대개는 '벌을 주는 나'가 되어 있다는 뜻이다. 그러니까 오래된 생각이 지금의 우리를 공격한 셈이다. 부모로서의 나는 물론 '나'라는 호칭을 취하기도 한다. 가령 '난 어리석고 멍청한 애야.'라는 생각이 그러한 예다. 이 경우에 우리는 부모로서 나의 판단으로 이미 스스로를 그러한 판단과 동일시하고 있는 것이며, 우리를 아이로 만든다. 즉, 스스로를 위축시킨다는 것이다. 이런 식으로 나타나는 마인드 퍽을 중단시키려면, 원래의 성인으로서 나로 돌아가면 된다. 상황에 대한 현실감 있는 판단이 가능하고 구체적인 행동 대안들을 찾고자 하는 본연의 나로 말이다. 스스로를 깎아내리는 대신, 우리는 건설적으로 구체적인 휴가 대책을 세울 수 있다. '이번 휴가를 취소하거나 연기해도 괜찮을까? 저렴하게 예약을 바꿀 수 있는 방법은 없나? 혹시 다른 휴가지로 갈 수 있을까? 손해를 보전해주는 여행사 측의 제안은 무엇일까? 이런 답을 찾으려면 난 구체적으로 어떻게 해야 하나?'

우리가 잘못 행동했다고 느낄 경우에 어떻게 행동하는지 보면, 우리에게 찾아오는 마인드 퍽의 유형을 확실하게 알 수 있다. 당신은 곧바로 변호사를 대동하여 협박하거나, 일장 연설을 늘어놓거나, 호되게 꾸짖는 스타일인가? 아니면 모든 것을 그냥 수용하고, 기껏해야 투덜거리거나 아니면 뒤늦게 다른 사람들에게 하소연하는 쪽인가? 삼자대면을 하는 편인가, 아니면 그냥 잊어버리려고 하는 편인가? 약간의 화에 분노하면서 공격적이 되는가, 아니면 사람들이 당신에게 피해를 주거나 부당하게 취급하는 경우에도 "고맙다"라고 하는 편인가? 둘 모두 마인드 퍽의 삶을 살고 있는 극단적인 경우다. 그리고 양쪽 모두 엄청난 자기 방해를 내포하고 있다. 공격 수치가 너무 높은 경우에는 다른 사람들이 두려움을 갖게 되고, 이것은 불신과 외면을 낳는다. 당연히 친구도 만들 수 없다. 같은 눈높이에서 서로에게 이야기하고 협력해야만 하는 새로운 시대에서, 과도한 공격은 도움이 되거나 이익을 가져오지도 않는다. 그 반대다. 말 그대로 고통스러울 뿐이다.

양보하기와 자신과 평화협상 체결하기

공격적인 내적 대화가 우리의 내부 삶을 규정짓고 있다면, 자신과 평화협상을 체결하는 것이 중요하다. 우리는 자신과 타인에 대한 지나친 평가와 흑백논리, 그리고 거기에서 파생되는 압박을 정확하게 따져보는 법을 배울 수 있다. 자기 자신과 남들을 합당하게 평가하고 그에 상응하여 대우해주는 능력은, 가능성들로 가득한 시대를 사는 성인에게는 삶의 능력에 속한다. 우리는 긴장을 풀어도 좋다. 우리는 삶의 '몰입'을 즐겨도 좋다. 우리에겐 에너지가 부족하지 않다. 그 반대다. 이 에너지를 위축과 갈등에 허비하는 대신, 중요한 프로젝트를 위해 발산시키도록 하라.

정신적인 위축감 버리기

우울한 마인드 퍽에 사로잡힌 경우라면 무엇이 중요할까? 이 경우의 학습 과제는 무엇일까? 이런 경우에는 삶에 다시 신뢰감을 불어넣어주고, 새로운 경험에 몸과 마음을 열어주며, 다시 온전한 인간으로서 자신을 실현하고, 자유롭다고 느끼는 것이 중요하다. 가령 부상에서 이미 완치가 되었는데도 팔을 지나치게 조심해서 사용하는 경우에 우울한 사고 습관으로 이어지는 위축감이 생긴다. 이런 것이 우리의 사고 세계에도 존재한다. 그러니까 정신적인 위축감인 것이다. 우리는 안락한 생각 지대를 떠나려하지 않고, 차츰 인생의 겨울잠으로 빠져들고 싶어 한다. 이렇게 수동적인 대기 상태로 삶을 지나가게 내버려 두어도 좋은 '그럴듯한 이유'가 있을 경우에는 더욱 그렇다. "지금까지도 오랫동안 버티면서 이 일을 해왔으니 이제 더 이상 바꾸려 하지 않아도 돼." 내가 자주 듣는 말 중에 하나다. 마치 잘못된 결정을 정당화해주기라도 하는 것처럼, 이들은 계속해서 현상 유지를 고집한다.

마인드 퍽은 문제의 원인이지, 결과가 아니다

지금 독자들이 하는 이야기가 내 귀에 들리는 듯하다. "나도 정말 좀 더 긴장을 풀고 편안하게 살고 싶은데, 자의식을 좀 더 많이 갖고 싶은데… 그런데 어떻게 그렇게 하지?" 이런 질문은 당연한 것이다. 그리고 그 대답은 실제로 매우 중요하다. 우리의 기존 생각에 따르면, 자의식이 없거나 긴장을 풀고 있지 못하고 있기 때문에 마인드 퍽을 갖게 된다고 전제하고 있다.

그런데 실제로는 이것과 완전히 다르다. 즉, 우리가 스스로를 방해하기 때문에 자의식을 못 갖거나 긴장을 풀지 못하는 것이다. 마인드 퍽을 끝내게 되면, 타고난 잠재력도 발현된다. 마인드 퍽은 자신의 문제에 대한 결과가 아니라 원인이다. 마인드 퍽을 결과로 생각하는 것은 현실에 대한 잘못된 해석이다. 당신이 스스로를 더 이상 방해하지 않는 데 익숙해지면, 타고난 능력들도 다시 온전히 날개를 펼칠 수 있다. 당신이 긴장하고 있다는 것을 아예 생각하지도 않으면, 저절로 긴장이 풀어진다. 이러한 경험을 더 많이, 더 자주 하게 될수록, 당신의 의식 속에 새로운 당신이 더 깊이 자리하게 될 것이다. 그리고 나면 언젠가는 상당히 위축되어 있고 '음침했던' 당신의 옛날 모습을 떠올리며 미소 짓게 될 것이다. 다행히도 그런 시기는 지나갔다면서 말이다.

타고난 능력 되찾기

내 고객들 중에는 다른 사람들 앞에서 프레젠테이션을 해야 하는 사람들이 많다. 나 역시 전문적인 연설을 해야 하는 위치에 있기 때문에, 이들의 정신적인 스트레스에 대해 너무나도 잘 알고 있다.

"전 발표자 스타일이 아닙니다."라고 한 고객이 언젠가 말한 적이 있다. 한 대기업의 신임 이사장으로 임명된 이 사람은 학생 시절에 좋지 않은 경험을 했다고 털어놓았다. 발표가 끝나자 당시 학생이었던 그 사람에게 선생님이 "애야, 넌 숫자에는 강한데, 발표자 스타일은 아니구나."라고 말했던 것이었다. 그 선생님은 완전히 잘못 생각했다.

모든 사람이 걸을 수 있는 것과 마찬가지로, 모든 사람은 말을 할 수 있다. 육체적인 전제조건이 갖추어지기만 한다면 말이다. 그런데 말을 하되, 말을 잘하는 것은 스스로를 방해하지 않을 때 가능하다. 내 고객의 경우에는 자기만의 방식으로 스스로를 방해했다. 프레젠테이션을 해야 할 때만 되면, 그는 '난 발표자 스타일이 아니라 자신없지만 지금 연설을 해야 돼.'라고 생각했다. 그래서 그는 위축됐다. 이런 생각이 그에게 압박감으로 작용했고, 그의 목소리는 억눌린 채 나올 수밖에 없었다. 그가 스스로를 무능력한 연설가로 생각했기 때문에, 그는 모든 원고를 남의 손을 빌려 작성했다. 그 스타일은 본인의 것과 전혀 맞지 않았다. 이렇게 그는 억눌린 목소리로 낯선 원고를 읽어내려 가면서, 자신이 훌륭한 발표자가 아니라는 경험을 반복해왔던 것이다. 그는 수십 년 전 학교에서 경험한 것을 평가형 마인드 형태로서 줄곧 함께해 왔다.

우리는 그가 내적으로 자기 평가적인 처방으로부터 자유로워질 수 있는 방법에 대해 고민하기 시작했다. 나는 그에게 의식적으로 '성인으로서의 나'가 되어 이런 말을 하도록 했다. "나는 뭔가 할 말이 있다. 나는 다른 모든 사람들과 마찬가지로 훌륭한 발표자가 되는 법을 배울 수 있다." 다음 단계로 우리는 그의 학습 잠재력을 활성화시켜서 타고난 그의 스타일을 개발할 수 있도록 하기 위해, 무엇에 그가 주목하도록 할 것인지 고민했다. 난 그에게 다음 번 발표할 내용 중에서 관심 있는 부분이 무엇인지 물어보았다. 발표 내용이 무엇에 관한 것인지, 가족들에게 이야기를 할 때처럼 내게 이야기해달라고 했다. 그리고 발표자로서 그에게 청중이 관심을 가질 만한 부분들에 대해서 직접 원고를 수정해보라고 했다. 이렇게 해서 그만의 멋진 연설문이 나왔다. 사진과 이야기들이 듬뿍 담긴 살아 있는 원고, 무엇보다 자신에게 만족감을 안겨준 원고였다.

이 외에 그가 단상으로 걸어가는 동안, 그리고 단상에 서서 원고를 펼치기 전까지 그가 무엇에 주목하느냐도 중요했다. 자신의 능력에 대해 고민하는 대신에 그는 자신이 이야기하고자 했던 흥미로운 사실에 집중했다. 그리고 자신의 생각을 다른 사람들과 공유하는 데에 우선순위를 두었다. 연설을 하는 동안 그는 자신의 정신을 외부로 향하도록 했다. 그는 사람들의 얼굴을 응시하면서 그들과 시선을 맞췄다. 그는 어떠한 주제에 대해 '사람들 앞에서' 이야기하지 않고, '사람들을 향해' 이야기했다. 이렇게 해서 그는 남이 써준 낯선 원고를 낭독하는 것이 아닌 진정한 '이야기꾼'이 되었다.

아직 발현되지 않은 잠재력

7가지 유형의 마인드 퍽은 각각 우리의 타고난 능력과 잠재력을 억제한다. 그래서 지금 던지고 싶은 질문은, 당신은 어떤 유형의 자기 방해에 가장 자주 시달리는가 하는 것이다. 이 질문에 대한 대답은 앞에서 설명한 다양한 학습 영역들만 알려주는 것이 아니라, 우리가 마인드 퍽을 끝내게 될 경우에, 삶을 위해 무엇을 얻거나 되돌려받을 수 있는지도 알려준다.

겁을 집어 먹고 스스로에게 대재앙을 속삭이는 대참사형 마인드 퍽에는 기본적으로 우리가 안전하지 않고 심지어 생존까지 위협받고 있다는 메시지가 담겨 있다. 이 사고 습관으로 우리의 삶과 '살아있음'에 대한 기본적인 신뢰를 상실한다. 우리가 이 생각을 그만두면 정신적, 감정적으로 마침내 다시 안정적이 되고, 어쩌면 이제껏 체험하지 못했던 그 무엇을 얻게 된다. 이 순간 우리가 살아 있고 더 이상 생존을 위해 싸우지 않아도 된다는 원초적인 신뢰를 말이다.

자기기만형 마인드 퍽은 성인다운 참된 자기 가치감이라는 고귀한 자산을 앗아간다. 우리가 스스로를 위축시키고 자신의 필요와 욕구를 언제나 다른 사람보다 등한시하면 할수록 우리는 자기 존중과 자기실현과는 점점 더 멀어진다. "제 삶이 아무것도 아닌 것처럼 느껴져요."라고 한 여성 고객이 코칭을 받으면서 말한 적이 있다. 자기기만형 마인드 퍽을 물리치면, 어느 날 갑자기 자신에 대한 무한히 깊은 감정을 체험하게 된다. 자기 가치감은 하루 하루 커지고 더 강해질 것이다.

평가형 마인드 퍽은 우리의 존재를 조건과 연결시킨다. 업무성과, 외모, 지위와 같은 조건들 말이다. 이를 멈춘다는 것은 무한히 자유롭고 편안한 감정을 선사한다는 뜻이다. 그저 존재해도 된다는 것, 무조건 존재권을 갖는 것을 의미한다. 이것을 우리는 타고난 자기 가치감이라고 부른다.

규칙형 마인드 퍽은 우리의 삶에 엄격한 계획을 부여한다. 자유와 모험은 우리의 눈에 띌 때까지, 그래서 생명을 얻게 될 때까지, 언제나 저기 뒤에서 기다리고만 있다. 이 마인드 퍽을 버린다는 것은 유연성과 생동감으로 뛰어드는 것이며, 복잡하기 그지없는 '내가 더 잘 안다' 라는 식의 사고방식에서 벗어나 행복과 성공을 누리는 '살아 있는 인간' 이 되는 것이다.

압박형 마인드 퍽은 우리를 억누르면서 지속적인 스트레스에 노출시킨다. 이런 습관을 멈추면 정말로 무거운 짐을 내려놓은 듯한 기분이 들 것이다. 우리는 할 수 있는 것만큼만 하면 된다. 뭔가를 해도 좋지만, 하지 않아도 좋다. 압박 주기를 끝낸다는 것은 긴장감 없이 스스로가 해낸, 진정한 성과물에 대한 기쁨의 시작이다.

동시에 인생의 몰입과 훌륭한 결과의 출발이다.

불신형 마인드 퍽은 우리를 고독하게 만들고, 가시 돋힌 존재가 되게 한다. 이 마인드 퍽을 포기한다는 것은, 신뢰와 진정한 관계가 가능함을 발견하는 것이다. 우리는 혼자가 아니라 서로 결속되어 있으며 모태처럼 편안하게 느껴도 좋다는 것을 의미한다.

의욕 과잉형 마인드 퍽은 환희와 좌절감 사이를 쉬지 않고 오가도록 만든다. 진정한 힘과 카리스마를 펼칠 수 있는 것은, 우리가 극단적인 상황에서도 현실을 있는 그대로 받아들일 때다. 이것은 성숙하고 균형 잡힌 성인이라는 느낌을 준다. 한 번쯤은 '실패하는 능력'도 타고났으며, 다시 일어서서 더 대단한 일을 해내는 능력 또한 타고났다.

마인드 퍽의 이면에는
진짜 나 자신이 기다리고 있다

우리가 어떤 인격체인지 한 번 요약해보자. 마인드 퍽의 정글에서 헤매지만 않는다면, 우리의 인상적인 잠재력을 제대로 볼 수 있다. 우리는 긴장감 없이 편안한 성인으로서, 삶에 대한 원초적인 신뢰를 갖고 있으며, 삶의 도전에 응할 수 있음을 스스로 알고 있기 때문에 삶이라는 모험을 열린 마음과 호기심을 갖고 시작할 수 있다. 우리의 니즈와 목표가 무엇인지 잘 알고 있으며, 효율적인 방법으로 이를 추구한다. 안정감과 신뢰, 힘, 자기 책임감, 자기 가치감, 훌륭한 관계를 영위할 수 있는 능력은 우리 모두가 내부에 갖고 있다.

현재의 상황에 안주하기만을 원한다면 순간의 고통을 달래줄 수는 있겠지만, 낡은 사고방식으로부터 완전히 벗어나기는 어렵다. 우리에게 필요한 것은 진정한 시스템 전환이다. 우리가 새로운 경험을 할 경우에만 낡은 학습 전형을 뛰어넘을 수 있다.

마인드 퍽 버리기 연습

내적인 시스템 전환

마인드 퍽을 버리면, 새로운 인생을 향한 여정에서 가장 중요한 하나를 이미 달성한 것이다. 쉬지 않고 계속되는 자기 방해를 그만둔다는 것은 멋진 일이다. 그러나 이보다 더 멋진 일은 자기 자신의 정신적인 능력을 본인에게 유리하게, 건설적으로 이용하는 것이다. 우리의 뇌는 기적과도 같은 작품이기 때문에 많은 것을 이룰 수 있다. 방해를 중단시키는 것은 그 첫걸음이다. 이보다 큰 두 번째 걸음은 바로, 우리 이전의 그 어떤 세대도 감히 상상하지 못했던 일을 생각하는 것이다. 우리는 새로운 한 세기를 살아가면서 정신을 제대로 이용하는 최초의 존재가 된다.

마인드 퍽을 버리기로 결정한 후에는 두 가지 결정을 내려야만 한다. 하나는 균형 잡힌 성숙한 '성인으로서의 나'를 생각하는 것이고 이와 함께 우리의 생각과 행동에 대한 책임의식을 갖는 일이다. 그리고 나머지 하나는 각 상황에 맞춰 결정을 내리는 것으로, 우리가 주목해야 할 방향도 정해야 한다. 이 두 가지 사고 전략이 실제로 삶의 잠재력의 비밀이자 이것을 푸는 열쇠다.

다음의 질문들은 삶의 모든 상황에서 강력한 셀프 코칭 도구가 될 것이다.

- 균형 잡힌 성인으로서 나의 시각으로 관찰한다면 이 상황에서 어떻게 생각하고 행동할 것인가? 내가 지금 다루고 있는 이 주제에 대해 어떤 책임감을 가질 것인가?
- 나는 어디에 주목하고자 하며, 무엇에 집중하고자 하는가?

우리는 개선하거나 새로 배우고자 하는 것의 중요한 변수나 성공 요인에 집중해야 한다. 티모시 갤웨이는 테니스 경기를 통해 내가 공에 초점을 맞춰야 한다고 가르쳐줬고, 또 그렇게 하도록 나를 이끌어줬다. 그러니까 테니스 경기의 중요한 변수는 바로 공이다. 만약 우리가 항해를 하고 싶다면, 여기에서 중요한 변수는 바람과 돛이다. 의사소통을 한다면, 이 경우에 가장 중요한 변수는 집중하고자 하는 대화 상대다. 우리는 집중력을 쏟는 곳에서 가장 빨리 배우게 되고 타고난 능력도 활성화 된다.

당신이 스스로 아무런 능력도 없다고 믿는다면, 이건 당신이 다시 마인드 퍽 상태에 있다는 뜻으로, 다시 한 번 뒤로 돌아가서 이에 대해 분석하고 새로운 관점을 정립해야 한다.

우리가 생각을 크게 개선시키고자 할 경우에 중요한 변수는 무엇일까? 우리의 생각을 스스로 변화시키고자 한다면, 일단 우리의 관심과 집중력이 내부 보초에게 향하도록 결정해야 한다.

보초를 다시 세우기

제1단계에서는 우리의 내부 보초를 다시 세우는 것이 중요하다. 우리는 보초가 우리 자신과 주변 세계 사이의 '돌쩌귀' 와도 같은 존재임을 앞에서 살펴보았다. 그리고 보초는 앞으로도 그러할 것이다. 왜냐하면 우리는 끊임없이 자신의 행동, 그리고 주변에서 일어나는 일들을 관찰하고 그로부터 적절한 결론을 이끌어낼 수 있도록 해주는 '관점'을 필요로 하기 때문이다. 우리가 이런 종류의 관점이 필요 없다고 한다면, 마치 '에고ego' 기계처럼 사는 내내 누군가와 부딪치게 될 것이다. 우리 밖의 저 세상 어디엔가는 언젠가 정지 신호가 들어올 것이기 때문이다. 이 신호를 보내는 것은 우리가 법을 위반할 경우에는 경찰이고, 우리가 건강에 유해하게 행동할 경우에는 질병이다. 행동의 결과를 제대로 추측하지 않을 경우에는 교통사고 같은 각종 사고가 신호를 보낸다. 그러니까 우리 자신과 행동을 세계와의 관계로 연결 지을 생각을 하지 못한다면, 그것은 업무 태만이다. 다행히도 내부 보초의 목소리가 생물학적으로 우리에게 역습을 가하는 것들에 대해 이런 경고 기능을 담당하고 있다.

이렇듯 우리의 머릿속에 행해지는 관찰과 평가의 기능은 잘못된 것이 아니라 인생에 중요한 것이다. 다만, 이 관찰과 평가가 잘못된 평가 시스템에 기초하여 이루어질 경우에는 문제가 된다. 이에 대해서는 앞 장에서 충분히 살펴보았다. 이 세계와 우리들은 이미 변했다. 낡은 평가 기준들은 이제는 방해로 작용하고 있다. 지난 세기까지만 해도 내부 평가관찰소에서는 보초가 외부 세계의 엄격한 평가 잣대를 우리에게 적용하고 있었다. 그래야만 우리의 선조들은 계급적이고 권위적인 '위-아래' 세계에서 안전하게 움직일 수 있었다. 과거에 대부분 사람들은 광범위한 외부의 조종에 의해 살았다. 그렇기 때문에 이들은 이 외부의 평가 시스템을 스스로에게 통합시켜야만 했던 것이다.

외부 조종에서 자체 조종으로

앞서 우리는 오늘날 상당히 안전하고 자유로운 사회에서 살고 있으며, 이 사회에서 인류 역사상 처음으로 스스로를 조정해도 괜찮으며 또 조정해야 한다는 사실을 살펴보았다. 외부의 낡은 평가 시스템은 오늘날 우리에게 어려움만 낳을 뿐이다. 우리에게는 자신과 외부 세계를 관찰하고 여기에서 결론을 이끌어낼 수 있는 새로운 평가 시스템이 필요하다. 이 시스템은 가능한 한 다른 사람들에게 잘 맞는 것이 아닌, 자신을 대변해주고 동시에 외부 세계의 요구사항들을 우리에게 맞게 잘 조정해줄 수 있는 것이어야 한다. 그러니까 모든 생각과 행동을 '다른 사람들 대신에 나'라는 목적에 따라 행하는 새로운 '이것 아니면 저것' 상태가 필요한 것이 아니라, '나 그리고 남'이라는 원칙에 따라 사는 건강한 '이것도 저것도' 생각이 필요하다.

이를 위한 자극은 더 이상 다른 사람이나 외부의 기대에서 오지 않는다. 우리 자신으로부터 올 뿐이다. 이것이 바로 21세기를 살아가고 있는 우리가 내적으로 반드시 정복해야만 하는 시스템 전환이다. 이것은 스스로를 제한하고 주로 남들의 자극에 반응하는 대신, 정신적으로 문을 열고 자신의 자극에 의해 적극적이 된다는 뜻이다. 우리는 수동적인 삶에서 적극적인 삶으로 전환되고 있는 중이다.

보초를 위한 업데이트

이를 위해서 우리의 보초를 업데이트 해줘야 한다. 보초는 우리와 외부 세계의 관계를 형성하는 임무를 맡고 있기에, 우리가 훌륭한 삶을 살고자 한다면 오늘날 '이야기되는 것들'이 무엇인지 반드시 알고 있어야 한다. 보초를 위한 새로운 기본 가정들을 대충 알려주어서는 안 된다. 이 기본 가정들은 이 시대에서 우리의 실제 삶을 위한 투명한 연결 고리가 필요하다. 보초를 업데이트 해줄 때에는 임의적인 '재프로그래밍'이나 '나는 예쁘다, 나는 멋지다, 나는 그 누구에게도 지지 않는다, 난 원하기만 하면 모든 것을 할 수 있다'와 같은 그 어떤 공상적인 확언이나 약속이 중요한 것은 아니다. 이러한 기술은 내 입장에서 봤을 때 의욕 과잉형 마인드 퍽의 또 다른 모습에 지나지 않는다. 이런 것보다는 우리가 오늘날 어떠한 세계에서 살고 있고, 개체로서 어떠한 가능성을 실제로 갖고 있는지에 대해 시대에 부합하는 시각이 훨씬 더 중요하다. 이것이면 충분하다.

생산적이며 시대에 부합하는 확신을 위한 다음의 조언들 가운데에는 당신이 분명히 잘 알고 있다고 생각하는 것들도 있다. 그러나 내부 보초의 세계에서는 아직까지는 아니다. 따라서 당신이 애용하는 마인드 퍽과 관련된 이야기에 더욱 더 주목하라. 이렇게 함으로써 당신의 새로운 생각에 확신이 생길 수도 있다.

- 당신은 오늘날 명령하거나 복종할 것도 없다. 다른 모든 사람들과 마찬가지로 자아를 실현하고, 충족된 삶을 위해 노력할 수 있는 모든 권리를 갖고 있다. 이것은 당신의 내적 대화에도 적용된다. 명령과 복종의 어조로 말하

지 말고, 자기 자신과 좋은 친구처럼 의사소통하는 것이 좋다. 서로에게 마음을 열고, 사랑스럽게 말이다.

- 우리 사회는 그 어느 때보다도 안전하다. 우리는 이전의 그 어떤 세대보다도 오래 살 것이고, 풍족하게 먹고, 편안하게 살며, 이제껏 없었던 기술 수준을 누리고 있다. 만약 두려움과 몰락의 시나리오에 맞닥뜨리게 되면, 이것은 언제나 사람들에게 두려움과 몰락을 가져다주고자 하는 지배의 기술일 뿐이라는 점을 생각하라. 당신이 언제 원래 바람과 의도에 반反하여 두려움이 작용하도록 만드는지에 주목하라.

- 서구 산업국가의 국민으로서 당신이 개인적으로 대참사를 경험할 가능성은 과거 그 어느 때보다 적으며 이 지구상 그 어느 곳에서보다도 적다. 대참사형 마인드 퍽이 고개를 든다면, 의식적으로 이를 억눌러라. 세계가 정치·사회적으로 너무나 부당하게 흘러가더라도, 지금 이 순간 당신은 이 지구상에서 가장 안전한 최소수 중에 한 사람임을 명심하라.

- 당신은 다른 사람들이 마음대로 할 수 있는 누군가의 몸종이 아니다. 당신은 존엄성을 인정받고 그에 따라 대우받을 권리를 갖고 있다. 당신 자신에게도 마찬가지다. 당신이 스스로와 이야기하는 어조와 단어 선택에서부터 시작해보라. 자기 자신에게 욕을 하고 평가절하 하는 것은 절대로 하찮은 일이 아니다. 이는 삶을 영위하는 정신적인 환경을 보여주는 것이기 때문이다. 과거 세대의 사람들이 내적 세계만이 아니라 외부 세계에서도 체험했던 그런 환경이다. 다행스럽게도 오늘날에는 시대가 달라졌다.

- 당신은 어른으로 성장했고, 언제든 어른으로서의 모습을 보여줄 수 있다. 당신은 스스로 위축될 필요가 없으며, 관심사와 바람을 표출하기 위해 다

른 사람을 내세울 필요가 없다. 당신이 언제나 모든 것을 달성할 수는 없겠지만, 지금까지 생각했던 것보다는 훨씬 더 많은 것을 이룰 수 있다. 당신은 무기력하거나 전지전능하지도 않다. 그러나 당신의 인생을 효과적으로 영위하고 해결책을 찾아내는 데에 필요한 모든 능력과 가능성을 갖고 있으며 모든 지원을 받을 수도 있다.

- 당신은 인생에서 가치 있는 목표들을 달성하기 위해 스스로를 괴롭히지 않고 압박에 시달리지 않아도 될 자유가 있다. 차분히 집중하는 상태에서는 누군가에게 쫓기며 급하게 무언가를 하는 것보다 더 많은 힘을 쏟을 수 있다. 압박 없이는 더 이상 아무것도 할 수 없다는 두려움이나 스스로를 끊임없이 무언가에 사용하지 않으면 게을러진다는 생각을 가질 필요가 전혀 없다.

- 안전한 삶 속에서 존중받는 사람이 되기 위해서는 모든 것을 알지 않아도 될 자유가 당신에게 있다. 당신의 삶은 이미 안전하다. 그리고 좋은 환경 속에서 언제나 존중 받고 있다.

- 당신이 실수를 한다면, 그건 뭔가 새로운 것을 시도했기 때문일 것이다. 당신이 살아 있다는 것 자체가 경이로운 일이다. 오직 죽은 자만이 완벽하다. '완벽하다' 는 말은 원래 라틴어에서 온 것으로, '완전히 다하다' 라는 의미이기 때문이다. 살아있는 한 우리는 불완전하다.

- 당신이 한탄하는 것보다 훨씬 더 많은 것을 할 수 있음을 만끽하라. 삶을 스스로 손아귀에 넣고 개선할 수 있는 수많은 가능성이 당신에게 주어져 있다는 뜻이다. 만약 비통해하고 있다면, 삶을 온전히 즐기고 발전시키는 데 필요한 에너지로서 이것을 활용하라.

- 자기 자신은 물론 다른 사람들도 실제보다 높게 혹은 낮게 평가하는 것은 하등 가치가 없다. 평가는 압박을 만들어내고, 압박은 위축을 가져온다. 위축된 상태에서는 우리의 온전한 잠재력을 펼칠 수 없다. 당신의 가치는 절대적이다. 당신이 어떠한 일을 해내든 해내지 못하든 말이다. 가치 평가를 통해 스스로를 방해만 할 뿐이며, 정말로 중요한 것을 이루지 못하도록 막는다.

- 당신에게는 인생의 행복을 위해 노력할 자유가 있다. 당신이 여성인지 남성인지는 상관없다. 그 누구도 당신의 잠재력을 희생해가며 살라고 요구할 수 있는 권리가 없다. 남을 위해 자신을 제물로 바치는 것은 아무 의미가 없으며, 그것으로 이 세계가 더 나아지지도 않는다. 오히려 그 반대다. 당신이 가능성을 포기한다면, 세계는 조금 더 가난해지는 것이다. 하지만 온전한 가능성을 발휘할 수 있다면 이 세계는 조금 더 나아질 수 있다.

- 미리 허락을 구하지 않고, 스스로를 보여주고 기회를 잡는 것은 그만한 가치가 있다. 뭔가 나쁜 일이 일어나지만 않는다면, 한 번쯤은 사랑받지 못할 일을 해도 좋다. 그리고 나서도 당신은 더 나은 삶을 살게 될 수도 있다. 다른 사람들이 당신을 좋아하지 않아도 되니까 말이다. 스스로를 적응시킨다는 것은 오늘날 잘 산다는 보장이 더 이상 되지 못한다. 정반대다. 당신이 원한다면 예약한 인생의 뷔페를 마음껏 즐겨라. 그리고 당신의 관심사와 맞아떨어지는 환경과 잘 협상하라.

- 당신은 앞서 살았던 그 모든 사람보다도 자유롭다. 당신에게 어떤 도덕과 규칙이 맞는지 결정하는 것은 당신이다. 당신은 지금까지와는 전혀 다른 방식으로 행동하는 자유를 취할 수 있다. 법적이며 사회적인 기본 틀은 오

늘날 매우 넓어서 개인적이고도 충족된 삶을 영위하기에 충분하다.

- 당신의 생각은 삶의 질, 기회와 가능성에 대한 시각, 그리고 삶을 위해 내리는 결정에 커다란 영향력을 행사한다. 그럼에도 불구하고 당신의 생각은 전지전능하지 않다. 당신이 속으로 부정적으로 생각했는데도 좋은 것을 체험할 수도 있고, 긍정적으로 생각했는데도 나쁜 것을 체험할 수도 있다. 중요한 것은 이 모든 경우에도 자신에게 생산적이 되도록 적절하게 대처하는 법을 배울 수 있다는 사실이다.
- 당신의 결정이 일차적으로 자신의 관점에 부합하는 것일 경우에 혹시나 인생에 끔찍한 병적인 이기주의가 만연하지는 않을까 하는 두려움을 가질 필요가 전혀 없다. 수백 년에 걸쳐 사람들이 위축되어 온 것은 합법화된 개인적인 욕구를 평가절하한 까닭이었다. 당신의 삶을 먼저 생각하고 내적인 평화를 소홀히 하지 않는다면, 자동적으로 다음 단계에 따뜻한 심장을 갖고 다른 사람들을 대하고 보살필 수가 있게 된다. 사회를 돌보는 행동은 우리 자신에게서부터 시작된다. 우리가 스스로를 대하는 방식이 바로 다른 사람들을 대하는 방식이기 때문이다.

이러한 확신들을 놓고 집중적으로 따져보는 것은 분명히 그만한 가치가 있다. 언뜻 당연한 것처럼 들릴 수 있다. 하지만 우리 모두는 마인드 퍽의 힘을 알고 있기에, 이러한 확신들이 당연한 것이 아니며, 추가적인 수정 보완 작업이 필요하다는 사실 또한 알고 있다. 당신의 가능성에 관한 새로운 확신들을 삶에 적용시키기로 결정한다면, 앞으로 귀를 쫑긋 세우고 반응하게 될 것이다. 만약 불

218

합리한 타협을 하고, 불필요하게 위축되며, 스스로에게 스트레스를 주고, 겁을 먹는다면, 반드시 다시 한 번 잘 생각해보고 더 나은 결정을 내려야 한다.

이러한 토대를 마련하였다면, 우리는 이제 내부 보초를 계속해서 관리해나갈 수 있다. 이제 우리가 시대에 맞춰 자신과 이야기하는 방법에 대해서 이야기해보도록 하겠다.

마술 같은 단어 '그리고' ─관점을 넓히는 방법

우리는 마인드 퍽 상태에서 이것 혹은 저것, 좋다 혹은 나쁘다, 진짜다 혹은 가짜다, 나 혹은 남 등과 같이 극단적으로 생각하는 것을 살펴보았다. 이것은 낡은 생각 속에서 움직이고 있는 극단적인 이분법적 사고다. 새롭게 생각한다는 것은 이러한 극단 사이의 중간 지대를 허용하는 것이다. 그리고 이는 우리 자신과 이야기하는 방식에서 나타난다. '혹은' 이라는 말 대신에 우리의 문장에 '그리고' 라는 단어를 삽입하면 완전히 다른 생각을 얻을 수 있다. '좋기도 하고 나쁘기도 함', '진짜 그리고 가짜', '나 그리고 남' 이 되는 것이다. 이것이 인생이다. 인생은 동시성으로 각인되어 있다. 또한 나란히 존재하고, 서로가 서로를 배제하지 않으며, 좋기만 하다든가 나쁘기만 하지는 않는 것들로 각인되어 있다. 세계는 오늘날 더 이상 수직적으로 '위' 에서 '아래' 로 기능하지 않는다. 이 둘이 동시에, 수직적이며 수평적으로도 기능하고 있다. 세계는 다극상으로 서로 연결되어 있고, 수많은 다양한 중심점이 동일한 비중을 갖고 존재하고 있다. 우리의 생각도 마찬가지다.

우리가 극단적인 생각에서 벗어나는 것에 삶의 진실이 숨어 있다. 이것을 우리는 육체적으로도 느낄 수 있다. 우리가 내면적으로 깊이 조화를 이루고 땅에 접지된 듯한 생각을 가지면, 언제나 우리의 몸에서 긴장이 풀어진다. '혹은' 대신에 '그리고' 라는 것으로 연결되어 있다는 것 자체가 우리를 편안하게 해준다. 이로써 우리는 이제껏 가능하지 않다고 여겨왔던 완전히 새로운 목표들도 달성할 수 있다.

만약 성공하는 것과 긴장을 푸는 것 모두를 허용한다면 어떤 일이 일어날까? 멋진 직업과 아름다운 인간관계 모두를 가질 수 있다면 어떨까? 일상의 이야기들을 갖고 한 번 생각해보자. 몸무게를 줄이고 싶다고 가정해보자. 날씬하게 되면서도 동시에 먹는 것과 인생의 즐거움을 더 많이 만끽할 수 있다면 과연 어떨까? 인간관계가 자유로우면서도 보호받는 듯 편안하다면 어떨까? 일을 하는 동안 여러 장애물을 극복해야 하지만 동시에 거기에서 커다란 즐거움을 느낀다면 어떨까? 만족스러운 직장생활을 하면서도 자녀를 잘 키울 수 있는 가정생활이 가능하다면 어떨까? 원만한 인간관계를 맺으면서도 당신을 위한 시간을 가질 수 있다면 어떨까? 낡은 사고방식에서는 한 가지 아니면 나머지 다른 하나만이 가능하다. 성공하거나 아니면 몸이 편안하거나, 부유하거나 아니면 행복하거나, 날씬하거나 아니면 먹을 것을 즐기거나, 자유롭게 되거나 아니면 보호받는 듯 편안하다거나, 기뻐하거나 아니면 극복해야 하거나 하는 식으로 말이다. 이런 극단적인 생각은 우리 스스로를 가장 크게 제약하는 것들 중 하나다. '이것 아니면 저것' 대신에, '그리고'와 '이것도 그리고 저것도'라는 생각을 갖게 되면 삶의 질은 높아지고 잠재력은 한껏 펼쳐지게 된다.

나의 고객들은 극단적인 함정에 빠져 스스로를 제약하고 있었기 때문에, 그들의 표현대로 '제대로 걸을 수가 없었다.' 몇 년 전 한 젊은 여류작가가 나를 찾아왔다. 그녀는 몇 년 째 한 소설을 머릿속에 그리고 있었는데 이것을 종이에 옮겨 적지 못했다. 그녀의 마인드 퍽은 이랬다. "내가 뭔가 제대로 된 소설을 써서 많은 돈을 벌게 되거나, 아니면 가난한 작가가 될 거야." 우리는 '그리고'라는 단어로 실험을 해보았다.

나는 그녀에게 이렇게 물었다. "만약 당신이 유명한 작가가 되고 그걸로 돈도 잘 번다면 어떨까요?" 그녀는 당황해했다. 그런 일은 단 한 번도 생각해보지 못했기 때문이었다. 물론 돈을 잘 버는 작가들도 있었다. 하지만 그녀 자신이 그렇게 된다고? 그런 일을 자신에게 결부시키는 것은 아직껏 허락되지 않은 일이었다. "제가 그렇게 된다고요?" 그녀는 당황한 듯 내게 물었다. 그리고 나는 "아직은 아니죠. 하지만 그렇게 되도록 많은 영향력을 행사할 수 있어요."라고 대답했다.

그게 시작이었다. 스스로에게 케이크 한 조각으로 만족하라고 말하는 것이 아니라, 케이크 하나를 통째로 다 주도록 허용하는 것이었다. 우리는 글을 쓰거나 아니면 돈을 벌 수 있다고 스스로 정해놓은 규칙형 마인드 먼저부터 없앴다. 그리고 나서는 "다른 사람들은 돈도 벌고 글도 쓰는 것 둘 다 가질 수도 있겠지만 넌 안 돼."라고 하는 평가형 마인드에 대해, 글도 쓰면서 부유해질 수 있는 허가증을 스스로에게 발행해주도록 했다. 가난한 것과 글을 쓰는 것, 그리고 부유한 것과 글을 쓰지 않는 것 중에 하나를 선택하는 것은 야심 있는 작가를 당연히 마비 상태로 유도하는 것이었다. 그 다음 단계에서 중요한 것은, 새롭고도 빛나는 이 목표를 위해 성인다운 태도를 갖도록 하는 일이었다. 아이의 상태에서 우리는 모든 것을 즉각 달성하려고 하고, 이렇게 되지 못하면 좌절감과 무기력감을 느낀다. 성인으로서의 모습을 찾으면 우리는 완전히 긴장을 풀고 "난 아직은 그걸 달성하지는 못했지만, 그걸 달성하기 위해 온 힘을 다 할 수 있어."라고 말할 수 있게 된다. 이런 어른스러운 시각을 토대로 실행 전략을 마련할 수가 있다. 그래서 난 그녀에게 이 프로젝트를 훌륭하게 실행하기 위해 필수불가결한 사전 작업을 하도록 조언했고 그녀는 그렇게 했다.

또 다른 고객은 회사를 떠나는 데 어려움을 겪고 있었다. 오랜 세월을 일할 수 있도록 해준 직장에 그는 감사하는 마음을 갖고 있었지만, 이제 정든 회사를 떠나 새롭고도 흥미진진한 기회들을 찾아야 할 때가 됐다는 것도 알고 있었다. 그런데 '이것 아니면 저것'이라는 함정은 다음과 같이 말하고 있었다. "내가 지금 업무에서 계속 발전하는 걸 선택한다면, 난 감사할 줄 모르는 사람이야. 하지만 내가 충성심만을 붙들고 있다면, 난 더 이상 발전하지 못할 거야." 그는 딜레마에서 빠져나오기 힘들다고 느끼고 있었다. 그래서 우리는 신비의 단어 '그리고'를 이용해보았다. "나는 지금 다니고 있는 회사에 감사해. 그리고 나는 계속해서 발전할 거야." 이 말은 그에게 만족감을 주었고, 그는 두 가지 선택이 잘 조화된 상태에서, 새로운 일을 시작할 수 있었다. 자신을 위해 필요한 일을 했음을 그도 알고 있었기 때문이었다.

'그리고'라는 단어는 서로를 배제시키는 다른 모든 극단적인 구조들보다 우리의 다양한 내적 생각에 실제로 더 큰 정당성을 안겨준다. 사람들이 아주 분명하다고 생각하고 느끼는 경우는 극히 드물다. 그럼에도 불구하고 사람들이 뭔가를 행한다면, 행동하는 것 자체에는 문제될 게 없다. 감정과 이성과 의지는 실제로 하나의 유기체이고, 지금의 행동은 미래를 향해 나아가는 것이다. 문제는 우리 내부에서의 충돌이다. 특히 우리가 성장해야 할 경우에는 이런 충돌이 심하게 생긴다. 옛것이 아직 존재하고 있기 때문이다. 옛것이 아직 완전히 사라지지 않았다. 그리고 그 자리에 이미 새로운 것이 와서 옛것에게 떠나라고 하고 있다. 이럴 때 우리가 사용하는 '그리고'라는 단어는 계속 발전하도록 하는 데 아주 유용하다. 그 일을 하는 데 과거에 어떠한 기분을 가졌는지는 상관없다. 어렵고, 끔찍하며, 고통스럽게 느꼈을 수도 있지만 괜찮다. 그건 지난 일이다. 이제는 뭔가 새로운 일을 할 차례가 됐다. 자신의 과거와 평화협정을 체결하고 이와 동시에 자신의 미래를 향해 용감하게 손을 뻗는 것은, 아직도 사람들에게 새로운 생각이다.

핵심 요소는 삶의 질

모든 생각에는 지향하는 목표점이 있어야 한다. 그렇지 않으면 우리를 에워싸고 있는 정보의 홍수에 아마 묻혀버리고 말 것이다. 우리는 의식적인 이성을 이용해 날마다 울창한 생각의 정글에 조금씩 새로운 길을 내고 있다.

어떠한 길을 내느냐에 따라, 앞으로 어떤 경험을 하는지, 그리고 거기에 따라 어떠한 인생을 구현하게 되는지 정해진다. 이전에는 생각의 목표점이 언제나 안전과 통제였다. 하지만 이렇게 고정된 생각은 오늘날 우리가 정당하면서도 가늠할 수 있는 위험을 감행하면서 가능성을 이용하고 창의적이 되도록 하는 것을 가로막는다. 하지만 21세기에 훌륭한 삶을 영위하기 위해서는 이런 일들을 해야만 한다.

안전은 예전처럼 우리 생각과 행동의 목표가 아니라, 우리가 살고 있는 시대와 사회에 이미 주어져 있는 전제조건이다. 그리고 만약 안전하지 않다고 하더라도 오늘날에는 예전과는 다른 방식으로 이 안전을 보장받는다. 예전에는 스스로를 누군가에게 종속시키고, 뭔가에 반항하거나 다른 규정을 만들지 않는 것이 안전과 통제를 보장하는 전략이었다. 하지만 오늘날에는 이렇게 해서는 한 걸음도 더 나아갈 수 없다. 이는 자신의 이해를 기만하는 것이며, 스스로에게 반反하는 것이다. 오늘날 우리는 다른 형태의 안전을 취하고 있으며, 경직과 통제보다는 유연성을 통해 이 안전을 더 많이 보장받고 있다. 그리고 이러한 사실보다 더 중요한 것은, 안전과 통제라는 오랜 소원의 뒤에서 우리를 위협했던 궁핍이 더 이상 존재하지 않는다는 것이다.

안전이 이제는 더 이상 생존의 문제가 아니라고 한다면, 우리의 사고 전략의 목표는 무엇이 되어야 할까? 10년 이상 꾸준한 반응을 얻고 있는 행복과 관련된 책들을 잘 살펴보면, 행복을 추구하려는 노력이 중요하다고 말하고 있다. 내 관점에서 보면, 이는 어려움이 동반될 수 있다. 행복은 일반적인 인지 상태에서 볼 때, 오로지 긍정적인 생각으로만 이루어져 있고, 이는 결국 과거의 극단적인 이분법적 세계관에 상응하는 것이기 때문이다. 따라서 나는 다양한 기분 상태를 통합하면서도 매력을 잃지 않는 그러한 것을 목표로 추천하고 싶다. 따라서 이 목표는 행복보다는 삶의 질을 높이는 데 더 적합할 것이다.

낡은 사고방식을 갖고 있는 상태에서 '내 인생에 대한 안전과 통제를 보장받기 위해서는 무엇을 해야 하는가?'를 자문하는 반면, 새로운 사고방식에서는 '무엇이 나에게 좋은가? 어떠한 결정이 현재에 그리고 장기적으로 나의 삶의 질을 높여줄 것인가? 무엇이 나를 기분 좋게 하고 또 동시에 이성적인 결정일까?'를 자문한다.

머리, 가슴, 배를 한거번에

안전에 대한 문제는 우리에게 대부분 전략적이고 전술적인 생각을 불러일으킨다. 이를 통해 여러 아이디어가 나오고는 있지만, 이는 대부분 이론적으로만 듣기 좋을 뿐이다. 이런 예로는 "나 이 일을 증오해, 그렇지만 앞으로 적어도 10년은 더 버텨야 해." 같은 것이 있다. 매일 삶의 느낌은 텅 빈, 그러나 '이성적으로' 들리는 아이디어의 희생양이 되고 있다. 우리가 가진 최고의 가치, 삶의 시간을 얼마나 헛되이 버리고 있는 것인가!

이와는 달리 삶의 질에 대한 문제는 우리에게 기분 좋은 느낌을 선사한다. 우리 자신과 접지하고, 우리의 육체와도 혼연 일체가 된다. 더 높은 삶의 질을 지향하는 것은 우리의 모든 잠재력, 즉 머리와 배와 가슴에 말을 거는, 총체적으로 좋은 질문들을 만들어낸다.

과거 세계에서 삶의 질에 대한 이러한 문제는 주제넘은 것으로 여겨졌다. 이런 질문은 과거에는 금기시 됐고, 도덕적으로 비난 받을 만한 일이었다. 그러니까 당시에는 삶이란 향유하는 것이 아니라 생존하는 것이었다. 일을 하고, 기능하며, 명령과 의무로 가득 찬 그런 것이었다. 이러한 세계에서 누가 감히 삶의 질에 대해 질문하며 주제넘게 보이려고 했을까? 아니, 삶의 질과 기량이 서로 손에 손을 잡고 갈 수 있는 그런 일이 가능하기는 했겠는가?

그러나 너무나 다행스럽게도 우리가 이와는 다른 시대에 살고 있는 것을 앞서 살펴보았다. 우리의 삶을 죽는 순간까지 스스로 형성할 수 있기 때문에, 우리는 매우 좋은 기분으로 머리와 배와 가슴을 서로 타협시키고 있다.

오늘날까지 삶의 질이라는 주제를 지속적으로 다뤄온 분야는 딱 하나, 바로 광고계였다. 마가린에 가정의 행복이, 샴푸에 위대한 사랑이, 그리고 생리대에 여성의 자유가 있다고 우리에게 광고는 속삭인다. 삶의 질에 대한 갈망을 이야기할 때에 아직도 이러한 소비를 생각하고 있다. 하지만 이런 것은 얼마 가지 않는다는 것을 모두 알고 있다. 이런 광고를 보고난 사람들은 대부분 장바구니에 마가린과 샴푸, 생리대를 넣지만, 가정의 행복과 위대한 사랑, 그리고 여성의 자유는 아직도 멀리 놓여 있다. 일상의 마인드 퍽이 이미, 인생의 이런 멋진 경험을 현실화하는 것을 방해하고 있기 때문이다.

삶의 질은 소비 이상의 것이다

삶의 질을 높이는 소비는 행복 이상의 것이다. 이는 매우 깊고도 다층적인 개념으로서, 다른 것들을 배제하는 극단적인 생각으로는 절대로 규정되지 않는다. 높은 삶의 질에는 행복을 느끼는 것뿐 아니라, 가령 삶의 어려운 상황에 잘 대처해나가는 것이라든지 고통스러운 상황을 이겨내고 해결하는 것 등도 포함된다. 성인으로서 우리의 인격과 모든 가능성을 온전히 (빛과 그림자가 있는) 삶을 영위하고 생산적으로 형성하는 데에 사용하겠다는 신뢰 또한 여기에 포함된다. 집중력, 기쁨, 창의성, 개인적인 성장은 성공한 삶에 대한 훌륭한 기준 가치다. 우리 모두는 삶을 알고 있으며, 긍정적인 체험이 언제 어디서나 허용되는 것은 아니라는 사실도 알고 있다. 인생의 모든 것에는 음영이 있기 때문에 이것이 인생을 더 다채롭게 만들어준다. 또한 안락하고 소극적 태도는 대부분 매우 지루하고 정체된 삶의 시작인 반면, 어려운 상황은 우리를 성장하게 만든다는 사실도 알고 있다.

어린아이들을 관찰해보면, 집중하는 인생의 본질이 무엇인지 잘 알 수 있다. 아이들에게 하루는 다양한 감정 상태의 연속이다. 그날 하루에 웃음과 울음, 분노와 열광, 놀람과 집중이 모두 담겨 있다. 아이의 삶에서 충족된 하루에는 슬프거나 좌절하는 순간도 모두 포함되어 있다. 그럼에도 불구하고 대부분 아이들은 밤이 되면 잠 못 이루면서 고민하는 대신, 지쳐서 쓰러져 잠이 든다. 아이들은 인생 앞에 숨지 않는다. 아이들은 인생의 파도를 통제하려고 하는 대신, 인생의 파도를 타고 서핑을 한다.

나는 코치로서 일을 하는 동안 성인들이 인생의 바로 이런 기복을 그리워하고 있음을 자주 체험했다. 성인으로서 우리의 시간은 인생 최고의 시기다. 우리는 어린 시절의 호기심과 집중력을 훗날 자기실현과 자유로 연결 지을 수 있기 때문이다. 그러니까 훌륭한 삶의 질이 우리의 생각과 행동의 새로운 목표라면, 이 모든 것을 이룰 수 있다.

삶의 질은 다음과 같이 다양한 영역에서 통용된다.

- 정신적, 감정적인 삶의 질은 우리의 삶에서 행복을 느끼느냐, 어떻게 느끼느냐를 의미한다. 이는 자신을 잘 대우할 수 있는지, 훌륭한 결정을 내릴 능력이 있는지, 그리고 삶의 도전 및 기회에 어떠한 생각과 감정을 갖고 대처할 것인지에 따라 크게 좌우된다. 사람들에게는 영혼이 고향에 머무는 듯한 느낌을 갖는 것이 중요하다.

- 육체적인 삶의 질은, 우리가 스스로 느끼는 행복감, 건강, 활력의 수준과 관련이 있다.

- 사회적인 삶의 질은 우리가 어떤 사람들과 어떤 관계를 맺는지와 관련 있다. 우리와 가까운 사람들이 우리를 받아들여주고, 사랑해주며, 열린 마음으로 대해주고 성장하도록 해줄 경우, 사회적인 삶의 질도 높아진다. 우리가 남들에게 이해받고 있다고 느낄 뿐 아니라 우리도 다른 사람들에 대해서 관심을 가질 때 삶의 질은 높아진다. 뭔가 일이 제대로 풀리지 않을 경우에 사회적인 삶의 질을 통해 갈등을 의식적으로 풀어나갈 수 있다.

- 활동적인 삶의 질은 일과 더불어 개인적인 삶의 질과 관련되어 있다. 우리가 행하는 일이 흥미롭고, 충족된 것이며 개인적으로 의미 있는 것인가? 그것이 배우고, 성장하고, 즐기는 우리의 능력을 강화시켜 주는가? 많은 이에게 자신들의 활동이 이 세계에 긍정적인 기여를 하는 일이 점점 더 중요해지고 있다.

- 물질적인 삶의 질은 우리의 경제적 수준을 의미한다. 우리의 주거 환경이나 생활 환경이 훌륭하다고 생각되는가? 우리의 생활 수준에 얼마나 만족

하는가? 물질적인 번영은 더 많은 선택권을 갖는 것, 우리 시대가 제공하는 각종 재화에 기뻐하는 것을 뜻한다.

이러한 다양한 형태의 삶의 질과 구현 형태가 정확히 어떻게 보이는지는 사람마다 다를 수 있다. 내가 여기에서 설명한 삶의 질 역시 나의 기준에 의해 주관적으로 제시된 것이다. 어떤 사람에게는 시골에서 조화를 이루며, 가족들과 사는 것이 높은 삶의 질을 의미한다. 반면 어떤 사람에게는 여행을 많이 다니고, 독립적으로 여기 저기 자유롭게 돌아다닐 수 있는 것이 높은 삶의 질이 될 수도 있다. 그러니까 이 세계에서는 사람들의 수만큼이나 삶의 질에 대한 기준이 다양하다. 하지만 자신의 생각대로 스스로 결정할 수 있다는 점에서 높은 삶의 질이 시작된다는 것은 모두에게 똑같이 적용된다.

완벽주의에서 탈피하기

그런데 충족된 삶의 질을 위해 노력하고 있다는 것은, 언제나 모든 것을 동시에 달성해야 한다는 것을 의미하지는 않는다. 완벽주의라는 새로운 기준을 도입하는 것이 중요한 게 아니라, 삶을 좀 더 다양하게 인지하고 여러 영역에서 오는 에너지와 기쁨을 찾는 것이 중요하다. 여러 분야 각각에 존재하는 삶의 질은 인생을 좀 더 풍요롭게 해주고, 우리가 필요로 하는 것을 공급해준다. 그 과정이 비록 평탄하지 않더라도 말이다.

마음을 열고 시야 넓히기

안전과 통제 대신에 삶의 질을 기준으로 삼는다면, 여기에서부터 완전히 새로운 관점들이 등장한다. 예를 들어 어떤 일을 우리가 처리하는 경우, 예전에는 그것을 반드시 해야 한다는 이유였지만, 이제는 이것이 삶의 질을 높이기 때문에 하는 것이므로 일을 하면서도 완전히 새로운 기분이 든다. 우리가 그 일을 하는 것은 그것이 우리에게 득이 되고, 발전시키기 때문이다. 어쩌면 그 일은 다른 사람들을 위한 것이 될 수도 있다.

　내 고객 가운데 한 명이 커다란 회의감에 빠져 있었다. "제가 일을 하는 건 돈이 필요하기 때문이예요. 그건 제 삶의 질과는 아무런 관계가 없어요."라고 그녀는 말했다. 나는 그녀가 하고 있는 그 일이 의식주 해결을 위한 것이 아닌, 삶의 질에 긍정적으로 기여할 수 있는 그런 부분을 찾아보기 시작했다. 그리고 마침내 그녀는 이렇게 말했다. "맞아요. 제가 매일 하고 있는 그 일을 제가 마지못해 하고 있다는 걸 저도 알아요. 그리고 그 일 덕분에 월말에 받는 돈은 저를 기쁘게 하죠. 그 돈은 당연히 저를 위해 쓰는 거죠."

　절대로 하고 싶지 않은 일을 제외하고는 우리가 하고 있는 일은 모두 직·간접적으로 삶의 질에 어느 정도 기여를 한다. 그렇기 때문에 그 일이 우리를 정말로 망가뜨리거나, 에너지를 주는 대신 지속적으로 에너지를 앗아갈 경우에야 비로소 그 일을 재고하게 된다. 이런 종류의 일은 우리를 병들게 만들 뿐, 품격 있는 삶의 일부가 아니다. 그럼에도 불구하고 그 일을 만약 계속하고 있다면, 그건 아마도 삶에서 안전과 통제를 상실하는 것에 대한 두려움 때문이다. 그렇다면 이제는 새로운 관점을 받아들이고 어른답게, 대안을 찾아봐야 할 때다.

삶의 질이라는 목표가 얼마나 강력하게 작용하는지 내 고객들을 통해 날마다 확인하고 있다. 내부 나침반이 다시 작용하게 되면, 사람들은 자신의 길을 다시 혼자서 찾을 수가 있다. 그들이 무엇을 위해 노력해야 하는지, 아무도 일일이 설명해주지 않아도 된다. 내 경험에 따르면, 사람들은 자신들의 생각에 새로운 방향을 설정해줬을 때 모든 것을 혼자서 해낼 수 있다. 티모시 갤웨이가 테니스 경기를 통해 보여줬던 것과 똑같이 말이다. 내가 스스로 방해하지 않고, 하고 있는 그 일에 흥미와 기쁨을 가진 순간, 갤웨이가 어떻게 해야 하는지 지시해주지 않아도 혼자서 테니스 치는 법을 배웠다.

내가 만난 한 사장님은 균형 잡힌 삶을 누리고 싶어 했다. 그는 지금까지 의무감으로 일을 했었고, 지금도 가족을 위한 생계유지 때문에 일하고 있는 것 같았다. 그의 시각에서는 의무 수행의 정도에 따라 타인의 평가도 달라지기 때문에, 안정성과 사회적인 통제는 일의 동기이자 잣대였다. 그는 계속해서 자신이 인생의 주인

이 아니고, 일상의 일에 끊임없이 시달리고 있다는 느낌을 받았다. 나는 삶의 질을 그의 인생에서 새로운 기준으로 삼으면 어떻겠냐고 그에게 말했다. 잠깐의 침묵 후 그는 얼굴에 홍조를 띤 채 다시 활기차게 말했다. "그렇다면 그 모든 것을 저와 가족을 위해 하는 것이 되겠군요. 일은 제게도 훌륭한 삶을 가능하게 해주니까요." 똑같은 사안을 두고 그는 한순간 갑자기 전혀 다르게 받아들이게 됐고 의미까지 부여했다. 보다시피 *그가* 일을 바꾸거나 직장을 바꾼 것은 전혀 아니었다. 그는 다만 시각만을 변화시켰을 뿐이었다.

나는 이 생각에서 한 걸음 더 나아가도록 그에게 용기를 주었다. "당신의 삶이 지금보다 삶의 질이라는 기준을 좀 더 많이 지향한다면, 어떻게 할 것 같나요?" 그의 대답은 다음과 같았다. "더 이상 제 자신에게 스트레스를 주지 않을 겁니다. 긴장을 좀 더 풀고 일에 접근할 것이고, 소소한 일에 더 이상 화를 내지 않을 겁니다. 저의 일상을 어떻게 새로 정립할 수 있을지 고민해볼지도 모릅니다. 또한 쉬지 않고 회의를 하면서 사람들을 독촉하고 채근하는 대신에, 그들과 이야기를 하면서 회의를 줄이는 방향을 택할 거예요. '회의는 줄이는 대신 좀 더 나은 질을'이라는 목표에 따라서 생각하고 일하겠죠." 그는 자신이 갖고 있는 아이디어가 이토록 많은 것에 스스로도 놀라워했다. 그리고는 이렇게 말을 맺었다. "이렇게 함으로써 제 삶의 질은 물론이고 아마도 제 직원들의 삶의 질도 함께 고양될 것입니다."

결정내리기 어려운 주제인 경우에도 삶의 질을 기준으로 삼는 것이 좋다. 대입 시험에 합격한 한 여학생이 어느 대학으로 진학할지에 대해 고민하고 있었다. 한 대학은 매우 유명했지만, 그녀가 절대로 살고 싶지 않은 도시에 있었다. 그리고 다른 한 대학은 너무나도 아름다운 곳에 위치하고 있었지만 그녀가 원하는 학교의 명성은 없었다. 그녀는 해외 대학과 교환학생 프로그램을 운영하고 있는 대학을 원했다. 그녀는 생활 여건은 좋지 않지만 유명한 대학과, 생활 여건도 좋고 주변 환경이 아름답긴 한데 유명하지 않은 대학 사이에 결정을 내려야 한다고 생각하고 있었다. 그러니까 그녀는 '이것 아니면 저것'의 함정에 스스로를 빠뜨리고 있었던 것이다.

난 그녀에게 삶의 질이 최고의 기준이라고 하고 케이크를 반이 아닌 전체를 다 가져도 좋다면 어떻게 결정하겠는지 물어보았다. "그렇다면 전 둘 모두를 갖춘 대학을 선택하겠어요. 좋은 환경과 훌륭한 명성을 모두 갖춘 대학이요."라는 것이 그녀의 대답이었다. 나는 그녀에게 시야를 조금만 더 넓혀서 그녀가 살고 있는 지역을 넘어서 살펴보라고 조언했다. 우리가 전 세계로 시야를 넓히자, 다양한 국가의 여러 멋진 도시에 있는 훌륭한 대학들이 줄줄이 눈에 들어왔다. 세계적으로 유명한 지역에 있는 멋진 대학들의 이름을 듣고 있는 그녀의 눈은 환희로 빛났다. 이와 동시에 새로운 정신적인 방해도 함께 드러났다. "어떻게 저 같은 애가 그런 대학에 다니는 걸 감히 상상하겠어요? 그건 모두 꿈인 걸요!" 전형적인 '네 분수를 알아라.'라는 평가형 마인드 퍽이었다. 난 그녀에게 이것이 평가형 마인드 퍽이라는 것을 알려주었고, 그녀는 이후 꿈꾸던 세계 명문 대학에서 공부하기 위해 본격적으로 준비하기 시작했다. 난 그녀에게 다양한 대학들의 입학 조건을 조사하되, 속으로 가장 매력적이라고 생각하는 대학들의 조사에 집중하라는 과제를 내주었다. 마음속에서 요동치는 바로 그곳이 집중력과 호기심, 재미, 그리고 삶의 질이라는 기준이 활성화되는 곳이기 때문이다. 조사를 계속하면서 그녀는 번번이 기운이 빠졌지만 행복해했다. "사실 제게는 벅찬 일이었는데 나름대로 얼마나 큰 용기를 냈는지 몰라요. 처음에 전 두려움을 가졌어요. 지원을 하면서 그 사람들이 나를 거절하면 어떻게 할까 생각했죠. 하지만 이것이 마인드 퍽에 불과하다는 것을 곧 알아차렸어요. 그래서 그냥 지원서를 썼고, 이제 성인이니 거절당해도 이겨낼 수 있다고 생각했어요." 그리고 이 여학생은 마침내 외국에 있는 한 훌륭한 대학에서 공부할 수 있게 되었다. 코칭이 끝난 어느 여름날 해변에서 쓴 그녀의 엽서를 한 장 받았다. "케이크 전체가 절반보다 실제로 훨씬 더 나아요." 이후 이 문장은 내 인생에서 계속해서 회자되고 있다.

번 아웃으로 인해 코칭을 받으러 온 한 여교사도 삶의 질이라는 새로운 기준에 집중함으로써 그토록 열망하던 삶의 돌파구를 얻었다. 그녀가 종사하는 분야—나를 찾는 고객들 중에는 강사, 교사, 교장 선생님도 많다—에 대한 나의 이전 코칭 경험을 토대로 그녀는 낡은 생각을 규칙으로 삼고 있음을 한 눈에 알 수 있었다. 성과, 윗사람들에 대한 복종, 모든 것을 받아들이는 정서가 이들 세계에서는 요구되고 있고 또 실제로 이들이 여기에 집중함으로써, 많은 교사가 오늘날까지도 불합리한 삶을 살고 있다.

내가 번 아웃 증후군을 가진 이 고객에게 삶의 질을 새로운 인생 기준으로 삼아서 지금 하는 일을 다시 평가해보라고 제안하자, 그녀는 처음엔 당황한 반응을 보였다. "네? 그렇게는 못 해요. 진심은 아니시죠, 그렇죠?" 난 나의 제안을 반복해서 말했고, 이 새로운 기준에 따라서 일단 한 번 해보라고 권유했다. 그리고 이 제안을 당장 받아들일 필요는 없다고 덧붙였다. 다른 그 어느 누구의 강요가 아니라 자발적으로 그런 일을 하는 것이 중요하니까 말이다.

그녀는 어느 순간 완전히 독자적으로 그녀의 생활을 재편성 했다. "일단 저는 주당 근무시간을 줄이겠어요. 더 이상 완벽하게 일을 준비하지 않겠어요. 그렇게 하면 드디어 자유 시간을 갖게 되겠죠. 산책도 하고, 친구들도 만나고요. 이 사실을 교장 선생님께서 알아차리신다면, 제 입장을 설명 드리겠어요. 동료들이나 교장 선생님의 저에 대한 생각이 제 인생에서 더 이상 그렇게 중요하지 않으니까요. 전 이 분야에서 20년 경력이 있고, 제가 어디에 우선순위를 두어야 할지는 스스로 결정할 수가 있어요. 학생들에게서 받는 스트레스도 더 이상 개인적으로 받아들이지 않을 거예요. 또 제가 꼭 해야 하는 일이라면 직장에서 다 처리하도록 하고 집에서 일

을 하지는 않을 거예요." 이렇게 얘기한 후, 그녀는 방금 자신이 그
토록 확신에 차서 그 모든 것을 말했다는 사실에 스스로도 놀랐다.
"그러니까, 음…제 마음은 이런 말들을 하고 싶어서 지금까지 계
속 기다려왔나 봐요."라고 당황해서 덧붙였다.

그랬다. 그녀의 마음은 이 순간을 기다려왔다. 이런 일은 코칭
을 할 때마다 늘 겪는 것이다. 두려움 없이 자유롭게 생각해도 좋
다고 스스로에게 허락한 순간, 사람들은 곧바로 너무나 탁월한 목
표와 해결책을 스스로 개발해낸다. 전문적인 코치와의 상담은 새
로운 차원의 삶을 위한 성공 전략을 이들이 스스로 만들어내고자
할 경우에 특히 더 도움이 된다. 그렇다면 삶의 질을 기준으로 우
리의 생각을 새롭게 방향 설정하는 일을 효과적으로 만드는 것은
무엇인가? 왜 나는 코칭을 하면서, 이러한 새로운 목표 설정이 마
치 느린 카누를 모터보트처럼 만드는 작용을 계속해서 체험하고
있을까?

보초가 역할을 바꾼다면

우리를 지배한 전쟁이 완전히 끝났다고 해보자. 우리의 내부 보초
는 실제 삶의 관심사를 위한 변호사가 될 것이고, 마침내 현재와
미래의 가능성에 대한 맑은 시야를 다시 확보하게 될 것이다. 보
초는 우리의 새로운 변호사일 뿐만 아니라, 맑은 시야를 토대로

현실을 독립적으로 관찰할 것이다. 그리고 그의 판단을 정말로 신뢰할 수 있다. 어쩌면 보초는 우리에게 축배의 잔을 따라야 할 것이다.

새로운 것은 이 변호사가 이제 더 이상 우리의 반대편에서 일하지 않고, 우리 편에서 우리를 위해 일한다는 것이다. 이로써 우리 자신과 또 외부 세계와 조화를 이루게 된다. 그리고 창의적인 아이디어에 대한 잠재력의 문이 활짝 열린다. 앞 장의 초입부에서 이미 살펴본 바와 같이, 끊임없이 안팎으로 교류하면서 학습하고 우리를 개발하는 것은 타고난 능력에 속하기 때문이다. 우리가 깨어 있으나 학습하기를 중단한다면, 우리는 대부분 자기 방해적이 되어서 내부 한계를 더욱 중무장시킬 것이다.

여교사의 예에서는 우리가 엄격한 보초로서가 아닌 친구, 변호사, 혹은 우리를 위한 훌륭한 조언자로서 내부의 메시지를 왜 계속 필요로 하는지 읽을 수 있다. 여교사가 다시 스스로를 압박하고 기만해도, 마인드 퍽에 의해 태어난—자기 자신 혹은 교장 선생님의—완벽주의적인 요구사항들을 따를 경우, 그녀에게는 이러한 잘못된 행동을 인지하고 다시 바로잡아줄 수 있는 내적인 심급제가 필요하다. 삶의 질이 우리의 최고 기준임을 다시 상기시켜주는 좋은 친구로서 예전의 보초는 이제 새로운 생각 속에서, 우리가 다시 그릇된 길로 접어들 경우에 그 방향을 바로잡아주는 과제를 갖고 있다. 우리의 삶의 질을 파악하고 있는 이 친구는 안전과 통제를 기준으로 삼고 있는 보초와는 전혀 다른 인지 척도를 갖고 있다. 이 친구는 목소리 어조부터 예전의 보초와는 다르다. 공격적이면서 도덕에 얽매이고 우울한 대신, 고무적이며 용기를 북돋워준다.

우리를 새롭게 방향설정 하는 데에는 시간이 좀 걸리는 경우도 많다. 내부의 보초가 다시 옛날의 전형으로 되돌아갈 경우에 다시 자연스럽게 새로운 과제를 상기시키기 위해서는 우리에게 메타 관점이 필요하다. 그런데 갈수록 우리의 생각을 계속해서 관찰하지 않아도 된다는 것을, 즉 갈수록 메타 관점을 덜 취해도 된다는 것을 알게 된다. 그러면 우리는 내적 대화의 세계에 다시 신뢰를 갖게 되고, 자기 방해를 더 이상 두려워하지 않아도 된다.

우리의 내부 관찰자의 우정에 기반한 이런 새로운 태도는 낡은 사고와 새로운 사고를 구분하는 주된 특징이라고 할 수 있다.

우리에게 이는 무엇을 의미할까? 우리가 차츰 낡은 권위주의적 사고방식과 그 언어에서 벗어나, 현재 어떻게 생각하고 있고 어떠한 인격체인지에 주목한다면, 온전한 잠재력을 인지하고 날마다 조금씩 이 능력을 활용할 수 있다. 최고의 우선순위로서 삶의 질을 지향하는 것은 이러한 길을 성공적으로 걸어가는 데 도움을 준다. 우리의 내부 나침반은 새롭고도 가치 있는 목표에 맞춰져 있다. 보초는 훌륭한 조언가가 되었고, 이전에 허용됐던 것보다도 더 멀리, 현재를 넘어 미래까지 더 멀리 볼 수 있다.

삶의 질이 해답

개인적인 삶의 질이라는 기준에 따라 삶의 방향을 새로 정하는 것이 언제나 의미가 있을까? 이것은 코치로 일하면서 내가 자주 받는 질문 가운데 하나다. 코칭의 주제가 특히 직업과 성과에 관련된 것일 경우는 회의적이었다. 업무 성과만큼은 삶의 질을 꼭 우선으로 생각할 수 없으며, 필요하다면 스스로의 능력 이상으로 해내고 초과 근무를 하는 것이 중요할 수도 있다는 점에 대해 나 역시도 깊게 확신하고 있었다. 하지만 시간이 흐르면서 삶의 질이 예전의 안전과 통제만큼이나 똑같이 강력한 효과가 있으며, 훨씬 더 오래 지속되는 성과를 보여주었다. 나도 이를 경험했다.

당시 난 할 일이 무척 많았는데, 어느 날 흥미로운 강연 제안을 하나 받았다. 물론 원래 일정에 없던 일이었다. 삶의 질을 기준으로 할 때 이 제안을 어떻게 받아들여야 할지 자문해보았다. 그리고 내가 그 이유도 정확하게 따져보지 않고 충동적으로 약속해버리는 경향이 있음을 알게 됐다. 이것에 대해 난 좀 더 깊이 파고들었다. 내 다이어리는 더 메모할 공간이 없을 정도로 가장자리까지 꽉 차 있었고, 과한 부담은 갖지 않으려고 더 이상의 제안은 받지 않기로 이미 결심한 상태였다.

안전과 통제 측면에서 추가 문의를 단호하게 거절하는 것이 옳았다. 삶의 질이라는 새로운 기준에 직면해 나는 자기 방해적인 생각을 갖게 되었다. "더 이상의 일정은 만들지 않기로 네가 결심했잖아. 그런데도 넌 지금 또 고민하고 있구나. 언행일치가 되지 않는 거야!" 이건 규칙형 마인드 퍽의 전형적인 사례였다. "그렇게 계속 악착같이 일하다간 넌 쓰러질 거야." 이건 또 대참사형 마인드 퍽의 전형적인 사례였다. 난 긴장을 풀고, 무엇이 이번 강연에 흥미를 갖게 했는지 곰곰이 생각해보았다. 그건 바로 청중이었다. 혁신적인 사회복지 프로젝트에 참여하고 있는 기업가들로 구성된 집단인 것이었다. 내가 이 사람들을 알고 싶어한다는 것이 나의 삶의 질을 높일 수 있는 그 무엇이 될 수 있다는 점을 깨달았다. 미래 비전과 관련된 주제에 헌신하고 있고 우리의 세상을 한 단계 발전시키고 있는 사람들과 만나고 그들에 대해서 알게 된다는 것은 분명히 더 높은 삶의 질을 의미하는 것이었다. 그래서 이 강연을 하기로 약속했고, 그날 훌륭한 강연뿐 아니라 실제로 미래의 중요한 주제에 대해 풍부한 지식을 갖게 해줄 흥미로운 대화도 나눌 수 있었다. 이 기업가들과의 만남 후 나는 또 다른 강연 제안을 받았다. 그리고 이번에는 나의 삶의 질을 고려하여 제안을 거절했다. 나의 우선순위와 빽빽한 일정을 고려했을 때 그 제안을 받아들이는 것은 별로 의미가 없었기 때문이다.

사람들은 이제 자유 혹은 유연성을 새로운 우선순위로서 설정할 수도 있을 것이다. 그런데 왜 하필 삶의 질일까? 그건 안전뿐 아니라 상황에 따라 다른 모든 가치들을 내포할 수 있기 때문이다. 인생에는 안전이 가장 중요한 목표가 되는 순간들이 있는데, 모두 삶의 질이라는 우선가치를 충족시키기 위해서이다. 가령 내가 숲에서 산책을 하고 있는데 갑자기 악천후가 찾아오는 경우, 그때 나의 최우선 목표는 비를 피할 수 있는 안전한 곳을 찾는 일이 될 것이다. 운전을 하다 뜻하지 않게 차도에서 벗어난 경우, 재빨리 다시 운전대를 제어하는 일이 당장 행해야 할 목표다. 수중에 돈 한 푼 없을 때는 임시로 원치 않는 일을 받아들이는 것도 훌륭한 선택이 될 수 있다.

여기에서 잠깐 한 가지 결단력 테스트를 더 해보자. 내게 뭔가를 선사하기 위해서 굳이 좋은 일을 포기해야 할 필요가 있을까? 이것은 내 삶의 질과 관계가 없지 않나? 삶의 질이라는 개념을 미래의 목표로 파악한다면, 이런 말이 옳을 수도 있다. 그러나 삶의 질은 언제나 우리의 여기, 그리고 지금과 관련이 있다. 우리가 내일 질적으로 풍요로운 삶을 영위하기 위해서 오늘 삶의 질을 무시한다면, 이것은 삶의 질을 우선으로 삼은 것이 아니라, 미래의 안전과 통제라는 관점에 따라 사는 것이다.

예를 들어 좀 더 커다란 바람을 이루기 위해 저축할 때에는, 지금 고행을 참고 투덜거리지 않는 게 아니라, 오늘부터 내일을 위한 준비를 하며 기뻐하는 것에 주안점을 두어야 한다. 이렇게 되면 저축은 여기, 그리고 지금의 삶의 질에 속하지, 궁핍했던 과거 세대의 기쁨 없는 자기 방해에 속하는 것이 아니다. 따라서 나는 훗날의 원대한 목표를 위해 지금 이 순간 뭔가를 포기하고 있는 모든 사람에게, 이러한 목표를 달성하기 위해 어른다운 결단력과 책임의식으로 끝까지 계획을 수행하라고 말하고 싶다. 이렇게 함으로써 계획한 목표를 달성하기가 더 쉬워지고, 그만큼 매 순간을 즐기게 된다. 우리가 무엇을 위해 뭔가를 행하고 있는지 알면, 삶의 질도 나중이 아닌, 지금 당장 높아지기 때문이다. 그리고 이는 원대한 목표를 달성하기 위해 우리가 많이 움직여야 한다고 해도 계획을 끝까지 밀고 나갈 수 있다.

우리가 사면초가에 빠진 느낌이 드는 상황에서도 이 말은 제대로 적용된다. 몇 주 전 커다란 어려움을 겪고 있는 한 기업의 설립자가 내게 코칭을 요청하러 왔다. 2년 전 많은 돈을 투자해 출판사를 확장했는데, 이제 파산 직전 상태라는 것이다. 이 사람 스스로도 몸과 마음이 소진된 번 아웃 상태였다. 다른 가족들도 그와 비슷한 상황이었다. 그에게는 부인과 다 성장한 아들이 한 명 있었는데, 두 사람 모두 회사일에 깊게 관여하고 있던 터라 그와 마찬가지로 기운이 다 빠져 있었다. 난 그에게 만약 삶의 질이라는 측면을 우선순위로 생각해서 인생을 통째로 다시 시작하면 어떻게 할 것인지 물어봤다. 처음에 그는 나를 조소했다. 마치 내가 별나라 이야기를 하는 것처럼 여긴 듯했다. 그는 다양한 마인드 퍽에 완전히 사로잡혀 있었고 2년 전부터는 스스로를 끊임없이 압박하고 있었다. 내가 한 질문이 진지하다는 사실을 깨닫고 나서야 비로소 그는 깊은 생각에 빠졌다. 잠시 후 차분하게 이렇게 대답했다. "일단 아내와 2주간 휴가부터 갈 겁니다. 그리고 잠도 많이 자고 잘 먹을 겁니다. 하지만 현실에서는 이렇게 할 수가 없겠죠. 더군다나 이 상황에서 휴가를 간다는 건 정신 나간 짓이죠!"

나는 누가 봐도 확실한 압박형 마인드 퍽을 한 순간이라도 내려놓도록 그에게 부탁했다. 그러면서 다시 "도대체 언제 회사에서 벗어나 부부가 함께 2주간 휴가를 갈 수 있는 거죠?"라고 물었다. 나는 그가 앞으로 가까운 장래의 시간을 언급할 때까지 계속해서 이런 질문 공세를 늦추지 않았다. 고객들이 내게 코칭을 받으러 온다는 것은 결국 정신적으로 일할 능력이 아직 남아 있다는 것이며 이들이 번 아웃 직전인 경우는 없다. 그래서 나는 남자로부터 휴가를 가겠다는 약속을 받고 나서야 비로소 면담을 끝냈다. 얼마 후 다시 남자와 만났을 때, 그 사이에 자신의 문제를 스스로 다 해결한 상태였다. "삶의 질이라는 주제에 대해 고민 많이 해봤습니다. 그리고 이 모든 위험을 다 짊어지는 것은 바람직하지 않다는 결론을 아내와 함께 내리게 됐죠. 자금력 있는 파트너들을 그동안 좀 찾아봤고, 다음 주에 미팅하기로 돼 있습니다." 사면초가에 빠진 상황에서도 삶의 질이라는 기준은 새로운 길과 해결책을 제시해준다.

강연이 끝나고 열린 자유 토론 시간에, 한 나이 지긋한 여성이 삶의 질을 지향하는 것이 우리 사회에 너무 위험한 것이 아니냐고 물었다. 나의 제안은 '이기주의의 절대화'라는 지적이었다. 그리고 그것보다는 차라리 '책임'이 더 낫지 않겠느냐고 그녀는 말했다. 그녀가 말한 것은 내가 이미 오래 전에 고민했던 부분이었다. 내가 말하는 삶의 질은, 모든 것을 다 버리고 햇살이 비치는 곳으로 떠나는 '이기주의의 휴가'가 아니다. 그건 오히려 우리가 마인드 퍽 상태에서 두려워하고 있는 하나의 예일 뿐이다. 수백 년 전에는 이러한 유희와 무위도식이 잔인한 수단과 타인의 희생을 요구했다. 권력이 없는 사람들은 굵은 땀방울을 흘리면서 권력을 가진 사람들의 욕구를 충족시켜 줘야만 생계를 유지할 수 있었다. 또한 기독교적인 관점만이 아니더라도, 무위도식이라는 것은 마치 죄를 짓는 삶이라는 인식이 따라다녔다. 이러한 오래된 전통이 오늘날까지도 마인드 퍽 상태에서 영향력을 행사하는 것이다. 모든 일이 재미만 있을 수는 없고, 또 그러해서도 안 된다.

즐거움과 휴식만 있을 경우에 우리가 얼마나 빨리 지루하게 될 것인지 삶에서 체험해본 사람들은 많지 않을 것이다. 나는 코칭을 하면서 내적인 가난과 공허함 때문에 나를 찾아온 사람들을 많이 만났다. 이들 중에는 단순한 부자 이상을 뛰어넘어 상당한 재력을 가진 사람들도 적지 않았다. 이들은 소비와 즐거움에 대한 바람보다는 삶의 질에 대한 갈망이 더욱 컸다. 자신의 삶에 대한 만족은 지극히 주관적인 것이며 그 기준은 매우 다양하다. 사랑, 훌륭한 대인관계, 깊은 우정, 모험, 침울한 순간들과 슬픔 등 사람들마다 기준이 다르다. 이 모든 것이 우리를 좀 더 나은 삶으로 이어질 수 있게 해준다.

모두가 자신의 삶의 질만을 지향하는 그런 사회가 어떻게 될 것인지에 대한 나이 지긋한 여성의 생각은 이와는 다른 질문이다.

나는 이러한 사회가, 이제껏 존재했던 사회 가운데 최고라고 확신한다. 스스로 만족해하는 사람들은 자연스럽게 다른 사람의 일에도 관심을 갖게 되고, 적극적이 되며, 사회적 정당성과 의미에 대한 문제에 심취해 있기 때문이다. 그리고 자기 자신으로 인해 일이 잘못 되더라도, 다른 사람들에게 관심을 갖고 참여한다는 것 자체가 이미 더 나은 삶의 질의 일부다. 자신의 욕구에 스스로 한계를 긋는 사람은 다른 사람들에게도 똑같이 그렇게 한다. 움츠린 공간에서 벗어나 더 넓은 곳을 바라보고 생각하는 사람은, 남들에게도 그렇게 대한다. 우리 세상은 더 많은 사람이 자신의 삶의 질을 지향하며 살아갈 때, 훨씬 더 나은 세상이 될 것이라고 그 나이 지긋한 여성에게 대답했다.

삶의 질은 직관으로 통하는 열쇠

삶의 질이라는 새로운 우선순위를 갖고 내 자신과 고객들을 대할수록, 이것이 우리의 직관이자 실제로 현명한 결정으로 통하는 열쇠도 된다는 사실이 더욱 분명해졌다. 이것은 우리의 잠재력을 잘 이용할 수 있는 능력이 있다는 뜻도 된다. 많은 사람이 오랫동안 자기 자신을 더 이상 계발하지 않고 마인드 퍽이 지배하고 있는 쳇바퀴 속에 자신을 가둬두기 때문에 인생의 위기에 처한다. 그러므로 자신의 발전을 위한 다음 단계를 인식하고 그곳을 향해 나아가는 것이 중요하다. 자신의 인생에서 다음 발전 단계는 결국 삶의 질에서 다음 단계를 뜻하는 것이다.

내가 만난 한 경영인은 자신의 에너지가 소진된 것 같아 공허감

마저 느끼고 있었다. 그는 회사에서 더 이상 비전이 없다고 여겼고, 계속해서 같은 곳만 맴돌고 있는 것 같다고 했다. 나는 그의 인생에서 한 단계 높은 삶의 질이 무엇인지 물어보았다. 그러자 그는 즉각 이렇게 대답했다. "그건 제 뜻대로 할 수 있는 시간입니다. 전 제 일과 꿈을 다른 일들 때문에 간섭 받지 않고 이루고 싶습니다." 그에게서 한 치의 망설임도 없이 나온 이 분명한 대답이 그때부터 그에게 의욕을 불러일으켰다. 남자는 자영업을 하며 성공을 거두었을 뿐 아니라, 시골에 집을 한 채 갖고 싶다는 꿈도 이루었다. 상담 시간에 삶의 질이라는 새로운 기준과 그것이 그의 결정에 어떠한 의미가 있는지에 대해서만 집중했을 뿐이었다. 단순한 성과와 압력, 통제가 아닌 삶의 질은 그의 기업가적인 잠재력을 훨씬 더 빨리 펼쳐지도록 했다. 그는 아무 생각 없이 시간을 낭비하는 대신, 자신의 타고난 능력에 주목했다. 그는 모든 것을 운에 맡기는 대신, 자투리 시간을 이용해 자신의 계획과 경험을 점검해나갔고, 상황을 자신에게 유리하게 이용했다. 그는 속도의 중요성을 알아차렸고, 언제 속도를 내고 줄여야 할지에 주목했다. 이제 그는 한 해에 매출이 가장 적은 두 달은 카나리아 제도에서 휴식을 취하면서, 다가오는 해를 위한 새롭고도 흥미진진한 계획을 고민하고 있다.

　삶의 질이라는 기준을 갖고 내가 이런 저런 시험을 해본지도 벌써 몇 년이 되었는데, 매번 똑같이 훌륭한 결론에 이르고 있다. 주말 계획이나 자신의 식습관에 관한 것이든, 친구들과의 관계나 직장 문제이든, 배우자와의 생활이나 가족, 혹은 자신의 미래에 관한 것이든, 우리가 삶의 질이라는 새로운 우선순위를 이용하면, 숨길 수 없는 본능을 이용하여 훌륭한 결정을 내리고, 타고난 잠재력을 발휘할 수 있다.

그러면 내부 보초는 어떻게 되는지 궁금한가? 이 보초는 이러한 방향설정으로 실제 좋은 친구나 조언자가 되어, 더 이상 행복 지대를 축소시키거나 능력 계발을 방해하지 않는다. 그리고 삶의 질을 옹호하는 변호사로서 활동하게 된다. 이로써 우리는 이러한 것을 일찌감치 알고 있었던 게 틀림없는 한 현자의 조언을 따르게 되는 셈이다. 그 현자는 바로 고대의 위대한 철학자 아리스토텔레스이다. 그는 우리에게 훌륭하게 생각하고 내적인 분열을 극복하기 위해서는 자기 자신과 우정을 맺고 살아야 한다고 조언했다.

건설적인 생각의 논리

삶의 질이라는 새로운 척도를 토대로 우리의 무한 능력이 포함되어 있는 건설적인 생각과 삶의 양식을 끌어낼 수 있다. 파괴적이고 소모적인 생각과 행동과는 거리가 멀다. 여기에서는 이제 더 이상 다른 사람과의 비교에 따른 승자 혹은 패자가 중요하지 않다. 그보다는 자신의 삶의 질을 높이는 것이 중요하다. 지배와 굴복은 이제 대등한 관계가 되었다. 경쟁은 협력이 되고 있다. 그리고 성공은 바로 삶의 질에서 파생되는 것이지, 결코 무언가의 희생을 필요로 하지 않는다. 삶의 질이라는 잣대에서 나오는 건설적인 생각의 논리는 인간 지향적이다. 이 논리는 물질주의적이거나 이상주의적이지도 않다. 질적으로 훌륭한 삶은 건설적인 논리를 가진 모든 확신의 중심에 있지, 그 어떤 이념이나 힘과 이익에 있지 않다. 도덕과 가치가 사람들의 삶의 질을 지향하여야 하는 것이지, 그 반대가 되어서는 안 된다. 삶을 위축시키고 중요한 잠재력을 질식시키는 도덕은 더 이상 시대에 맞는 것이 아니다. 이 세상의 다른 모든 사람들을 행복하게 만들기 위해 스스로를 희생하고 나서야 비로소 자신을 위해 뭔가를 행하는 것은 자신의 삶의 질을 짓밟는 것을 의미한다.

건설적인 생각은 직접적인 삶에 도움이 되어야지, 언젠가는 좋아지게 될 미래의 이야기가 되어서는 안 된다. 물질적인 이익은 그 자체가 목적이 아니며, 나와 다른 사람들의 좀 더 높은 삶의 질의 범위 내에서 추구할 만한 가치가 있는 것일 뿐이다. 사람과 환경을 희생시키고 약탈하는 무언가는 더 이상 매력적이지 않다. 왜냐하면 건강한 환경은 현재 그리고 미래 세대의 삶의 질을 위한 가장 중요한 전제조건에 속하기 때문이다.

우리가 파괴적이 아니라 건설적으로 생각하게 되면, 세상을 완전히 다르게 볼 수 있다. 마인드 퍽이 사라지고, 우리의 머릿속에서 스스로를 방해하는 목소리는 더 이상 공격적이거나 우울하지 않다. 대신에 더 호기심 많고, 더 많이 지원해주고 더 많이 질문한다. 명령조로 우리에게 지시를 내리는 대신, 스스로에게 자문을 구하고, 훌륭한 질문을 제기하며, 차분히 경험을 평가하게 된다. 우리는 스스로를 더 이상 깎아내리거나 추켜올리지 않고, 우리가 행하고 생각하고 체험하는 것이 삶의 질에 대한 우리의 바람과 조화를 이루는지 아닌지를 판단하게 된다. 패배는 우리 인격의 가치에 대한 거부를 의미하지 않는다. 혼동이나 실수는 학습하고 또 다르게 시험해볼 수 있는 건설적인 기회일 뿐, 예전에 우리가 자기비하와 두려움을 갖고 지불했던 비극이나 개인적인 대참사가 아니다.

의심과 양면성의 해소

의심과 양면성, 내면적으로 분열된 감정은 우리가 삶의 질이라는 척도에 따라 해당 사안들을 결정할 경우에 쉽게 극복할 수 있다. 굳이 모든 것을 압박하지 않아도 된다면, 어린아이처럼 당장 모든 것을 따를 필요가 없다면, 각각의 인생 단계마다 압력을 행사하고 지나친 기대로 부담을 주는 대신, 차분히 삶의 굴곡을 체험할 시간을 자신에게 주도록 하라.

우리는 새로운 생각으로 내적인 안정을 달성할 수 있으며, 이로 인해 날마다 자기실현을 이루는 어른으로서 이 자유로운 세계에서 움직일 수 있다. 우리의 역량과 자기 가치감, 그리고 자기실현성이 직장에서나 사생활에서 만개될 수 있도록 해주어라. 이러한 자세를 갖게 되면 우리는 좀 더 나은 배우자, 부모, 친구, 상사, 직원, 고객 또는 동료가 된다. 우리는 그 누구에게도 더 이상 머리를 숙이지 않아도 된다. 다른 그 누구도 우리 앞에서 머리를 숙일 필요가 없다. 결과는 분명하다. 좀 더 높은 삶의 질은 우리를 성공으로 안내한다.

자기 자신과 대등한 위치에서 대화하기

기존의 보초를 친구나 조언가로 만드는 것이 새로운 가치를 가진 보초를 만드는 것보다 더 나은 이유는 무엇일까? 전자의 경우, 이것으로 우리 내부에서—외부에서도 더 이상 필요가 없는—계급주의를 없앤 것을 의미하기 때문이다. 자유롭게 생각하는 성인의 세계에서, 우리 자신을 깎아내리거나 추켜세우지 않고 대등한 위치에서 의사소통하는 법을 배워야 한다. 따라서 우리의 내부에서 성인 대 성인의 눈높이로 자신에게 말을 걸어보는 것부터 먼저 시작해보라. 이렇게 하면 자동적으로 외부 세계에서도 습관이 된다. 우리가 스스로에게 대하는 방식이 다른 사람들과의 관계에서도 적용된다는 사실을 앞에서 이미 살펴보았다. 그 결과, 다른 사람들도 자신을 대하듯 그렇게 우리를 대하게 될 것이다.

어른이라는 행복

새로운 어조로 내적 대화를 나누는 것은 오랫동안 지속되는 마인드 퍽을 없애는 데에도 도움이 된다. 앞서 살펴본 것처럼 낡은 사고방식 외에 아이로서의 나 혹은 부모로서의 나라는 상태로 물러나는 것은 스스로를 방해한다. 이러한 상태는 우리를 '도움 안 되는' 사고방식으로 유혹하면서 우리라는 인격체를 불합리한 존재로 추락시킨다. 따라서 어른답게 행동하는 것을 포기한다는 것은, 많은 분야에서 스스로를 제약하는 것을 뜻한다.

예를 들어 마인드 퍽을 억제하지 않고 계획을 손볼 경우, 대부분은 잘 되지 않는다. 스스로를 방해하는 것으로 인해, 갑자기 목표 달성에 대한 의욕을 상실한다. 하지만 삶의 질이라는 기준을 갖고 의욕적으로 추진하는 계획들은 실현 과정에서 재미가 있다. 왜냐하면 우리는 높은 개연성을 갖고 현명하게 접근하기 때문이다. 목표에 현명하게 접근한다는 것은, 무엇보다 그에 대한 책임감을 떠맡고, 목표를 무조건 추구하며, 거기에 주목하도록 결정을 내리는 것을 의미한다. 그리고 우리의 인생에서 주어져 있는 시간과 공간, 집중력을 그 주제에 할애한다. 이것은 우리가 좋은 정보도 수집하고, 조언도 들으며 그 일을 집중적으로 추진하면서 한 단계 한 단계 전진하는 것을 뜻한다. 하루아침의 기적을 기대하는 사람은 대부분 아이로서 나로 다시 돌아간 경우이거나, 아니면 아무 죄 없이 마인드 퍽의 압박에 노출된 경우다.

따라서 극단에서 벗어난다는 것은, 한편으로는 자신의 생각을 '그리고'라는 단어로 확대하여 내적으로 큰 생각의 여지를 갖게 된 것을 의미한다. 다른 한편으로 이는 균형 잡힌 성인다운 관점을 받아들여 자기 자신의 삶의 질에 주목한다는 뜻도 된다.

이 성인다운 행동과 관점이란 정확히 무엇인가? 교류분석 이론의 두 창립자인 번과 해리스는 권위주의가 아직 성행하던 20세기 초반에 살았던 인물들이다. 따라서 이들이 성인이라는 존재를 설명하면서 특히 오성의 독자적인 이용을 강조한 것에 새삼 놀랄 필요가 없다. 성인이라는 것에 대한 이들의 비교적 엄격하고 일차원적인 생각은 오늘날에는 부족함이 있다. 내가 아이였던 시절의 교과서만 떠올려 봐도, 거기에는 어른이라고 하면 언제나 계산하고, 지시하며, 결정하는 모습이었다. 그것도 어른이 남성인 경우에 한해서 말이다. 그리고 거기에 함께 제시돼 있던 성인 여성은 언제나 남편과 아이들을 보살피고 있는 모습으로 나왔다. 책 속의 그림에서 성인 여성은, 아버지가 귀가하고 있을 때, 언제나 앞치마를 두르고 주방에 서 있었다. 성인이라는 것은, 즐거움과 기쁨을 동반한 어린아이의 생각과는 전혀 무관하게, 부모의 역할에 따라서만 묘사되어 있을 뿐이었다. 그리고 성인은 아이의 시각에서 봤을 때, 늘 아이를 잘 보호해주는 존재 아니면 매우 이성적인 존재였다.

오늘날에 와서 성인이라는 것은 오성을 독자적으로 이용할 수 있는 존재 그 이상의 의미가 있다. 결국 엄격한 부모로서의 나 역시 사실은 이성적이기 때문이다. 따라서 번과 해리스가 남성과 여성 모두에게 적용한, 오성의 독자적인 이용이라는 것은 성인다운 생각의 한 일면일 뿐이다. 어떤 이들은 성인이란 자신의 인생을 스스로 정복하고, 자신의 인생과 경험에 기뻐할 줄 아는 사람이라고 해석한다. 이것은 자신의 한계를 알고 있다는 뜻이기도 하다. 여기, 그리고 지금의 성숙하고 균형 잡힌 성인으로서 우리는 계속 생각하고 행동할 수 있는 출발점으로서의 '관점'을 찾아낼 수 있는 존재다. 우리는 인생을 자신의 손아귀에 넣고 있다. 우리가 아무리 다른 사람들과의 관계를 신경 쓴다고 하더라도, 이것은 절대로 삶을 포기해야 한다는 의미가 아니다. 성인이란 스스로를 책임진다는 것이다. 그리고 이것은 삶을 살아야 한다는 뜻이다. 우리는 자유와 가능성을 알고 있으며, 이것을 이용하거나 사라지게 할 수도 있음을 알고 있다. 우리는 성장하지만 실패할 수도 있다. 하지만 충족된 삶을 구축해나가기 위해서는 우리의 머리와 배와 가슴, 그리고 지식과 능력이 필요하다.

정확한 차이를 알기 위해 몇 가지 예를 살펴보자.

A는 건강상의 이유로 체중을 줄이려고 한다. 며칠 전부터 영양 식단을 매우 충실히 따르면서, 오직 직접 요리한 것만 먹고 외식을 하지 않고 있다. 그런데 오늘 저녁 사업상 파트너들로부터 초대를 받았다. 그는 이리저리 생각해본다. '거기에 갈 수 없어. 내가 먹을 만한 게 거기에는 없단 말야. 그럼 사람들이 나에 대해 어떻게 생각할까? 내 건강에 문제가 있다고 여기면서, 나를 사업 파트너로서 적합하다고 여기지 않겠지!'

맞다! 이것은 전형적인 자기 기만형 마인드 퍽으로서, 규칙형 마인드 퍽과 대참사형 마인드 퍽도 수반된 경우다. 진정한 사업가는 홀로 대열에서 빠져나와 튀지 않는다. 괜히 의심받을 짓은 하지 않는다. 진정한 사업가는 다른 사람이 먹는 것을 먹는다.

균형 잡힌 성인의 관점에서 보면 어떨까? 21세기 현대적인 남성으로서 A는 자신이 원하는 것을 먹거나 먹지 않을 수 있다. A는 사업상의 저녁 모임에 간 것이므로, 그냥 음료수만 마시면서 누군가 질문을 하면 다음과 같이 대답할 수 있다. "전 얼마 전부터 식단 관리에 들어간 상태입니다. 다들 맛있게 드세요."

B가 일하는 부서 사람들은 저녁에 한 잔 마시러 가는 것을 다들 즐기는 편이다. 그녀는 오늘 피곤해서, 집에서 그냥 TV나 시청했으면 한다. 그녀는 다음과 같이 생각한다. '내가 같이 안 가면, 다들 문제가 있다고 생각하겠지. 게다가 상사에게 안 된다고 말할 수도 없어. 그래, 같이 가지 뭐. 대신 되도록 빨리 빠져나오려고 해봐야겠어.' 이것 역시, 욕구를 따를 경우에 다른 사람들이 어떻게 생각할지 걱정하면서 스스로의 의지를 꺾어버리는 전형적인 자기기만형 마인드 퍽이다. 그렇다면 성인으로서의 내가 취할 수 있는 대안은 어떠할까? B는 가령 이렇게 말할 수도 있을 것이다. "일이 끝나고 나서도 가끔씩 다들 함께 뭔가를 한다는 건 좋은 것 같아요. 그런데 오늘 저녁만큼은 그냥 집에 가서 쉬고 싶습니다." 그런 다음 동료들에게 재미있게 시간 보내라고 말한 후, 세련되게 "오늘은 제가 그냥 퇴근하지만, 어땠는지 내일 꼭 저한테 이야기해 주세

요!"라고 덧붙일 수도 있다.

C는 몇 주 전에 자신의 오랜 친구로부터 며칠 자기 집에 다녀가라는 초대를 받았다. C도 오랜만에 친구와 같이 시간을 보내고 싶었다. 그런데 방문할 날짜가 다가올수록 가고 싶은 마음이 사라졌다. 그녀는 다양한 마인드 퍽으로 괴로워했다. '그렇게 덥석 초대를 받아들이는 게 아니었어. 네가 할 일이 얼마나 많은데 그래. 거기에다 지금 이런 스트레스까지 받아야 한다니. 네가 스스로 네 무덤을 판 거야.' C가 성인으로서의 관점을 갖고 있다면, 이 경우 여러 가지 방법이 있다. 그녀는 먼저 자신의 결정을 철회하고 친구에게 사정이 여의치 않다고 설명할 수 있다. 또한 초대에 응한 것에 대한 책임을 지고, 스스로 마음을 닫는 대신 열어 보일 수도 있다. '그래, 이제 친구와의 재회에 집중할 거야. 그리고 정말로 필요하다면, 지금 휴식을 취해야 한다고 친구에게 설명할 거야. 친구가 화를 내거나 실망하면, 거기에 따라서 내가 적절하게 대처할 수 있어.'

성인다운 태도는 매우 균형 잡히고 '접지된' 관점을 의미한다. 하늘에까지 닿을 듯 환호하며 날아오르지도 않고, 죽을 것처럼 우울해하거나 공격적이지도 않다. 한 마디로 극단적인 것과는 거리가 먼 태도다. 성인으로서 우리는 맑은 머리로 목표와 프로젝트에 대해 우리의 '배'가 느끼는 감정을 잘 생각하고, 새로운 지식을 습득하며, 의식적이면서도 마음을 열고 새로운 경험을 할 수 있다. 문제가 있더라도 언제든지 적절하게 대처하고 새롭게 결정내릴 수 있다는 것을 알고 있기 때문이다.

인생의 우연과 리스크, 그리고 인생의 예측 불가능성을 설정하는 한계에 대해 우리는 알고 있다. 이와 동시에 영향을 미칠 수 있는 공간이 지금까지 상상했던 것보다도 훨씬 더 크다는 사실 또한 알고 있다. 이러한 공간에 집중력과 노력을 쏟을 수 있다는 것을 긍정적으로 체험할 수 있다. 우리를 에워싸고 있는 세계는 성인의 관점에서 볼 때, 아직 풀어야 할 수수께끼가 많기는 하지만 미스터리는 아니다. 세계는 이해 가능하고 설명 가능하다. 우리가 필요로 하는 지식은 언제든 획득할 수 있다. 이게 전부가 아니다. 발견의 여행을 하고 그 과정에서 뭔가를 배우는 것은 우리에게 즐거움까지 선사한다. 성공은 우리가 달성하기를 원하는 것을 얼마나 잘 이해했는가에 따라 나오는 논리적인 결과다.

한번은 스스로를 '일 벌레'라고 칭하는 한 여성을 상담해준 적이 있다. 그녀는 자신에 대해 한 가지 일을 오래 하지 못하고, 여기저기 옮겨 다니는 사람이라 생각하고 있었다. 서른을 갓 넘겼을 뿐인데 그녀는 직업훈련도 이미 여러 차례 받았고, 7가지나 되는 직업을 거친 상태였다. 온갖 마인드 퍽으로 그녀는 스스로를 비하하면서 진지함과는 거리가 먼 존재로 여기고 있었다. 이럴 때마다 그녀는 엄격한 부모로서의 나가 되어 한 가지 일을 꾸준히 해보라고 경고하면서도, 다른 한쪽에서는 아이로서의 나가 이러한 경고에 반항하고 있었다. "그러기 싫어. 그건 너무 지겨워. 그러고 싶은 생각이 없어…" 이것 말고도 많았다. 나는 그녀에게 성숙하고 균형 잡힌 성인의 시각에서 모든 것을 다시 볼 때에, 그녀가 어떻게 생각하고 행동하겠는지 물었다. 그녀는 다음과 같이 대답했다. "자꾸 하던 일을 중단하지 않고 한 가지 일에 좀 더 오래 버텨보겠어요. 그리고 뭔가를 얼마나 오래 시험해보고 싶은지에 대해 스스로 기준을 세우겠죠. 성인으로서 저는 당연히 아닌 건 아니라고 말하고 뭔가 새로운 것을 시도해볼 수 있으니까요. 하지만 그 일이 늘 재미있는지에만 초점을 맞추는 대신, 이번에는 그렇게 흥미롭지 않은 '과정'들도 받아들이려고 해볼 거예요. 전반적으로 그 일이 제게 맞다면요." 이렇게 해서 그녀는 어떤 한 가지 일을 하면서 자신을 욕한다거나 아니면 내적으로 멀리 떠나고 싶어질 때마다 의식적으로 성인으로서의 관점을 취해보려고 시도했다. 이렇게 해서 그녀는 새 직장에서 처음 몇 주간의 힘든 시기를 훌륭하게 넘기고, 자신이 그 일에 얼마나 빨리 익숙해지는지를 보며 조금씩 즐기게 되었다. 몇 년이 지난 지금도 그녀는 그때 그 회사에서 일을 하고 있으며, 자신이 마침내 제대로 된 곳에 도착했다는 기분을 안고 살고 있다.

그러니까 성인으로서 산다는 것은 자신의 필요를 독립적으로, 그리고 책임감 있게 떠맡는다는 것을 의미한다. 이것은 스스로에게 정보를 주고 삶에 적극적으로 참여하는 것을 뜻한다. 이것은 대책 없이 스스로를 내어주면서 남들이 자신의 삶에 개입하도록 방치하라는 것이 아니다. 또한 이것은 다른 사람의 일에 간섭하거나 어머니처럼 다른 사람의 일만 돌봐주라는 뜻도 아니다. 성인들 속에서 산다는 것은 서로 대등한 눈높이에서 만나고 교류한다는 의미다. 이러한 모든 것은 언제나 진정한 자아를 펼치는 것을 즐긴다는 뜻이다.

그러나 성인이란 오늘날 더 많은 의미를 담고 있다. 우리는 성인으로서의 자아실현을 유년기의 장점들과 연관시킬 수 있다. 이를 위해 필요한 것은 건설적인 삶의 자세다.

이 자세는 앞에서도 이미 이야기한 세 가지 간단한 태도를 통해 나타나며, 언제든지 우리는 이런 태도를 보일 수 있다. 호기심, 신뢰, 경험에 대한 기쁨이 바로 그것이다.

Mindfuck

05

건설적인 삶의 자세

내적으로나 외적으로나 삶의 질이라는 목표에 집중하고 극단적인 생각을 피하면 아주 편안해지면서 동시에 효과적인 결과를 얻을 수 있다. 일관되게 그런 목표를 추구하고 최대한 '성인으로서의 나' 로 머물러 있는 사람은, 뭔가를 새롭게 시작하거나 익숙하지 않은 상황에 처하게 되었을 때 눈에 띄게 강해진 모습을 보인다. 이것은 변화의 시대를 사는 우리에게 매우 중요한 자질이며, 세상의 요구와도 부합하는 일이다. 그런 반면 이에 익숙하지 않은 사람은 자기 내면에서 오래 전 겪었던 안 좋은 경험 때문에 다시 마인드 퍽에 빠질 수 있다.

스포츠 코치로 활동하며 중요한 발견을 했던 티모시 갤웨이의 이야기를 또 해보자. 갤웨이는 어떤 사람들은 아무리 새롭고 도전적인 상황이 닥쳐와도 최대한 방해받지 않고 자신의 잠재력을 펼칠 수 있는 자세를 지니고 있다고 말한다. 그리고 그들은 바로 호기심 많은 사람들을 의미한다.

세상에 대한 호기심

인간은 본래 호기심 많고, 주위 환경에 관심을 갖게 마련이다. 태어나자마자 우리는 주위 환경을 탐구하기 시작한다. 이 세상을 잘 살아가기 위한 방법을 배우기 위해서는 먼저 우리 주변의 세상부터 배워야 한다. 이 과정에서 스스로를 방해하지 않는 한, 인간은 자발적이고 본능적으로, 그리고 순수한 발견에 대한 욕구를 갖고 세상을 탐구한다.

우리가 사회적 자아를 인식하고 자신을 외부의 기대에 맞춰 넣기 시작하면서부터 비로소 자신의 타고난 호기심은—사람마다 차이는 있지만—차츰 약해지고, 반대로 적응의 전략은 강하게 자리 잡는다.

마음을 열고 세상에 대해 호기심을 가지면서 관심을 보이는 사람은 자연스럽게 배우게 된다. 뭔가를 배우면 우리는 유능하고, 영향력 있는 사람이라고 느끼게 된다. 계급에 의해 정해지던 권위적인 사회에서 이것은 그다지 바람직한 모습이 아니었다. '아는 것이 힘이다' 라는 문장은 자연적으로 생겨난 게 아니다. 사람은 이론적으로나 실질적으로나 더 많이 배울수록, 자신의 인격을 더 강하게 발전시킬 수 있고, 그만큼 자신감도 커지면서 더욱 더 독립적이 된다. 우리는 사람들이 구조적으로 교육을 받고 세상의 지식을 얻는 일에 얼마나 거리감을 두어야 했는지 모든 시대에서 살펴볼 수가 있다. 여성들의 경우에는 20세기까지도 교육이 세련되지 못하거나 심지어 건강에 나쁘다고까지 여겨졌다. 남성들 역시 수백 년 간 교육은 일부 소수의 특권이었다.

성적이며 건강이나 운동의 측면에서 자신의 신체를 발견한다는 것은 여성들에게 20세기까지도 금기시 되어 왔다. 그 유명한 보스턴 마라톤에 여성들의 참여가 허용된 것도 1972년이었다. 그때까지만 해도 행사 주최자들은 여성들이 커다란 육체적인 부담을 버텨낼 수도 없고, 버텨서도 안 된다고 생각했다. 여성의 자궁과 유방에 나쁘다는 이유로 말이다. 마라톤에 참가한 최초의 여성 로버타 깁은 배번 없이 비공식적으로 완주했다. 두 번째 여성 주자인 캐서린 스위처는 'K. Switzer'라는 이름을 약자로 사용해 경기에 출전했는데, 사람들은 이 이름을 보고 그녀를 남성으로 생각했다. 그녀의 진짜 성별이 탄로나자, 사람들은 부정 참가라고 하여 더 이상 뛰지 못하게 막기도 했다. 여성들이 마라톤을 통해 자기만의 경험을 쌓는 것을 원치 않았던 것이다.

힘은 언제나 굴복한 자에게 한계가 주어지는 것을 의미한다. 굴복한 자에게 더 많은 것을 금지하고, 경험하지 못하게 하고, 학습하지 못하게 할수록, 이들을 지배하기는 더 쉬워진다. 사회적인 분위기와 제약적인 관습, 종교적 및 정치적, 법적 규정들을 통해 우리 조상들은 수백 년에 걸쳐 핍박하거나 핍박받기도 했다. 우리가 마인드 퍽의 원인들을 통해 이미 살펴본 바와 같이, 조상들은 유년기부터 시작된 각종 조건들을 자신에게 적용하여 제약하는 법을 배웠다. 언제나 낮은 계급에 지시하고, 배우는 것이 금지된 그런 환경에서 자란 사람은 점점 자신이 어리석다고 생각하게 되고, 지식과 경험의 정도에 따라 부여된 자신의 지위를 수용하게 된다. 이보다 더 최악의 상황은 남자든 여자든, 이런 과정에서 타고난 호기심을 상실한다는 사실이다.

사물과 사람 또는 상관관계에 대한 관심, 그리고 배우고 경험하는 것에 대한 순수한 호기심은 삶의 질의 본질적인 일부다. 이것들이 삶을 흥분되게 만들며, 지루함의 정반대가 된다. 사람은 활기에 넘칠수록 더 많이 알고 싶어하고, 탐험을 더 좋아하며, 호기심도 더 커진다. 우리의 삶을 어떻게 영위해야 할지 스스로 결정해야 하는 시대에서, 힘에 대한 개인적인 욕망과 노이로제를 체험하는 일부 사람들을 제외하고는, 아무도 이 세상과 삶을 자유롭게 탐구하는 것을 금지하지 않는다. 그러니까 우리가 흥미롭고도 새로운 것에 마음을 연다면, 이중으로 득을 보게 된다. 삶에 대한 강렬함도 커지는 동시에, 새로운 자의식까지 얻을 수 있다. 또한 우리의 잠재력을 이용하고 삶을 위해 훌륭한 결정을 내리고자 한다면 반대로 이러한 강렬함과 자의식이 필요하다.

좋은 소식은 우리가 언제든 다시 호기심을 갖고 마음을 열 수 있다는 것이다. 우리가 마인드 퍽을 끄고 새로운 생각을 허용한다면, 다시 열린 태도로 자신의 인생과 다른 사람들에게 접근할 수 있다. 이러한 개방성은 심각한 상황에서도 효과를 나타낸다. 개방성은 어마어마한 학습 능력을 우리에게 열어주기 때문이다.

티모시 갤웨이는 운동선수들을 대상으로 코칭을 해주면서, 이들이 자신들이 행한 것에 대해 정말로 관심을 갖고 궁금해할 때에 훨씬 더 빨리 배우고 훌륭한 기량을 나타낸다는 것을 알게 되었다. 호기심으로 가득한 사람은 가령 다음과 같은 내적 대화를 나눌 수 있다. '내가 이제부터 무엇을 체험하게 될지 기대돼. 이러한 도전을 내가 어떻게 풀어나갈지도 난 너무 궁금해.'

열린 태도 속에서 이루어지는 이러한 내적 대화를 마인드 퍽 상태에 있는 내적 대화와 비교해보자. '아, 이 상황을 대체 어떻게 끝내야 하지. 맙소사, 이건 너무 힘들어! 내가 모르는 뭔가가 또 나왔어! 아, 빨리 지나갔으면 좋겠다!'

이러고 나면 일반적으로 또 다른 자기 방해적인 생각들, 가령 압박형이나 의욕 과잉형 마인드 퍽이 줄줄이 이어진다. 우리는 앞에서 이야기한 첫 번째 자세에서 어떤 결과를 얻을 수 있고 또 두 번째 자세로는 어떤 일이 일어날지 쉽게 예측할 수 있다. 첫 번째의 경우에는 사람이 긴장을 풀고, 새로운 것에 집중하면서도 마음을 열어 놓고 있다. 따라서 이 사람이 정말로 중요한 학습 경험을 하게 될 가능성은 커진다. 또한 위축되게 행동하는 두 번째 사람보다 아마도 더 좋은 결과를 얻을 것이다. 마인드 퍽은 위축시키고, 압박하며 약하게 만들기 때문이다. 따라서 계획이 실패하거나 성공하더라도 훨씬 더 힘들게 성공할 가능성이 크다.

호기심의 힘은 우리가 언제든지 시험해볼 수 있으며, 그때마다 항상 좋은 결과를 얻게 될 것이다. 예를 들어 어떤 일정에 대해 복잡한 감정이 섞여 있을 경우, 의식적으로 호기심의 자세를 취해보라. 마음을 열고 속으로 다음과 같이 말해보라. '내가 가장 좋아하는 일정이 아니긴 하지만, 내가 무엇을 체험하고 겪게 될지 기대되는 걸. 이번에는 완전히 새로운 눈으로 한 번 바라봐야지.' 뭔가에 관심을 갖기로 결정하는 순간, 당신은 다시 모든 것을 손아귀에 넣고 능력을 좀 더 잘 발휘할 수 있다.

관심을 갖는다는 것은 실제로 '결정' 이다. 우리는 모든 상황에 열린 마음과 관심을 갖고 뛰어들 수도, 혹은 꽉 막힌 생각과 거부하는 자세로 다가갈 수도 있다. 열린 마음과 호기심으로 난 오래전에 비행공포증을 극복해냈다. 당시 나는 휴가를 보내기 위해 스페인 테네리페로 가는 비행기를 예약했는데, 몇 주 전부터 이미 두려움에 떨면서 대참사형 마인드 퍽에 사로잡혀 있었다. 하지만 나는 그 전에는 감히 생각하지 못했던 두 가지 일을 의식적으로 수행했다. 그 비행기가 데려다 줄 아름다운 섬을 상상했고, 이로써 의미적인 관점을 만들어냈다. 그리고 이는 삶의 질에 분명히 기여를 했다.

두 번째 내가 한 일은 경험에 대해 내 자신을 열어준 것이었다.

비행을 하면서 나는 억지로 자리에서 몸을 일으켜 여기저기 관찰하면서 할 수 있는 한 많은 것을 배우려고 했다. 나를 그토록 겁먹게 한 그 소리를 들으며 속으로 이렇게 생각했다. '아, 우리가 이 높이에서 이 방향으로 날아갈 때에는 엔진 소리가 저렇게 나는구나.' 난 모든 것을 지식으로 받아들이면서 새로이 체험하는 것들을 대참사형 마인드 퍽의 자양분으로 이용하는 대신에 학습 경험으로 받아들이고자 의식적으로 노력했다. 타고난 호기심이 이런 나의 노력을 도왔고, 차츰차츰 안정을 되찾아 비행공포증을 극복할 수 있었다. 이제 나는 항공기가 이륙하기도 전에 잠이 들 때가 많다.

신뢰하는 태도

갤웨이는 학습 능력과 성과 능력을 장려하는 또 다른 행동을 발견해냈다. 여기에 내가 첨언하자면, 이 행동은 학습과 성과를 넘어서 인생 전체에, 직장생활은 물론 사생활까지 긍정적으로 영향을 미친다. 갤웨이는 모든 상황에 대처할 수 있음을 신뢰하는 태도가 우리에게 필요하다는 사실을 발견했다. 우리가 스스로를 방해하지 않는 한, 새로운 상황에서 흥미로운 체험을 하고 또 배우는 데 필요한 모든 능력을 갖고 있음을 신뢰하는 태도 말이다. 낡은 사고방식을 가진 사람은 여러 번 체험하면서 매번 똑같이 안정적인 결과를 얻고 나서야 비로소 신뢰를 했다. 낡은 사고방식을 가진 사람은 안전과 통제를 지향했고, 그에 따라 안전과 통제가 보장되지 않은 새로운 상황은 불신할 수밖에 없었다. 불신형 마인드 퍽에서 바로 이러한 잘못된 태도가 가장 강하게 드러난다. 오래 전부터 전해 내려오는 "신뢰는 좋다. 통제는 더 좋다."라는 말을 들어보지 않은 사람이 과연 얼마나 있겠는가?

오늘날 우리는 뭔가 새로운 것이나 탈출구에 대한 확신, 또는 상황에 대한 통제가 아닌, 신뢰의 감정을 가질 경우에 더 많이 나아갈 수 있다.

한 고객은 언젠가 내게 이런 말을 했다. "그럴듯한 말이네요. 하지만 제가 그냥 신뢰할 수가 없는데 어떻게 합니까?" 신뢰라는 것을 영상화해서 생각해보자. 우리가 한 발을 다른 발 앞에 놓는다면, 이것은 이 순간에 우리가 걸을 수 있다는 신뢰를 가졌음을 의미한다. 우리가 저녁에 잠자리에 든다면, 이것은 내일 아침에 다시 깨어날 것이라는 신뢰를 가졌음을 뜻한다. 신뢰 없이는 아무것도 되지 않는다. 우리가 스스로를 방해하지 않는다면, 신뢰는 우리의 기본 능력이다. "하지만 걷거나 잠이 드는 것은 제가 이미 그렇게 되리라는 것을 경험했기 때문이죠."라고 고객은 응수했다. 그녀의 말이 맞다. 그렇지만 이런 일에도 처음은 있었고, 과거 언젠가 한 번은 그녀도 처음에 이것이 될 거라는 신뢰를 갖고 이러한 행동을 했다. 우리가 이전에 배웠던 모든 것은, '그것이 가능하다'라는 신뢰를 처음부터 갖고 있었던 게 틀림없다. 학습의 제왕은 언제나 신뢰의 제왕을 뜻한다. 필요한 것은 '어떤 일이 될 것이다'라는 신뢰가 아니다. 이것은 그저 확신일 뿐이다. 우리가 말하는 신뢰는 '어떤 일이 될 수 있다'라는 것으로 어떤 일이 우리의 능력으로 해결될 수 있다는 믿음을 뜻한다. 신뢰의 첫걸음은 우리가 생각한 것보다 어렵지 않다.

눈 딱 감고 해보기

새로운 일을 체험하는 것에 대한 호기심과 욕구와 더불어 이 신뢰는 우리의 삶을 어마어마하게 발전시킨다. 우리의 행복 지대를 자연스럽게 넓힐 수 있는 비밀이 바로 이 신뢰에 있다. 이미 말한 것처럼, 천편일률적인 일상에서 벗어나 다양하고 새로운 경험을 하는 것보다 우리의 활력과 인격적 성장에 더 도움이 되는 것은 없다. 신뢰라는 이 작은 정수는 참고로 '두 눈 딱 감고 해보는 것'과 비슷하다. 어떻게든 될 것이라는 작은 위안으로 생각해도 된다. 제대로 발현된 신뢰의 감정은 많은 사람에게 복부에서 느껴지는 따뜻한 감정과 비슷한 느낌을 준다. 우리를 곧바로 안정시키면서, 만족스러운 깊은 울림을 전달해준다. 우리가 이러한 느낌을 언제나 새로 인지하고 훈련한다면, 우리의 빛을 다른 사람들에게도 보내줄 수 있다. 신뢰할 줄 아는 사람에게서는 의연함과 안전성이 뿜어나오고, 타인의 신뢰도 다시 받는다.

낡은 사고방식을 가진 사람에게 신뢰란 정당한 신뢰에 대한 증거가 있어야만 줄 수 있는 어떤 것이다. 이러한 낡은 태도는 사실상 통제에 대한 바람과 불신에 대한 신뢰를 의미한다. 그러나 좀더 안전한 환경에서 동등한 권리를 가진 성인들이 사는 사회에서 이는 더 이상 의미가 없다. 우리 개인의 학습과 성장 가능성뿐 아니라 생활의 질까지도 좁히는 것이기 때문이다. 긍정적인 경험을 할 가능성에 대한 신뢰는 순진무구한 것과는 거리가 멀다. 순진무구하다고 한다면, 우리는 나쁜 경험을 할지도 모르는 것에 대해서는 무조건 눈을 감아버리기 때문이다. 우리가 신뢰하기로 결정한다면, 다른 사람들 및 상황들에 대해 좋은 경험을 할 가능성은 그만큼 커진다. 그리고 좀 더 높아진 자기실현 가능성으로 인해, 나쁜 경험에 대처할 수 있는 역량도 커진다.

중요한 것은 신뢰와 믿음에 대한 타고난 능력을 발현하는 것이다. 이런 의미에서 오스트리아의 영화배우 로미 슈나이더의 말은 어쩌면 모순된 것일 수도 있다. 그녀는 "나는 그 누구도 두려워하지 않는다. 나 자신만 빼놓고 말이다."라고 했다. 난 그녀가 아마도 그녀의 내부 보초 혹은 스스로를 자기 방해의 상태로 몰아넣을 수 있는 다른 내적 상태를 말한 것이라고 생각한다. 이러한 상태에 대해서는 우리도 이제 잘 알고 있다. 자기 자신에 대한 불신은 대부분 마인드 퍽의 습관에 대한 한 징후다. 마인드 퍽의 상태에서는 보초가 설정한 가치들이 자신의 욕구, 혹은 주변과도 더 이상 일치되지 않는다.

신뢰는 자기 자신을 믿는 것

갤웨이가 말하고 있고 또 내가 매일 강조하고 있는 신뢰는 개체와 그 개체의 능력을 지향하는 신뢰로서, 영혼을 의미하는 것은 아니다. 종교를 가진 사람들은 신에 대한 신뢰를 잘 알고 있다. 이것은 일어나는 모든 일은 신의 뜻이기 때문에 전부 타당하다는 확신이다. 많은 사람이 또한 '다 잘 될 거야'라고 하는 신뢰에 대해서도 알 것이다. 내가 말하는 자기신뢰는 다음과 같은 문장으로 표현할 수 있다. "나는 내가 그것을 배울 수 있으며, 그것에 대처할 수 있다고 믿어." 이러한 관점은 성공학자 캐럴 드웩Carol Dweck의 조언이나 그녀가 예찬하는 '역동적인 자화상'과도 일치하는 것이다. 우리는 자신을 더 높거나 더 낮게도 볼 필요가 없으며, 그저 우리의 학습 잠재력과 발전 잠재력에 대해, 성인으로서 가능한 모든 상황에 적절히 대처할 수 있는 능력에 대해 신뢰를 갖기만 하면 된다고 그녀는 말한다.

우리가 호기심과 관심뿐 아니라 인생의 많은 주제와 도전에 대해 신뢰를 갖고 접근하면, 생각과 역량을 개선하게 되고, 이로써 우리의 탁월한 출발 조건도 더욱 나아진다. 이와 더불어 올바른 결정과 행복한 경험을 하게 될 가능성도 상상을 초월할 정도로 커진다.

변화 과정에 대한 신뢰

이러한 신뢰의 태도를 다시 한 번 마인드 퍽을 지향하는 낡은 사고와 비교해보자. 기업체 코칭을 할 때면 변화를 어렵게 받아들이고 있는 사람들을 자주 만나게 된다. 한 고객은 언젠가 자신이 또 새로운 상사를 모시게 됐다고 불평을 터뜨렸다. 낡은 사고 속에서 그는 이에 대해 불신을 하며 이렇게 생각했다. '그래, 이번엔 또 누가 올까? 우리가 하던 일을 새롭게 해보겠다고 나서지 않는 사람이면 좋겠는데…' 이 고객은 새로 부임하는 상사를 진심으로 알게 되는 일에 특별히 관심이 없는 것은 분명하다. 그는 옛 것이 주는 안정과 통제를 추구하면서 새로운 사람을 평가하고 분류해 넣을 수 있도록 가능한 한 빨리 새 상사를 정형화할 수 있기를 바라고 있었다. 물론 그것도 썩 좋은 기분은 아니었지만, 적어도 상황을 제어할 수 있다고 생각한 것이다.

나는 신뢰와 약간의 호기심을 가져보라고 그에게 조언했다. 상사가 바뀌면 사무실 분위기가 어떻게 될까? 그리고 새로운 상사에게 그가 이런 자세를 취한다면 어떻게 달라질까? 내 고객은 한참 생각하더니 이렇게 말했다. "흠… 그 사람이 뭐 그렇게 나쁘진 않을지도 모르겠군요. 혹시 알아요, 나를 인정해줄지도?" 나는 그냥 새로운 사람에게 집중하면서 첫 만남을 통해 가능한 한 많은 정보를 얻어내 보라고 말했다. 새로운 종을 발견하려는 곤충학자처럼 그렇게 새 상사를 바라보라고 말이다. 다음 번 다시 나를 찾은 그는 들떠서 말했다. "알아냈습니다. 그 분은 새로운 종이 아니었어요. 제가 생각했던 것만큼 그렇게 최악도 아니고요. 심지어 우리는 유쾌한 대화까지 나눴습니다!"

경험의 기쁨

정신적, 감정적인 능력을 온전히 펼치기 위해서는 새롭게 생각하는 것을 좀 더 쉽게 해주는 제3의 태도가 필요하다고 티모시 갤웨이는 조언한다. 우리가 새롭게 경험할 수 있는 기쁨을 얻는다면, 그 과정을 자유롭게 즐길 수 있다. 티모시 갤웨이가 20분간 내게 테니스 경기를 가르쳤던 상황을 기억하는가? 그가 내게 그냥 즐기라면서 놀이의 기쁨에만 집중하라고 했을 때야 비로소 나는 커다란 발전을 했고, 그 덕분에 더 빠르게 움직이면서 공을 더 세게 칠 수 있었다. 바로 그 순간에 진정으로 테니스를 즐기기 시작했던 것이다.

라이프 코칭을 하면서 나이가 지긋한 고객을 만나게 되었다. 그녀는 결혼할 남성을 만나고 싶어했다. 그래서 결혼정보업체의 문도 벌써 여러 번 두드려보기도 했지만, 이제는 더 이상 그런 인위적인 만남을 갖고 싶은 생각이 없다고 말했다. 내가 좀 더 자세하게 묻자, 결혼정보업체가 괜찮은 남자들을 소개해줬지만, 그녀가 언제나 이런 만남에 대해 무관심과 불신을 보였다고 털어놨다.

"상대방을 만나기도 전에 전 그런 자리가 빨리 지나갔으면 하고 기도하죠. 그런 어색한 만남을 좋아하지 않아요." 우리는 대화를 하면서 그런 만남이 소개로 이루어지지 않는다면 마음에 드는 남자를 만나게 될 가능성도 있다는 데에 의견을 같이 했다. 그래서 나는 호기심과 신뢰, 경험에 대한 기쁨을 갖고 한 번 시도해보는 게 어떻겠냐고 그녀에게 제안했다. 내 고객이 다양한 남성들에 대해 관심을 갖고 있는 것은 분명했다. 단, 그녀가 미리 여러 가지 유형의 마인드 퍽과 다음과 같은 기분 나쁜 대화를 나누지만 않는다면 말이다. '어차피 이번에도 잘 안 될 거야! 내가 상대를 마음에 들어하면 상대가 나를 마음에 들어하지 않는 식이니까.' '젊은 여자를 더 좋아하는 사람일 텐데 내가 그런 사람한테 뭐가 되겠어.' '나이 많은 아이'로 돌아간 그녀는 의욕 과잉형 마인드 퍽도 보여주었다. '정말로 멋진 사람이 나타나면, 그때는 그 사람을 잡고 말거야.' 동전의 양면과도 같은 마인드 퍽에 대해서 우리는 이제 너무나도 잘 알고 있다.

나는 그녀에게 호기심을 갖고 열린 마음으로 상대를 바라보라고 조언했다. '저 남자는 어떤 사람일까? 저 남자는 무엇에 관심이 있을까? 쉴 때에는 뭘 할까?' 이런 의문이 그녀에게 만남에 대한 욕구를 일으켰다. 그런 다음 우리는 신뢰에 대해 이야기를 했다. 어떤 경우에도 조금은 흥미로운 시간이 될 것이라는 신뢰, 그녀가 상대를 좋아하지 않을 수도 있지만 좋아하게 될 수도 있을 것이라는 신뢰, 그리고 그에 따라 적절하게 대응할 수 있을 것이라는 신뢰에 대해서 말이다. 물론 그녀가 그 자리에서 사랑에 빠지거나, 그렇게 될 때까지 기다려야 하거나, 또는 열광하지 않을 수도 있었다. 어쩌면 그냥 서로 좋은 대화만 나눌 수도 있었다. 그렇지 않더라도 만남 자체가 그녀의 삶을 더 풍요롭게 해주는 것일 수도 있다. 그녀는 만남을 갖기 전, 또는 만남을 가지면서, 그리고 만남 후에 다양한 경험이 그녀의 삶을 생기 있게 만들고, 새로운 사랑에 대한 가능성을 높이며, 그녀가 결정하는 기쁨을 느끼게 해준다는 것을 알게 되었을 테니 말이다.

실제로 우리가 마인드 퍽 상태를 유지할 것인가 아니면 삶의 질을 위해 호기심과 신뢰, 경험에 대한 기쁨을 가질 것인가 하는 것은 의식적인 결정의 문제다. 전자의 경우에 우리는 위축된 상태로 남게 되고, 후자의 경우에 긴장을 풀고, 많은 경험을 하게 될 것이다. 그리고 우리가 모든 것을 예측할 수 있든 없든 무관하게, 인생은 갑자기 기쁨 자체가 될 것이다.

이러한 결정을 우리는 새로운 생각의 출발선에서부터 폭넓은 관점을 갖고 내려야만 한다. 그러니까 의식적으로 거기에 집중하면서 자신에게 결정을 내려야 한다는 뜻이다. 이것에 익숙해지면, 우리는 이제 의식적으로 집중하지 않고도, 새롭게 방향 설정된 내부 관찰자를 통해 저절로 이러한 일을 할 수 있게 될 것이다. 그러면 이것은 우리의 새로운 천성, 개성의 일부가 된다.

탈출구가 없어 보이는 상황에서도 낡은 사고방식에 새롭게 방향 설정을 해준다면 앞으로 나아갈 수 있다. 몇 년 전부터 실직 상태인 한 고객을 내가 코칭해준 적이 있다. 이 남성은 고등 교육을 받은 열쇠공으로서, 딱 한 번만 더 일자리를 구해보고 안 되면 구직을 아예 포기할 생각을 하고 있었다. 상황은 매우 심각했다. 그는 당시 심리치료까지 받고 있는 상태였다. 몇 년 째 거절만 당하다 보니 그의 기는 꺾일 대로 꺾여있었다. 그는 불과 43세라는 나이에 자신이 더 이상 무가치한 존재라는 결론을 내린 상태였다. 일단 우리는 그가 매일 시달리고 있는 수많은 자기 방해에 대해 조심스럽게 이야기를 나누었다. 그의 이른바 무가치함, 암울한 미래, 자기 자신에 대한 불신에 대해서도 충분히 살펴보았다. 그는 자신의 마인드 퍽 너머에 실제로 존재하고 있는 한 사람을 다시 발견해냈다. 자신감 있고 사랑스러운 남자, 수많은 재능으로 무장한 남자, 호기심과 삶의 기쁨이라는 개성을 갖고 있는 남자를 말이다. 1단계로 그는 더 이상 안전이나 구속이 아닌, 삶의 질에 따라 자신의 생각을 재정비하는 법을 배웠다. 그는 실업자로서 자신이 뭔가를 해도 좋은지에 대해 처음부터 자신감이 없었으며 불안해하고 있었다. 하지만 그는 이러한 마인드 퍽을 물리쳤고, 몇 년 만에 처음으로 자신의 삶에서 긴장을 풀기 시작했다. 스스로를 정당하게 대해주지 않는 순간, 우리는 올바른 생각을 하지 못하고, 장기적인 결정을 내리지 못하며, 도전적인 일을 추진해나갈 수 없게 된다. 그렇기 때문에 일단 그가 압박이나 스트레스 없이 다시 좀 더 나은 내적 상태를 가질 수 있도록 해주는 것이 나의 전략이었다. 이와 더불어 나는 그의 가족들이 온전히 그의 편이 되어서 그를 지지해주도록 했다.

그 다음 단계로 호기심과 신뢰, 경험에 대한 기쁨이라는 태도를 상세하게 다루었다. 나는 그에게 이렇게 물었다. "새로운 삶의 단계를 이런 자세로 바라본다면, 삶이 과연 어떨 것 같나요?" 우리는 호기심과 신뢰, 경험에 대한 기쁨이 존재했던 과거의 일을 찾고자 했고 또 찾아냈다. 그리고 그 과거의 기억을 그의 현재의 상황으로 옮겨보았다. 나중에 그는 다시 올바른 길을 찾아나가는 데 이것이 크게 도움이 됐다고 했다. 그는 이제 더 이상 스스로를 비하하거나 부끄러워하지 않게 되었다. 대신 언제든지 이용할 수 있는, 자신 안에 있는 무한한 능력을 느낄 뿐이었다.

한 번은 코칭 시간 내내 집중과 주목이라는 것에 할애했다. 그는 자신의 소중한 집중력을 어디로 향하게 할까? 그는 그날 코칭을 받기에 앞서, 자신이 뭔가에 집중할 경우에 얼마나 빨리 학습하고 뭔가를 인지할 수 있는지 충분한 경험을 한 상태였다. 가장 중요한 성공 요소는 그의 상황에서는 '일'이었다. 그래서 나는 어떤 생각도 하지 말고 삶의 한 영역으로서의 '일'에만 집중해보라고 했다. 무한히 집중해도 좋다는 '허락'을 받아 한곳에 관심을 쏟는 동안 스스로를 방해하지 않는 다른 모든 균형 잡힌 성인과 마찬가지로, 그는 자신만의 창의적인 방식으로 일에만 몰두했다. 꼼짝도 하지 않고 집에 있는 대신, 그는 계속 구인구직 정보를 살펴보고 문을 두드렸다. 온 시내를 배회하면서, 호기심 많은 청년처럼 그렇게 일거리를 찾아봤다. 그때까지 그는 자신의 오랜 직업인 열쇠공 일을 다시 해야 한다는 고정 관념을 갖고 있었다. 하지만 이제 좀 더 넓어진 자신만의 관점, 수집한 정보들을 갖고 새로운 생각으로 주변을 둘러볼 수 있게 됐다. 그는 그 다음 번 코칭 시간에 환하게 웃으면서, 자신을 방해한 여러 마인드 픽들에 대해 이야기해주었다. 그는 구인 광고도 찾아봐야 했고, 시내를 배회하되 '빈둥거리면서' 돌아다니지는 못했다고 했다. 그는 자기 방해의 위력을 이미 알고 있었지만, 그것을 물리치는 방법도 알고 있었다. 우리는 일을 찾기 위해 그의 다양한 아이디어를 함께 평가해보았고, 마침내 매우 괜찮은 아이디어를 골라내게 되었다. 열린 마음과 태도에서 나온 그 아이디어를 그는 그냥 우연이라 생각했다. 남자의 이야기에 따르면, 어느 날 그가 공사현장을 지나다가 순찰견과 함께 있는 경비원을 만나게 되었다. 남자는 '개를 좋아하는 사람'인 탓에, 자기도 모르는 사이에 그 경비원에게 말을 걸었다. 그리고 대화를 하면서 자연스럽게 경비라는 일에 대해 많은 것을 알게 되었고, 새로운 아이디어가 탄생했다. 그는 그날 자신이 겪은 일과 아이디어에 대해 아내와 상의했고, 아내는 남편을 격려하면서 그 일을 해보라고 용기를 주었다.

그 다음 번 코칭 시간에 그는 경비일에 관한 정보들을 산더미처럼 안고 들어왔다. 그가 어떻게 하면 마음을 열고 신뢰감을 가지며 자신감 있게, 새로운 일을 경험하는 데 기쁨을 느끼면서 상담에 임할 수 있을지 훈련했다. 불과 두 번의 상담만에 그는 새로운 일자리를 구했다.

경험에 대한 기쁨은 건설적인 삶의 태도의 일부이며 우리의 삶에 더 많은 용기를 갖도록 도와줄 뿐 아니라, 새로운 것을 배우고 쉽지 않은 목표들을 달성하기 위한 최고의 자세 그 자체이기도 하다. 다가오는 미래에 우리가 잘 이용할 수 있는 전제조건인 것이다.

몸과 마음을 화해시키다

마인드 퍽 상태의 생각은 우리를 압박하고 위축시키며 호흡을 가쁘게 만든다. 내적으로 공격성과 우울성 사이를 오가고 있는 많은 사람이 더 이상 자신의 육체나 감정과 소통하지 못하는 것을 볼 수가 있다. 이들은 육체와 감정으로부터 분리되어 있어, 뭔가를 행하려고 할 경우에 그 행위의 의미를 제대로 찾지 못한다. 스스로를 굴복시키는 것은 자신의 육체와 감정으로부터의 분리를 요구한다. 특히 지난 날 타인의 권력과 폭력에 노출되어 있던 사람은 가능한 한 적게 느끼는 데에 매우 익숙해져 있다. 그렇지 않으면 그 사람의 삶은 고통 그 자체였을 것이기 때문이다. 그럼에도 불구하고 권위적인 시스템 내에서도 계속해서 감정들이 존재하며 스스로 발전해왔다. 이제 낡은 사고에 대한 채찍질이 되었다. 우리는 거부의 말을 하면 기분이 나빠지고, 두려움을 갖게 된다. 우리가 다른 사람들의 요구사항을 충분히 잘 이행했을 경우에는 반대로 환희의 느낌을 갖는다. 파괴적인 낡은 생각을 하게 되면 우리의 몸은 명령과 복종이라는 내면화된 시스템에 따라 때로는 벌을, 또 때로는 칭찬을 받게 된다.

우리의 생물학적 존재, 즉 우리의 육체는 수백 년의 세월을 거치며 수치와 죄악의 장소, 경멸과 무시의 대상이 되어 왔다. 그 과정에서 육체는 아무 의미가 없는 것이었고, 정신 혹은 영혼이 전부가 되었다. 육체와 정신은 서로 동떨어진 관계가 되었다. 이러한 극단적인 생각은 우리의 직접적인 삶의 기초와도 연관이 있었다.

서구 사회에서는 대략 80년대부터 이에 대한 역류가 감지되었다. 갑자기 육체가 극단적인 양분법적 사고에 따라 유일한 것이자 전부가 되었다. 건강하고, 아름다우며 날씬한 육체를 갖는 것이 오늘날까지도 수많은 환경과 매체를 통해 한 사람의 명망을 결정짓는 중요한 기준이 되고 있다. 사람들은 이제 헬스 클럽으로 달려가고 있고, 남녀노소 할 것 없이 요가와 웰빙 식단을 예찬하고 있다. 이제는 육체의 시대이며, 정신은 육체를 지향하고 있다.

심신이 주는 피드백

새롭고도 건설적인 생각 속에서 육체와 정신은 서로를 보완해준다. 육체는 정신과 마찬가지로 우리 자아의 기본이다. 그리고 이 속에서 육체와 감정은 우리에게 피드백을 준다. 이들은 우리가 위축되어 있는지, 두려움을 갖고 있는지, 혹은 긴장을 풀고 마음을 열고 있는지 우리에게 보여준다.

고객들에게 새로운 목표를 좇고 있다면 육체의 일기장을 써 보라고 조언한다. 우리가 낡은 자기 방해 구조로 추락할 경우에 육체는 때로 우리의 정신보다도 더 빨리 신호를 보내고, 마인드 퍽에서 벗어난 건설적인 생각이 얼마나 훌륭하고 유용한지에 대한 분명한 피드백을 주기도 한다. 우리가 육체의 감정에 주목한다면, 차츰 더 좋은 기분을 느낄 수 있다. 좀 더 나은 기분은 언제나 좀 더 나은 생각과 연결되어 있으며, 긴장을 풀고 건설적으로 목표를 달성하도록 하는 우리의 능력을 강화시켜 준다.

육체의 일기장으로 우리는 육체의 느낌과 감정에 주목하는 훈련을 할 수 있다. 난 직장에서 언제나 자기 자신이 아닌 다른 사람들의 필요에 주목하고 있는 한 여성 고객에게 육체의 일기장을 쓰고, 일정한 시간대에 전반적으로 어떻게 느끼고 있는지 0에서 10까지 점수로 환산해 기록해보라고 조언했다. 예를 들어 그녀에게 다양한 감정 상태를 정확하게 기술하되 상상력을 총동원해서, 가능하다면 극적으로 그 감정에 이름을 붙여보라고 주문했다. 그래서 그녀는 내 사무실을 찾는 동안 '텅 비다, 소진되다, 죽도록 지치다, 완전히 옭죄인다, 바닥으로 추락하다' 등과 같은 이름의 감정을 찾아냈다.

코칭을 하면서 나는 그녀에게 하루에 한 순간은 자신을 위한 시간을 가지면서 앞에서 언급한 그런 감정들과 반대되는 기분이 되도록 해보라고 조언했다. 그리고 그녀는 그런 반대되는 감정들에 대해 '충족되다, 에너지가 넘치다, 활력적이다, 하고 있어 좋다, 깨어난 것 같다, 긴장이 완화된다' 등과 같은 이름을 붙였다. 나의 바람에 따라 그녀가 이러한 감정들을 찾아냈을 때, 그녀는 본능적으로 스스로에게 주목하게 됐고 그 순간 전신을 타고 흐르는 따뜻한 에너지를 느끼게 되었다. 그런 다음 나는 그녀에게 물었다. "이제 어떤 생각이 드나요? 지금 방금 느낀 것과 같은 그런 기분을 또 느끼고 싶다면, 사무실에서 당신 행동을 바꿔보는 것이 어떨까요?" 이에 대해 그녀는 "당연하죠. 좀 더 제 자신을 강하게 표현할 것이고, 좀 더 적극적이 될 거예요. 남들이 내게서 원하는 것을 수동적으로 기다리지 않고요."라고 대답했다. 그녀가 얻은 이 지식은 그녀의 정신이 육체의 감정을 기초로 하여 스스로 발전시킨 것이었다.

사람들이 체험했던 이것은 오늘날 학문적으로도 입증되었다. 감정은 생각을 만들어내고, 생각은 감정을 만들어낸다는 것이 바로 그것이다. 우리가 '잘 아는 사람'에서 '잘 생각하는 사람'이 되고 싶다면, 우리의 감정과 육체를 다시 조화롭게 만들고, 어느 하나가 다른 하나에 어떠한 영향을 주는지에 주목하는 것이 중요하다. 이성과 감정은, 이성이 낡은 사고 상태에서 뭔가를 처방하고 우리가 이것에 반하는 감정을 느끼면서 따르고자 하지 않을 경우에만 상호 모순된다.

감정에 대한 두려움을 버리고 삶의 질을 얻다

난 라이프 코치 교육을 실시하면서 육체의 세계가 감정과 얼마나 멀어질 수 있는지 체험할 수 있었다. 교육에 참가한 코치들에게 가능한 한 생동감 있게 다양한 감정들과 내적인 상태를 몸으로 표현해보라고 부탁했다. 이것은 기쁨, 애정, 사랑, 놀람, 관심 등 다양한 감정을 다시 한 번 느끼고 이것들을 극대화하는 훈련이었다. 난 이 훈련을 '행복 스트레칭'이라고 부르는데, 몇 년간 계속된 마인드 퍽으로 인해 우리들 대부분이 행복한 삶을 바닥으로 끌어내리는 법을 이미 배웠기 때문이다.

그런데 30대 초반의 한 참가자가 나를 가장 크게 당황시켰다. 그는 사랑에 빠진다는 느낌이 어떤 것인지 모르고 있었다. 그는 사랑에 빠진다는 감정으로 아무것도 시작할 수 없었고, 아무런 감정도 느끼지 못했다. 나는 마지막으로 사랑에 빠져본 것이 언제인지 그에게 물어보았고, 그는 망설임 없이 대답했다. "그건 제게 너무 위험해요. 지나치게 감정적이 되면 제 자신을 놓아버리게 되거든요."

강한 감정은 그것이 아무리 좋은 것이라고 해도, 많은 사람에게 두려움을 불러일으킨다. 머리로, 그러니까 이성적으로 더 이상 통제할 수 없는 두려움이다. 더 이상 안전하지 않으며, 더 이상 모든 것을 통제할 수 없다는 두려움이다. 몇 달 뒤 그 참가자는 자신이 호기심과 신뢰, 경험에 대한 기쁨 덕분에 사랑에 빠지게 되었다고 말했다. 그렇게 말하는 그의 얼굴은 태양처럼 환하게 빛나고 있었다.

건설적으로 생각한다는 것은, 육체와 정신을 다시 화해시키고, 탁월한 삶의 질을 위한 기초로서 그것을 하나의 통합체로 이용하는 것을 의미한다. 우리가 낡은 생각 상태로 다시 추락할 경우에 위축, 고통, 스트레스, 그리고 두려움이 나타난다. 우리 스스로를 삶의 질이라는 잣대에 좀 더 가깝게 배치시킬수록 더욱 의연하고 자유롭게 생각하고 느낄 수 있다.

우리의 삶에서 중요한 것들

지금까지 살펴본 모든 지식을 갖고 이제 우리는 무엇을 할까? 우리가 마인드 퍽을 이해하고, 중지시켰다면, 이제 어떤 일이 일어날까? 우리가 호기심과 신뢰, 경험에 대한 기쁨을 갖고 모든 가능성을 지닌 성인임을 의식적으로 받아들인다면, 그 다음은 어떻게 될까? 우리가 경이로운 정신을 마침내 자유롭게, 그리고 충족된 삶을 구축하는 데 이용하게 된다면?

그렇다면 우리의 새로운 생각은 한 걸음 더 나아가게 될 것이고, 삶에서 정말로 중요한 것들에 주목하게 된다. 그 중요한 것들은 다음과 같다.

- 삶의 질이라는 기준을 최상의 기준으로 삼고 그것을 향해 나아가는 것이다.
- '이것도 그리고 저것도' 상태에서 생각하는 것이다.
- 서로 일치되지 않는 것처럼 보이는 감정과 생각, 목표 사이에 '그리고' 라는 단어를 넣는 것이다.
- 우리 자신의 감정과 자극, 필요와 꿈을 인지하고, 그것에 기초하여 다른 것들을 생각하는 것이다.
- 학습의 경험, 새로운 것, 다른 사람과 그 사람들의 필요와의 만남에 대해 자기 자신을 기만하지 않고 마음을 여는 것이다.

이러한 새로운 상태에서 생각하는 게 익숙해진 사람들은, 이로써 지금까지 가능하다고 여기지 않았던 변화와 목표를 달성했다고 말하고 있다. 내 고객 중 상당수는 그들의 삶을 실제로 완전히 바꿔놓았다고 했다. 이들은 폭발적인 창의성과 충격적인 자유를 체험했으며, 이것이 그들에게 지금껏 몰랐던 해방감과 자기실현을 가져다주었다고 말한다. 이들은 일이나 사생활 측면에서도 크게 발전해, 새로운 사람이 된 것 같은 느낌까지 받고 있다고 한다. 안과 밖이 마침내 하나가 되고 정신적으로 우리에게 반反해서가 아니라 우리 편에서 일을 하게 될 경우, 우리는 실제로 어느 정도 새로운 사람이 된 것이나 마찬가지다. 내적인 투명성과 조화는 외부로도 드러난다. 우리는 자신에게 깨끗하고 밖으로도 그런 사람을 가리켜 진솔하다고 한다.

진솔한 길을 걸어가기 위해서, 우리가 늙어서 현명해질 때까지

기다릴 필요가 없다. 우리는 오늘 그리고 지금 시작할 수 있다.

우리 삶의 결정적인 요소들

테니스 경기에서 공이 성공과 경기의 기쁨을 위한 결정적인 변수인 것처럼, 삶에도 여러 결정적인 변수들이 있다. 내가 생각하는 이런 변수들을 다음과 같이 정리해보았다.

- **우리의 생각** : 내적 대화의 질, 내적으로 우리 스스로를 대하는 방식.
- **우리의 육체** : 피드백 제공자로서 육체를 이용하고, 육체를 인지하고, 육체에 대처하는 방법.
- **다른 사람들과의 관계** : 다른 사람들과의 친밀성을 구축하는 능력, 그리고 그것을 즐기는 능력. 남들과 주고받고, 생산적으로 협력하는 능력. 가족, 사랑, 우정, 직업, 혹은 사회, 그 모두에 적용된다.
- **몰입** : 우리가 행하는 모든 것에서 체험하게 되는 진정한 의미, 충족, 기대, 그리고 온전한 몰두.
- **우리의 물질적 존재** : 우리 자신의 능력을 온전히 펼치기 위해 우리가 필요로 하는 것을 갖고 있을 경우 체험하게 되는 안정감과 자유.

이 모든 것은 새로운 생각을 갖고 편견 없이 열린 마음으로 대할 경우에만 우리의 의미 속에서 그 날개를 활짝 펼친다. 우리가 성숙하고 균형 잡힌 성인으로서, 인생에 대해 책임을 지고 무엇에 주목할지 결정할 경우에만 말이다. 우리가 날마다 접하고 있는 것들이 삶의 질을 결정하기 때문이다. 우리의 관심을 문제, 장애, 마인드 퍽에 향하게 할지, 아니면 정말로 이루고자 하는 삶에 향하게 할지, 우리에게는 선택권이 있다.

현명한 결정

이렇게 우리의 삶을 의식적으로 형성하고 올바른 선택을 할 수 있는 모든 가능성을 갖고 있다. 그럼에도 불구하고 이 드넓은 평야에서 우리를 제한하기 때문에 특별히 주목해야 하는 두 가지가 있다. 그 한 가지는 바로 시간이다. 날마다 우리에게 주어지는 이 시간은 우리의 삶이 다할 때까지만 제공된다.

다른 한 가지는 우리의 육체다. 우리의 정신은 번개처럼 빠르게 시공을 가를 수 있고 많은 것을 동시에 처리할 수 있지만, 우리의 육체는 여기, 그리고 지금에 묶여 있다. 육체는 조금씩 변화하고, 한계가 있다. 우리가 생각하는 것보다 더 많은 것을 할 수 있지만, 그럼에도 불구하고 시간 앞에 굴복하게 되어 있다. 우리 정신의 게임 방식은 다양하고 무한하다. 그러나 우리는 날마다 생각, 힘, 상상력, 사랑을 쏟고자 하는 하나의 결정을 내리고 있다. 바로 여기에서 우리의 가장 현명한 결정이 요구되고 있다. 그렇기에 나는 당신에게 묻고 싶다. 당신에게 100%의 삶이란 무엇인가? 당신의 소중한 집중력을 어디로 향하게 할 것인가? 당신은 무엇에서 시작할 것인가?

내 마음은 답을 알고 있다

지 은 이 페트라 복
펴 낸 이 김병은
기획편집 서진
펴 낸 곳 프롬북스

등록   제313-2007-000021호.(2007. 2. 1.)
1판 1쇄 인쇄 2013년 1월 4일
1판 1쇄 발행 2013년 1월 14일

주소 경기도 고양시 일산동구 장항동 867 웨스턴타워 1동 717호
문의 031-931-5990
팩스 031-931-5992
홈페이지 www.frombooks.co.kr
전자우편 edit@frombooks.co.kr

ISBN 978-89-93734-24-9 13320
정가 14,000원

한국어판출판권 ⓒ 프롬북스 2013